ATLANTIS

DAS VERBORGENE WISSEN
DER WELT

W0041406

Der Herausgeber der Reihe
Atlantis
Dr. Hans Christian Meiser
ist Philosoph, Schriftsteller und TV-Moderator

Über den Autor:

Wilhelm Augustat beschäftigt sich seit vierzig Jahren intensiv mit vergleichenden Analysen in den Bereichen Religion, Kultur, Philosophie und den geistigen Strömungen der Gegenwart. Er leitet den europäischen Teil der Internationalen Gesellschaft »Frieden durch Kultur«. Weitere Veröffentlichung: *Das Geheimnis des Nicholas Roerich* (1993)

ATLANTIS

WILHELM AUGUSTAT

DIE BOTSCHAFT AUS SCHAMBHALA

EINE VERKÜNDIGUNG AUS DER FEURIGEN WELT

BASTEI
LÜBBE

BASTEI-LÜBBE-TASCHENBUCH
Band 70107

»In Dankbarkeit den Wissensträgern,
die der Menschheit
die Schönheit der Welt und des Lebens aufzeigten
und diese in der Wissenschaft
des AGNI YOGA übermittelten.«

Originalausgabe
© 1997 by Bastei-Verlag Gustav H. Lübbe GmbH & Co.,
Bergisch Gladbach
Printed in Germany, April 1997
Einbandgestaltung: CCG, Köln
Titelillustration: Ender Güzey, München
Illustrationen im Text: Dany Rohe
Satz: Textverarbeitung A. Garbe, Köln
Druck und Bindung: Ebner Ulm
ISBN 3-404-70107-0

Inhalt

Vorwort

Die Resonanz auf die in meinem Buch »Das Geheimnis des Nicholas Roerich« beschriebenen Zusammenhänge zwischen Mikro- und Makrokosmos verleitete mich dazu, die darin angeschnittenen Themen weiter zu vertiefen. Dem Mentor der vorliegenden Buchreihe, Dr. H. Chr. Meiser, danke ich besonders für seine Offenheit, seine Denkhilfe und Unterstützung in jeder von mir erwünschten Form.

Im übergeordneten gilt mein Dank jenen, deren Wirken in der Kulturgeschichte der Menschheit eine leuchtende Spur hinterlassen hat. Durch die Werke der Weltlehrer konnte ich Zugang zu Energien und Dimensionen finden, die ohne Frage als außergewöhnlich zu bezeichnen sind. Der innerhalb meiner geistigen Entwicklung gegebene Vorlauf, der zu Beginn des Buches komprimiert dargestellt wird und als Verständnishilfe für den weiteren Inhalt gedacht ist, sollte dem Leser helfen, Brücken zu bauen – denn sicherlich ist es vielen Menschen meiner Generation ähnlich ergangen.

Als primäre Quelle meiner in diesem Buch festgehaltenen Gedanken nutze ich die geistige Vorarbeit des österreichischen Naturphilosophen Leobrand (1915-1968), von Helena I. Roerich (1879-1955) und die in diesem Buch vorgestellte Wissenschaft der Lebendigen Ethik (Agni Yoga). Diesen Quellen und dem damit verbundenen Kreis der geistigen Bruderschaft aller Zeiten gilt mein inniger Dank.

Ergänzend dazu sind auch Menschen aus meiner Umgebung zu erwähnen, deren Mitarbeit mich schon über Jahrzehnte hilfreich begleitet. Was wäre ich ohne diese selbstlosen Helfer?!

W. Augustat

Einleitung

So viele Menschen es gibt, so viele individuelle Weltanschauungen, so viele »Wenn« und »Aber«, so viele Fragen stehen im Raum.

In dem gesetzten Thema wagen wir uns – Autor und Leser – auf eine Ebene vor, die einerseits die Menschheit von Anbeginn begleitet, andererseits aus vielen Gründen mit Tabus besetzt war und ist. Letzteres gilt heute noch besonders für Asien, da die religiös-philosophischen Wurzeln dort noch stärker ausgeprägt sind.

Dem Westen ist – trunken von der scheinbaren, totalen Freiheit – in diesem Jahrhundert nichts mehr heilig. Als Folge des fast 2000 Jahre währenden geistigen Gefängnisses schwang das Pendel nach dem II. Weltkrieg, auch für die breite Masse, in eine trügerische Gedanken- und Handlungsfreiheit, die heute bei einem Großteil der Menschen ihren Höhepunkt überschritten hat. Viele suchen heute wieder eine geistige Ordnung, ein Welt- oder Gottesverständnis, in dem man sich als Gegensatz zum weltlichen Chaos geborgen und sicher fühlt. Die junge Generation ist dafür sogar bereit, konservative Grenzen zu überschreiten und akzeptiert leider als Ersatz für die ihr nicht vermittelte geistige Dimension Drogen oder geistig schwächende und krankmachende Praktiken, sofern diese nur geistig etwas Außergewöhnliches verheißen. Und die wachen Heranwachsenden haben schon verstanden, daß der Mensch energetisch nicht autonom ist, daß er grundsätzlich der höheren kosmischen Energien, aber auch der Aktivierung der ihm innewohnenden geistig-see-

lischen Potentiale bedarf. Ob wir diese Energien als gött-
lich oder kosmisch bezeichnen, sollte eine sekundäre
Frage sein. Zunehmend erkennt man, daß rein mecha-
nisch-körperliche Übungen und Praktiken oder auch Drogen letztendlich keine Bewußtseinserweiterung bieten,
sondern Irritationen, psychische Schwächungen und soziale Ausgrenzung hervorrufen. Das geistig-seelische Ein-
zelgängerdasein ist zu einer weitverbreiteten Krankheit
geworden – und nimmt weiterhin zu.

Die Esoterik-Welle hat vielen Lesern erste Einblicke in
neue Dimensionen verschafft, und das Bedürfnis nach einer Vertiefung des Weltverständnisses steigt, wozu auch
ich meinen Beitrag erbringen will. Es ist ein Versuch, geistige Themen und Wirklichkeiten einfach und klar, aber
nicht profan, in Gedankenbildern darzustellen. Wenn dies
nicht immer im Sinn des Lesers gelingt, bitte ich um
Nachsicht.

Besonders schwierig ist die Darstellung des Themas
Schambhala. Aber da der Büchermarkt auch hier zunehmend Werke hervorbringt, mit denen ich mich inhaltlich
nicht identifizieren kann, möge es mir nach der Phase des
vornehmen Schweigens gelingen, zu diesem Thema etwas Klärendes, Erläuterndes und hoffentlich Befruchten-
des zu sagen.

Bezüglich der unterschiedlichen Schreibweise des Begriffs Schambhala in der deutschsprachigen Literatur ist
darauf hinzuweisen, daß der Begriff aus dem Sanskrit
kommt. Hier lautet die richtige Schreibweise *Śambhala*.
Englischsprachige Reisende und Forscher brachten diesen Begriff nach Europa. Da die englische Sprache kein
»Sch« kennt, wurden alle Begriffe inklusive Ortsbezeich-
nungen, zum Beispiel auch die Stadt Schanghai, mit »Sh«
geschrieben. Da die deutsche Sprache aber kein »Sh«
kennt, ist es richtig, den Begriff im deutschen Sprachge-
brauch mit »Sch« zu schreiben, auch weil die ursprüng-

liche, tiefgreifende Vernetzung der vielen Sprachen untereinander (Sanskrit – Griechisch – Latein) einen möglichst klaren Bezug auf die Sprachwurzeln empfiehlt.

Erwähnt werden muß auch die Tatsache, daß Weltanschauungsgemeinschaften existieren, die mit der Wirklichkeit Schambhalas, mit der konkreten Existenz einer geistigen Bruderschaft und der Tatsache, daß noch sehr viel in der Öffentlichkeit unbekanntes Wissen seiner Entdeckung harrt, gutes Geld verdienen. Viele Pseudo-Wissensvermittler vermarkten sogar »Einweihungen« bzw. Handbücher und erzielen unverschämte Preise. Das unwissende Publikum kauft und kauft – in der traditionellen Fortsetzung der Phase, in welcher aufklärende Bücher noch auf dem Index standen bzw. per Dogma verboten waren. Ursache und Nährboden bleiben die Unwissenheit und Bequemlichkeit derjenigen, die sich dafür mißbrauchen lassen. Wer hofft, durch eine Sonderbehandlung von Exklusiv-Beauftragten in Seminaren und teuren Sitzungen das Himmelreich – oder was immer der Einzelne darunter verstehen mag – erreichen zu können, kann nur enttäuscht werden.

Doch die Gesetze des Lebens sind streng und gerecht. Und betrügen bzw. übertölpeln kann man zwar andere Menschen, aber nicht das Leben. Die Gemeinschaft der Weltlehrer – worunter ich hier die Weisen aller Zeiten in allen Kulturen verstehe – hat sich in bezug auf die zu erfüllenden Anforderungen einstimmig formuliert. Durch das Gesetz der Evolution unterliegen diese, von Zeitalter zu Zeitalter, auch deutlichen Steigerungen. Allein die Fülle dessen, was heute auf den Durchschnittsmenschen einströmt, hat im Vergleich zum 18. Jahrhundert extrem zugenommen. Und man *muß* das Einströmende verarbeiten, muß ihm souverän entsprechen können – oder kommt durch Nichtentsprechung in eine Verzugs- und Leidensphase. Gleichzeitig sind das Lebensverständnis und

das Wissen um die technisch-physikalischen Zusammenhänge und dadurch gegebene Hilfsmittel gewachsen, wodurch jeder Mensch die Möglichkeit der Selbst-Potenzie-
rung hat. Allein durch die Telekommunikation kann heute
jeder Mensch an fast jedem Ort der Erde sein. Vor 300
Jahren wären Künder dieser heutigen Tatsachen noch auf
dem Scheiterhaufen mundtot gemacht worden. Gleichzeitig bedingt das Gesetz der Evolution, daß mittelfristig
eine neue Menschheit entstehen wird, die sich körperlich
von der jetzigen deutlich – da feinstofflich – unterscheiden wird. Selbst die Evolutionswissenschaftler stimmen
darin überein.

Nun – ich möchte in diesem Buch nur nebenbei in die
Zukunft sehen. Mein Bemühen geht dahin, dem aus innerer Berufung an dem gewählten Thema Interessierten zur
Hand zu gehen. Der geistig Fernstehende kann als These
zur Kenntnis nehmen, was hier als real dargestellt wird
und so sein Weltbild erweitern.

Ich bitte daher vorab nicht nur die Leser um Verständnis, daß wir manche Zusammenhänge mit Worten nur relativ darstellen können, sondern auch diejenigen, die wir
hier thematisch behandeln,

nämlich die Bruderschaft von *SCHAMBHALA!*

Teil I

Der Weg nach Schambhala

Theorie und Selbsterfahrung

Innerhalb der vielfältigen Weltanschauungs-Systeme, die uns heute wie auf einem Markt dargeboten werden, ergeben sich die unterschiedlichsten Perspektiven. Angefangen von der rein materialistischen Weltanschauung in der Perspektive des einmaligen Lebens, das irgendwann in der Schwangerschaft beginnt und irgendwie in der Gehirntod-Beurteilung absolut endet, bis zu einer ewigen, statischen Existenz in Himmel oder Hölle, muß sich der Einzelne seine Individual-Variante zurechtbauen. Dadurch entsteht der täuschende Eindruck, daß das Universum es jedem Atom bzw. Menschen selbst überläßt, beliebig nach seiner Fasson die ihm genehme Variante auszusuchen und damit glücklich zu werden.

Diese Möglichkeit der individuellen, ganz nach Belieben ausgewählten Lebensprinzipien gibt es in einer die Gesetze des Lebens ignorierenden Form natürlich nicht. Die Hilflosigkeit der zivilisierten Menschheit zeigt sich besonders in der Frage eines mit dem Kosmos harmonierenden Verhaltens, aus dem sich als Reflektion Freude, Glückseligkeit und Gesundheit ergeben könnten. Die vielen geistig-seelischen Probleme und Krankheiten bis hin zur bedauerlichen Tatsache, daß rund 50 Prozent aller Menschen vorzeitig an Herz- und Kreislaufversagen sterben, zeigen die gigantische Krise der zivilisierten Welt. Herz und Kreislauf sind innere Mittlersysteme der individuellen Empfindungs- und Erlebniswelt, sind geistige Organe der Dimension, die uns als Geist und Seele bekannt ist. Diese kommen mit den äußeren, auf den Menschen einwirkenden Einflüssen und dem im Inneren stattfindenden Verarbeitungsprozeß nicht zurecht. Hier fehlt die Substanz, die Geist, Seele und Körper unbedingt benötigen, um eine harmonisch-gesunde Einheit zu sein. Zusätzlich wird auch in vielfacher Art und Weise, zum Teil bewußt und wider besseres Wissen, gegen die Ordnungsgesetze des geistig-seelischen Bereichs gehandelt. Das ausgeprägte Bewußtsein für das Körperliche läßt den Menschen begreifen, daß Handlungen gegen die Gesetze der körperlichen Ordnung negative Wirkungen bedingen. Man versucht, Fehlverhalten mit viel Aufwand und zusätzlich zugeführten Vitaminen, Spurenelementen, Mineralien, Hormonen etc. auszugleichen.

Aber wie verhält es sich mit geistig-seelischen Defiziten? Wie kann man hier korrigieren? Was besagen die Ordnungsgesetze für diesen Bereich überhaupt? Hier spricht die vorher erwähnte katastrophale Tatsache, daß rund jeder zweite Mensch in Deutschland vorzeitig – also bevor diese Systeme alt und schwach werden – an Herz- und Kreislaufversagen sterben muß, gegen unsere Medizin. In der Wirklichkeit bedeutet diese offizielle Statistik auch, daß von vier Menschen rund drei an die Lebensqualität stark einschränkenden Herz- und Kreislaufschwächen leiden, an denen rund zwei dann vorzeitig sterben. Wie könnten diese Zahlen auch Vertrauen auf ein umfassendes Verständnis der offiziellen Medizin für diese Problematik einflößen? Glaubhaft ist, daß die Mediziner das Problem aus der ihnen vermittelten materialistischen Lebensvorstellung heraus nicht besser verstehen und sich zusätzlich auch noch sehr fleißig und engagiert um ihr materielles Auskommen bemühen.

Wer beginnt, solche Tatsachen zu hinterfragen, sucht nach einer höheren Lebensordnung. Denn der Kosmos – worunter in der wörtlichen Übersetzung aus dem Griechischen »Ordnung« zu verstehen ist – ist kein weltanschaulicher Selbstbedienungsladen, in welchem sich jeder nach Lust und Laune das Modell bestellt, welches er sich zur Situation passend gerade wünscht.

Jeder Zweifel in den wichtigen Lebens- und Grundsatzfragen bedingt eine widersprüchliche und labile Verhaltensstruktur, die manchmal den Anforderungen des unsterblichen Geistes und der Seele als Emotionskörper entspricht und zeitweise vom Gegenteil ausgeht. »Ganz wie es kommt« ist eine Lebensphilosophie, die sich bei einem tieferen Einblick als schwächend und krankmachend herausstellt. Der Mensch ist mehr als ein Konsument der verschiedensten Magen und Seele vergiftenden Speisen und Produkte. Das umfangreiche, geistlose Angebot bedingt, sofern bedenkenlos konsumiert, einen geistlosen und damit schon im Prinzip kranken Menschen, da seine primären geistig-seelischen Bedürfnisse nicht berücksichtigt werden.

Die Schwächen des modernen Menschen sind oft kunstvoll überdeckt und versteckt. Aber schon bei geringsten Belastungen, besonders geistig-seelischer Art, bricht das labile innere Energie- und Ordnungsgefüge zusammen. Nervenkrankheiten, vegetative Dystonien, Depressionen u.ä. zeigen deutlich, daß es uns an einem innerlich festigenden und belastbaren Alltagsbewußtsein fehlt.

Absolut enttäuschend für mich als Teil der Generation, deren Kindheit und Jugend in die Kriegs- und Nachkriegsphase hineinfiel, war die Bankrott-Erklärung der damals Erwachsenen. Dies gilt für sämtliche Völker und Nationen, die in dieses schreckliche Geschehen direkt oder indirekt verwickelt waren. Die unvorstellbaren Kriegs- und auch Nachkriegsumstände bedingten auch bei mir einen tiefgehenden Verlust des Vertrauens zu der Generation, die sich damals die tagespolitische Macht anmaßte und damit alle Beteiligten erbarmungslos in die Auswirkungen ihrer Entscheidungen hineinzog. Daß sich durch diese oft schon im Ansatz als negativ erkennbaren Ursachen in weiterer Folge dementsprechende Wirkungen ergaben, wird im Rückblick von den damals Verantwortlichen gerne übersehen. Und so wiederholt sich die Erbsünde – in

Form von Ignoranz, Unwissenheit und Machtgier – von Generation zu Generation. Bis heute!

Meine ereignisreichen Kindheits- und Jugendjahre, die auch sämtliche Facetten des II. Weltkriegs und der nachfolgenden Jahre beinhalteten, brachten aber in Summe – was sich später als großer Vorteil herausstellte – viele Schlüsselerfahrungen. Diese betrafen in erster Linie das Verhalten des Menschen selbst. Die außergewöhnlichen Umstände der Kriegs- und Nachkriegsjahre mit den extremen Belastungen und Problemstellungen zwangen alle direkt und indirekt Betroffenen zur Offenbarung ihrer inneren Werte, Qualitäten und Schwächen. In jedem Denken, Gefühl und Handeln manifestierte sich das Welt- und Selbstverständnis des Einzelnen, und ich erkannte damals, daß sich allein in der Belastung bzw. in der Krise das wahre Gesicht des Menschen und die ihm innewohnenden Kräfte zeigen. Im Rückblick waren es in erster Linie Mütter und Frauen, deren menschliche Qualitäten mich stark beeindruckten. Darunter auch meine Mutter, die sich als Kriegerwitwe mit drei unmündigen Kindern bis zum Erhalt ihrer Rente im Jahr 1952 »durch das Leben schlug«. Bis zu diesem Zeitpunkt – ich war damals 19 Jahre jung – war ich über viele Jahre Alleinernährer der Familie.

Auch durch die außergewöhnlichen Arbeitsstrukturen nach dem II. Weltkrieg ergaben sich vielfältige Kontakte und Erfahrungen mit den Problemen der Nachkriegszeit. Abgesehen von Tätigkeiten für verschiedene österreichische Firmen bescherten mir einige Jahre bei der amerikanischen Besatzungsmacht eine intensive Berührung mit dem Leben der damaligen Besatzungstruppen inklusive Schwarzhandel, der speziellen Damen-Welt und anderer Extreme. Als Summe all dieser Eindrücke ergab sich zwangsläufig immer wieder die Frage nach dem tieferen Sinn dieser »Würgepartie«, welche die Menschen Leben nennen.

Lebensfragen

Tod, Leid und Schmerz waren in den Kriegs- und Nachkriegsjahren alltägliche Lebensbegleiter. Heute hat man diese Wirklichkeiten aus der Öffentlichkeit und dem Alltag verdrängt. Schwere Fliegerangriffe, der Tod vieler Kinder, Mitschüler und Frauen aus unserem Umkreis waren Impulse, zunehmend nach den grundsätzlichen Zusammenhängen zu fragen. Aus diesem Bedürfnis heraus studierte ich mit zunehmendem Alter die verschiedensten Angebote der Kirchen – zuerst der evangelischen und dann der römisch-katholischen – und auch anderer Konfessionen und Sekten, die in den Nachkriegsjahren schon sehr aktiv waren.

Meine Lebensfragen lauteten im besonderen:

- Gibt es eine Individual-Existenz, die über den physischen Tod im Sinne einer Post-Existenz hinausgeht? Wenn ja – wie? Wo?
- Sofern es eine über den physischen Tod hinausgehende, unsterbliche Individual-Existenz gibt, müßte es dann nicht auch – konsequent weitergedacht – eine vorgeburtliche Prä-Existenz geben? Wie? Wo?
- Gibt es so etwas wie einen Gott bzw. eine Gottheit? Wenn ja, wie ist diese zu verstehen? Wie läßt sich Kontakt zu dieser – sofern existent – aufnehmen bzw. wie wirkt diese, unter Umständen ungefragt und ungebeten, auf mein Leben ein?
- Was sagen die Bibel bzw. die sogenannten Heiligen Bücher der verschiedenen Religionen und Konfessionen, aber auch die Weisheitslehren eines Plato, Konfuzius und Buddha darüber?
- Was sagen die besten und offiziell anerkannten Denker/Innen der Weltgeschichte mir Einleuchtendes zu diesem Thema?

- Gibt es bestimmte Gesetze und Lebensregeln geistiger Art, die der Einzelmensch zu seinem eigenen Wohl beachten sollte oder ist man in jeglicher Beziehung und ohne Konsequenzen handlungsfrei? Sind die im Lebensverhalten zu beachtenden Autoritäten primär das Finanzamt und die Polizei, was sich logischerweise aus einem rein materialistischen Weltbild ergibt? Oder gibt es eine kosmische bzw. universelle Weltordnung, Gesetze geistig-seelischer Art, denen man zu entsprechen hat?

- Wie glaubwürdig sind die Inhalte der im Religions- und Konfessionsbereich Autorität ausübenden Institutionen? Wie glaub- und vertrauenswürdig sind die Menschen, die diese Einrichtungen repräsentieren? Durch welche Glaubens- und Wissensinhalte unterscheiden sich deren Lehren? Welche logische und objektiv erkennbare Handlungsethik resultiert aus diesen verschiedenen Glaubensinhalten?

- Wenn es einen Gott gibt, wie kann dieser solche zum Himmel schreienden Zustände, wie ich sie erlebte, tolerieren? In seiner Allmacht und Allgerechtigkeit? Woher kommt das Böse, das offensichtlich Teuflische? Warum lächeln selbst höchste kirchliche Vertreter und Theologen über die These der Existenz höchster kosmischer Wesenheiten, die in der religiösen Terminologie auch als Engel oder Erzengel, andererseits als Teufel bezeichnet werden? Bekanntlich wurde der weltbekannte Humanist Albert Schweitzer vom Theologen zum aktiven Mediziner, weil er die kirchliche Darstellung von Jesus nicht nachvollziehen konnte. Schweitzer war in einem offiziellen Arbeitskreis der verschiedensten Wissenschaftler tätig, der unter der Bezeichnung »Leben Jesu Forschung« die historische Authentizität des Begründers des Christentums untersuchte. In der Folge beendete er seine Laufbahn als

Theologe und stellte sein Leben als Mediziner in den Dienst der Ethik. Gleichzeitig muß man betonen, daß Schweitzer wie kaum ein anderer den Aspekt der christlichen Nächstenliebe lehrte und auch die Lehre des Christus ohne Einschränkung vertrat.

- Wieso haben die Weltreligionen und Weisheitssysteme eines Christus Jesus, Mohammed, Buddha, Plato, Konfuzius etc. einen so starken, über Jahrtausende wirkenden und kraftspendenden Magnetismus, der trotz konfessionellen und parteipolitischen Mißbrauchs nicht zum Erliegen kommt?
- Wo, ja wo – so mein damaliger Hilfeschrei nach oben – finde ich den geistigen Faden, der mich durch all diese und noch viele andere Fragen sicher und klar hindurchführt?

Es waren für mich sehr schöne Jahre mit vielfältigen Entdeckungen, in denen ich – begünstigt auch durch einen Arbeitsplatz, der primär auf Anwesenheitsdienst ausgerichtet war und mir daher viel Zeit zum Lesen gab – alle damals verfügbaren Quellen fast nach Lust und Laune studieren konnte.

Angefangen von verschiedenen Übersetzungen der christlich-mosaischen Bibel, über den Koran, die Baghavadgita, die Lehren des Buddha Gautama, verschiedene Werke von Plato, Aristoteles, Plutarch und anderen Griechen bis zu Konfuzius und Lao-Tse – all diesen Begründern größerer Weltanschauungsschulen versuchte ich, durch gründliches Studium der Quellen näherzukommen.

Hand in Hand damit ging das Bemühen, schrittweise die besten Denker bis zur Gegenwart zu erkennen und sie für mich zu entdecken. Denn ich verstand, daß ich letzten Endes so stark oder schwach bin wie die Lehren und Lehrer, für die ich mich öffne und denen ich bestrebt folge. Ein Lehrer, der die mathematischen Regeln nicht beherrscht, würde auch aus mir nur einen schlechten Mathematiker machen. Auch schlechte Ski- oder Tennislehrer legen die Basis für falsche Angewohnheiten. Aber allein, ganz aus mir heraus und in bezug auf alle Lebensfragen auf mich allein gestellt – so erkannte ich schon sehr früh – ist das Leben in seiner Vielfalt nicht zu meistern. Deswegen hat ein guter Lehrer, in welchem Bereich auch immer, einen besonders hohen Stellenwert – überhaupt dann, wenn es um die Kunst des Lebens geht.

Im ersten Schritt waren die alten Quellen eine große Hilfe. Kann man darin doch erkennen, daß alle *eine* in sich zusammenhängende Lehre vertreten, einander ergänzen und relativ unbedeutende Unterschiede aufweisen, die durch Kulturkreis, Vergangenheit und Bewußtsein bedingt sind. Gleichzeitig wurde mir auch bewußt, wie sehr diese wunderbaren Lebenslehren, die in ihrem Kern identisch sind, durch ihre Institutionalisierung als Religions- und Konfessionssysteme verweltlicht und verändert worden waren. In der Konsequenz distanzierte ich mich von den verschiedenen Konfessionen bzw. Sekten, zu denen ohne Frage – wenngleich als größte – auch die römisch-katholische Kirche zu zählen ist. Den Luxus einer Haarspalterei über Sekundäres oder gar über die kirchlichen Traditionen und Rituale wollte ich mir nicht leisten. Gleichwohl traf ich im Rahmen meiner Studien in allen Kreisen außergewöhnliche und bestrebte Menschen. Leider werden diese weltlichen Religions- und Konfessionsorganisationen, die ich damals kennenlernen und genauer beobachten durfte, oft von zum Teil sehr ungeistigen und unethischen Menschen geführt. Aber persönliches Machtstreben bedingt immer einen charakterlichen Abstieg in die Niederungen von Täuschung und Lüge, und auf der Strecke bleibt die Ethik.

Die Werke von Dante Alighieri, Giordano Bruno, Nikolaus von Cues, Kant, Schopenhauer, Nietzsche, Goethe, Wilhelm von Humboldt, Thomas von Aquin und anderen haben mich wunderbar inspiriert und mein Unterscheidungsvermögen für die neuere geistige Literatur geschult.

Als Enttäuschung besonderer Art entpuppte sich das damals aktuelle Angebot der philosophischen Universitäten oder zum Teil bekannter Lehrstuhlinhaber, deren Ausführungen sich in der praktischen Übertragung auf den Alltag als hohl, nichtssagend und unbrauchbar herausstellten. Denk- und Lebenshilfe konnte ich von dort – bedauerlicherweise – nicht beziehen. Die sich daraus ergebende Konsequenz ist ohne Frage sehr individuell zu sehen. Meine war die, mir als Elternteil selbst die Pflicht aufzuerlegen, die geistige Bildung meiner Kinder, unter Berücksichtigung der eigenen Erfahrungen, selbst in die Hand zu nehmen. Eine besonders in geistigen Belangen oft praktizierte Bequemlichkeitshaltung der Eltern fällt meines Erachtens auch unter den Titel »Erbsünde«.

Sehr beeindruckt war ich z. B. von Giordano Bruno, einem außergewöhnlichen Wissens- und Weisheitsträger. Aber auch Plato, Konfuzius, der Buddha Gautama oder die durch den Christus Jesus selbst spezifizierte Ethik hatten mich schon in jungen Jahren geprägt, als ich zu Beginn meiner dritten Lebensdekade zur Theosophie fand. Dabei waren auch verschiedene Bücher von Rudolf Steiner relativ hilfreich, wenngleich ich später verstand, daß Steiner in seinem Lebenswerk sehr zwiespältig ist. Einerseits sind seine geistigen Werke zu berücksichtigen, die er als Theosoph und Generalsekretär der Theosophischen Gesellschaft (1902-1912) in Deutschland in Anlehnung an H. P. Blavatsky und andere Theosophen erarbeitete; andererseits stehen jene Werke, die Steiner nach seiner offiziellen Trennung von der Theosophie und nach Gründung der Anthroposophischen Gesellschaft schrieb, stellenweise in starkem Gegensatz zum theosophischen Gedankengut.

Was ist Theosophie?

Im Lexikon der Religionen, einem von Kardinal Franz König initiierten Werk, das aus der Perspektive des Vatikans unter Mitarbeit der katholisch-christlichen Fachwelt viel Wissenswertes erarbeitet hat, wird Theosophie als »Weisheit, Wissen von Gott« definiert. »Ziel theosophischen Bemühens ist es, mit Hilfe esoterischer Erkenntnis geheimnisvoller Zusammenhänge in höherer Form die Wahrheit zu finden, als es im Glauben möglich ist. Die Wahrheit über die göttliche Welt wird vermittelt durch das Wissen von Eingeweihten in verschiedenen Religionen.« Die christliche Theosophie beinhaltet Bausteine aus der »Gnosis, dem Manichäismus, Neuplatonismus, aus der Kabbalah etc.«

Dem Selbstverständnis der vielen theosophischen Vereine eher entsprechend, definiert Meyers Großes Taschenlexikon Theosophie als »Göttliche Weisheit«, da allein aus dieser Quelle der Menschheit noch unbekanntes Wissen fließen kann. Theosophie sei eine »religiös motivierte Weltanschauung, die versucht, über Philosophie, Theologie und andere Wissenschaften von einem Glauben aus zu einer höheren Wahrheitsschau aufzusteigen, um zu höchster Ethik und Vollendung im Sein zu gelangen. Theosophisches Denken ist seit der Antike bekannt und bewegte sich in deutlicher Nähe zur Askese, Mystik, Astrologie und Okkultismus. Einflüsse der Theosophie sind in der Philosophie- und Theologiegeschichte vielfach zu spüren.« Diese Einflüsse zeigen sich auch bei den »Rosenkreuzern, den Katharern und anderen Reformbewegungen, bei Hildegard von Bingen, Paracelsus, Jakob Böhme ... und besonders nachhaltig in der russischen Religionsphilosophie«.

Theosophie ist das organisierte Bemühen, in die Weisheit, das Wissen der Schöpfung, die höchste Quelle des

Geistes einzudringen. Sie ist von den anderen Teilwissenschaften wie der Theologie, aber auch von den Naturwissenschaften nicht zu trennen. Im Sinne der *göttlichen* Weisheit umfaßt sie sämtliche religiös-philosophischen Bestrebungen der verschiedensten Kulturen; im besonderen jene, die direkt oder indirekt aus göttlicher bzw. höherer Quelle stammen. Konsequent weitergedacht sind alle großen Lehrer in den verschiedensten Kulturen als Vertreter der Theosophie zu bezeichnen. Im Gegensatz dazu stehen alle sich klar als reine Materialisten bzw. Atheisten deklarierenden Denker und Philosophen, weil sie sich nicht auf diese höhere Quelle beziehen.

In diesem Zusammenhang gibt es natürlich unterschiedliche Meinungen. So grenzen sich z. B. sowohl die römisch-katholische Theologie als auch die evangelische grundsätzlich gegen die Theosophie ab, obwohl sicherlich auch hier ein Bedarf an *göttlicher* Weisheit besteht. In jeder Religion gibt es verbindende Träger der Weisheit Gottes, die als Theosophen zu bezeichnen sind, wie z. B. den weisen König Salomon, dessen Weisheit auch heute noch von allen Weltreligionen gepriesen wird. Ähnliches gilt für den weisen indischen Mogul und Kaiser Akbar. Und auf dieser Ebene verehren die Anhänger des Islam, aber auch die Hinduisten und Buddhisten oder die Sikhs ebenso den Christus Jesus – als Mittler der Weisheit der ewigen Gottheit.

Wie im Lexikon der Religionen ausgeführt, wird die *göttliche* Weisheit von »Eingeweihten in verschiedenen eigenen Schulen weitergegeben«. Ähnliche Strukturen bestehen innerhalb der christlichen Kirchen, zum Beispiel im Rahmen der Ausbildung zum Priester. Außerdem sollte berücksichtigt werden, daß die Bezeichnungen »Buddha, Christus, Meister oder Mahatma« keine Namen, sondern Titel sind, die den Grad der Einweihung definieren. Buddha heißt wörtlich »Ein Erleuchteter« Der Einweihungstitel Christus bedeutet »Ein Gesalbter«. Der Titel Christus war nach dem Lexikon der Religionen »ursprünglich ein Amtstitel«. Es ist daher korrekt, vom Buddha Gautama und vom Christus Jesus zu sprechen, da der kosmische Einweihungs- und Ehrentitel dem Namen, nämlich Gautama oder Jesus, vorangestellt wird. Diese Lehrer haben wie auch Plato, Konfuzius oder Mohammed Geistesschulen initiiert, die das spezifische Wissen und Weltverständnis ihrer Begründer vermitteln.

Theosophie und Anthroposophie

Erneuerin und Initiatorin der modernen Theosophischen Weltbewegung war die im vorigen Jahrhundert lebende Russin H. P. Blavatsky (H. P. B., 1831-1891), unter deren Leitung 1875 in New York eine Theosophische Gesellschaft gegründet wurde. Diese in den USA geborene Initiative breitete sich in Windeseile über Europa, Asien und Amerika aus, denn ihre Grundsätze eigneten sich hervorragend dazu, Miß- und Unverständnis zwischen den einzelnen Weltanschauungsgruppen zu reduzieren, wodurch global über Jahrhunderte liebevoll gepflegte Feindbilder aufgeweicht wurden. Die Mitgliederzahl im weltweiten Netzwerk der Theosophischen Gesellschaft betrug um die Jahrhundertwende rund 100 000, was diese Bewegung in den Jahren 1880-1914 zur bedeutendsten geistig-kulturellen Gemeinschaft machte. Diese Entwicklung hatte einen langen Vorlauf.

Die weltweite geistige Aufbruchs- und Aufstiegsstimmung nutzend leitete die Bruderschaft des Geistes über die Person von H. P. B. eine Initiative ein, die sich im ersten Schritt an den in der zweiten Hälfte des vorigen Jahrhunderts besonders in den USA und England populären Spiritismus anlehnte. Ein wichtiger Bestandteil des öffentlichen Lebens war, besonders in den erwähnten Staaten, die überwiegend primitive Kommunikation mit anderen Welten, mit Verstorbenen und anderen Geistwesen durch spiritistische Sitzungen, und auch die sogenannte Elite war dieser Faszination verfallen. Spiritismus war fast ein Massensport, und im ersten Schritt wurde es H. P. B. gestattet, ihre besonderen Fähigkeiten im Wettbewerb mit den besten Medien und Spiritisten zu demonstrieren, was ihr auch bestens gelang. Dadurch lenkte sie die Augen aller Welt auf sich, und ihre Leistungen und Demonstrationen machten viele Wissenschaftler, aber auch Künstler und Philosophen auf sie aufmerksam.

Im zweiten Schritt zeigte aber H. P. B. besonders den Wissenschaftlern auf, innerhalb welcher Naturgesetze, Begrenzungen, Täuschungen und Schwindeleien Mediumismus und Spiritismus grundsätzlich arbeiten. Dabei konnte sie die wissenschaftliche Fachwelt zur Gänze auf ihre Seite ziehen, denn es war ja von Anfang an ihre Aufgabe, der Welt neue Impulse im Bereich des Wissens und der Erkenntnis zu übermitteln. In der Konsequenz war ihr allerdings die Feindschaft der mediumistisch-spiritistischen Kreise sicher. Aber auch religiöse Bewegungen, die mit schwarzer Magie, mit Fehl- oder Falschbehauptungen über bestimmte geistige Zusammenhänge die Menschen mißbrauchten, empfanden ihre Aktivitäten als extrem störend. Da die große Mehrheit ihrer geistigen Verehrer und Schüler aus den USA, Europa und Indien den Wunsch nach einer organisierten Gemeinschaft hegte, erhielt 1875 H. P. B. die Genehmigung, unterstützt von guten Organisatoren in New York, die Theosophische Gesellschaft zu gründen. Es ist durchaus bemerkenswert, daß es damals in den USA so starke Aufbruchskräfte mit weltweiter Ausstrahlung gab. Einige Jahre später wurde aber der Sitz der Gesellschaft zusammen mit dem Wohnsitz von H. P. B. nach Indien verlegt.

Die Bruderschaft förderte diese durch H. P. B. repräsentierte Initiative in einer intensiven Korrespondenz mit
bedeutenden Persönlichkeiten in Europa, Indien und den
USA. Diese Briefe der bis zu diesem Zeitpunkt in der Öffentlichkeit nie in Erscheinung getretenen *Mahatmas*
(wörtlich »Große Seelen, Meister«) liegen heute im Britischen Museum in London. Inhaltlich beziehen sie sich auf
das Geschehen um H. P. B. und die Gesellschaft, aber
vielfach auch auf wissenschaftliche Fragen und Themen.

Eine weitere wichtige Aufgabe von H. P. B. lag darin, als
Schriftstellerin der Menschheit die Wissensgrundlagen für
das Neue Zeitalter zu übergeben. Das rund 1200 Seiten
umfassende Werk »Isis entschleiert« und das 3-bändige
Werk »Die Geheimlehre« sind geisteswissenschaftliche
Aufklärungswerke, die aus der geistigen Umnachtung und
Dunkelheit führen. Hier liegen auch die Wurzeln des sogenannten *New Age,* wenngleich die 100 Jahre später in
den USA losgetretene Welle bedauerlicherweise sehr wenig mit Theosophie zu tun hat. Die Bücher und Beiträge
von H. P. B. und anderen aktiven Mitgliedern in den drei
Kontinenten waren im besonderen für die Kirchen – in allen Religionen – Herausforderung und Provokation. Alle
Menschen rief H. P. B. zur geistigen Verselbständigung,
zum Denken und geschwisterlichen Handeln auf, da alle
Lehren aus einer Quelle kommen. Diese Zusammenhänge werden genauer in der »Geheimlehre« behandelt, die
inhaltlich aber nichts Geheimes aufzeigt, sondern daß
alles Wissen und alle Lehrer einer Quelle entstammen
und wie diese Erkenntnis umgesetzt werden kann.

Dieser Aufruf provozierte viele Angriffe seitens der Kirchen. Das war unter anderem auch ein Grund dafür, warum die geistige Bewegung ihren Ausgang in den USA genommen hatte, denn die Kirchen waren damals im
übrigen Europa – mit Ausnahme Englands – noch sehr
mächtig und verwalteten die Menschen wie ihr Eigentum.

Als neue Heimat wurde dann in der Folge Indien gewählt, als passender Rahmen für aktive Toleranz und Zusammenarbeit mit allen anderen Weltanschauungsgemeinschaften. Die Theosophische Gesellschaft wurde von allen indischen Kasten und Gruppen sehr schnell akzeptiert, was eine Kontra-Initiative der christlichen Missionare hervorrief. Dabei setzte man auch ein christliches Haushälter-Ehepaar ein, das – während H. P. B. auf einer Europa-Reise war – im Auftrag der Missionarskreise verschiedene Einbauten in H. P. B.s Wohnung anbrachten, die sie als Schwindlerin entlarven sollten. Dieses Vorgehen hatte Erfolg, und die Weltpresse in Europa und den USA machte H. P. B. zur Schwindlerin und die Theosophische Gesellschaft zum Schwindelverein. Obwohl die damals am Rufmord beteiligten Personen und Institutionen vor rund zehn Jahren in aller Öffentlichkeit ihre Oberflächlichkeit und Fehlverurteilung bedauerten, hat diese Rehabilitierung noch keinen Eingang in die europäischen Nachschlagewerke gefunden.

H. P. B. starb 1891 in London, doch die Theosophische Gesellschaft gedieh weiter. Auch das »Weltparlament der Religionen«, das 1893 in Chikago abgehalten wurde und weltweites Aufsehen erregte, war eine Initiative der Theosophischen Weltgemeinschaft.

Mit Ende des 19. Jahrhunderts faßte die theosophische Bewegung auch in Deutschland Fuß, ihr erster Generalsekretär 1902 hieß Rudolf Steiner. Steiner war ein äußerst befähigter Mensch und wurde – nach eigenen Andeutungen in seiner Autobiographie und gegenüber Freunden – von einem der Mahatmas aus dem Himalaya persönlich geführt. Im Briefwechsel mit seiner späteren Frau Marie von Sivers schreibt er am 20.8.1902: »Die Geheimlehre ist pünktlich eingetroffen und liegt auf meinem Schreibtisch, sie ist mir sehr nützlich und ich ziehe sie fortgesetzt zu Rate.« In seinem Brief vom 9.1.1905 heißt es: »… laß uns nicht den Mut verlieren; solange wir mit der Großen Loge in Verbindung stehen, kann uns tatsächlich kein Übel geschehen, was auch scheinbar passieren mag. Allein durch unsere mutige Standfestigkeit können wir uns der Hilfe der erhabenen Meister versichern.«

Aber 1907 wird Anni Besant Präsidentin der weltweiten Theosophischen Gesellschaft, und Steiners klare theosophische Einstellung, die durch viele Werke und seine Position als Generalsekretär öffentlich dokumentiert war, schlägt in aktiven Haß gegen alles Theosophische um. Der ohne Frage A. Besant geistig-intellektuell überlegene Steiner wurde über Nacht ein Gegner von H. P. B., diskriminierte sie und verschwieg gegenüber der Öffentlichkeit »Die Geheimlehre« als primäre Quelle seines Wissens. Er stellte die Mahatmas des Himalaya als Feinde des Westens dar und bereitete schrittweise seinen Absprung aus der Theosophischen Gesellschaft vor, den er 1913 vollzog. Damit fiel die Gründung seiner Anthroposophischen Gesellschaft zusammen, in die er 90% aller Mitglieder aus der Theosophischen Gesellschaft und deren nicht unbeträchtliche finanzielle Rücklagen mitnahm. Weitere Informationen zu diesem Thema enthält das Buch »Theosophie und Anthroposophie« von Norbert Klatt. Von anthroposophischer Seite liegt ebenfalls eine Dokumentation über den späteren Steiner als Theosophie-Gegner vor – »Der Osten im Lichte des Westens« von Sergej O. Prokofieff. Dieses Buch beschreibt Steiners Versuche, seine Trennung von H. P. B., den Mahatmas und der Theosophie zu rechtfertigen.

Steiner übernahm in seiner Wandlungsphase zum Anthroposophen wieder das kirchen-christliche Weltbild. Noch 1904 stellte er in seinem Vortrag »Die Tempellegende und die Goldene Legende«[1] den Buddha und den Christus, in dem ebenfalls das Buddhaprinzip wirksam sei, auf die gleiche Ebene (»… bis zu diesem Zeitpunkte, wo sich in Jesus von Nazareth der Christus inkarnierte und in einer menschlichen Leiblichkeit das Buddhiprinzip selbst gegenwärtig geworden ist auf der Erde.«) Diese Gleichwertigkeit ist ein wichtiger Teilaspekt der Theosophie. Im Gegensatz zu dieser und ähnlichen klaren Äußerungen entwickelte Steiner 1910 die These, daß Christus der absolut höchste Geist im gesamten Universum sei und über die Person Jesus wirkte, so daß der absolute und endgültige Ansprechpunkt Christus sei, durch Jesus und den neuen Künder Rudolf Steiner repräsentiert. Die unterschiedlichen Ansichten in dieser Frage resultierten in der Abspaltung von der Theosophischen Gesellschaft. Letztere nimmt die weitaus tolerantere Position ein, daß sich jeder Mensch seinen Lehrer aussuchen könne und daß niemand zur Annahme eines bestimmten Lehrers gezwungen werden dürfe.

Ungefähr zeitgleich entwickelte Anni Besant als Präsidentin der Theosophischen Gesellschaft – unter dem Einfluß des späteren Bischofs der Liberal-Katholischen Kirche Leadbeater (1847-1934) – die These, »daß der Christus … um 1960 in einem sichtbaren Leib wieder unter den Menschen erscheinen werde«. Diese These wurde rund zwei Jahrzehnte später auch von der ursprünglich aktiven Theosophin Alice Ann Bailey in ihrem Buch »Die Wiederkunft Christi« als Botschaft eines »Tibeters« an die Menschheit ausführlich dargestellt.

Wie in einem Wettbewerb eskalierten damals die Extreme der persönlichen Ankündigungen. A. Besant kündigte 1911 in einer Korrektur ihrer ursprünglichen Christus-Behauptung an, daß der neue »Christus-Maitreya als Weltlehrer erneut auf dieser Erde wirken sollte«. Als Gefäß bzw. Körper würde er den damals sechzehnjährigen Krishnamurti (1895-1986) benutzen, der zu dieser Zeit vom medialen und daher kranken Leadbeater für seine zukünftige Rolle ausgebildet wurde. Durch diese und ähnlich unsinnige Eskapaden begann sich die Theosophische Gesellschaft nun selbst zu zerstören und löste sich schrittweise auf. In diesem Prozeß, der bis in die 20er Jahre hinein andauerte, versuchte jeder der Hauptbeteiligten, sich aus dem Kuchen der Theosophischen Gesellschaft ein möglichst großes Stück zu sichern. Gleichzeitig waren die sich abspaltenden Initiatoren bemüht, den zwischenzeitlich deutlich als Gegner der Theosophie auftretenden Institutionen, z. B. den christlichen Kirchen, in ihrer geistigen Neubesinnung entgegenzukommen. Daher nerkennen die Anthroposophie, die Lehren des Tibeters bzw. jene von A. A. Bailey und weitere geistige Abspaltungen, von kleinen Abweichungen abgesehen, das kirchliche Lehrgebäude. Dies hat deswegen negative Auswirkungen, weil sich die Kirchen als absoluter Repräsentant der Christus-Offenbarung verstehen und daraus geistig diktatorische Rechte über alle »Lebenden und Toten« anmaßen. Die Kirchengeschichte zeigt, was darunter weltweit zu verstehen ist.

Zu den größeren Abspaltungen von Steiner, Leadbeater und A. A. Bailey gesellte sich 1929 auch noch Krishnamurti. Im Unterschied zu den ersteren offenbarte sich Krishnamurti, nachdem ihm in seiner Aktivphase als Vereins-Theosoph fast eine gottähnliche Rolle eingeräumt worden war, als absoluter Feind jeglicher Autorität. In Wort und Tat kämpfte er weltweit dafür, daß der Mensch absolut keine Autorität anerkennen solle – außer seine eigene. Letzteres ist doppeldeutig zu verstehen. Denn laut Krishnamurti sollten seine Schüler in der Frage der geistigen Autorität nur ihn als einzige – und dazu nur sich selbst – anerkennen. Es war die gleiche Grundhaltung, wie sie den vom Theosophen zum Anthroposophen gewandelten R. Steiner auszeichnete, der sich intern als die absolute Christus-Autorität verstand.

Aufgrund der Geschehnisse in den Jahren 1900-1930 könnte man meinen, daß sich die Theosophie aufgelöst hätte. Diese Erkenntnis gilt – mit Einschränkungen – für die Theosophische Gesellschaft. Sie reduzierte sich durch die Aufspaltungen verschiedenster Art zusehends, auch deshalb, weil die fördernde Energie der Bruderschaft nicht mehr hinter ihr stand. Diese Energie ging in den Jahren 1900-1920 schrittweise auf die Bemühungen und Tätigkeiten der Familie Roerich über, die noch näher vorgestellt werden. Geistig sind die Roerichs und die von ihnen initiierten Vereine und Bewegungen wie die von Leobrand als Theosophie zu verstehen. Das Lebenswerk von Frau Blavatsky erfährt, trotz der Weltkriege, der persönlichen Abwertungen, der über sie verbreiteten Lügen und der bewußten Vermischung mit esoterischen Jahrmarktsangeboten eine stetig zunehmende Anerkennung.

Sylvia Cranston schildert in ihrer rund 700 Seiten umfassenden Biographie »H. P. B. – Leben und Werk der Helena Blavatsky, Begründerin der Modernen Theosophie«, wie sich im besonderen der Kreis der Naturwissenschaftler in den USA und England des Werkes »Die Geheimlehre«, das 1888 erschien, bediente. So wurden in diesem Werk nicht nur die 1893 entdeckten Röntgenstrahlen exakt beschrieben und prognostiziert, sondern auch die 1896 entdeckte Radioaktivität. Die Entdeckung des Elektrons (1897), die Quantentheorie (1900) und Einsteins Gleichung $E=mc^2$ (1905) werden vorweggenommen. Laut seiner Nichte hatte Einstein immer ein Exemplar der »Geheimlehre« auf seinem Schreibtisch liegen. Sogar die Teilbarkeit des Atoms wird in der »Geheimlehre« wie folgt beschrieben: »Das Atom ist teilbar und muß aus Teilchen oder Subatomen bestehen.«[2] In den Büchern der Agni-Wissenschaft wird diese Aussage wie folgt vertieft: »Oft ... verstehen die Menschen etwas, doch später, wenn sie zur Atomspaltung gelangen, werden sie von den Trümmern verschüttet.«[3]

Abgesehen von vielen Physikern bedienen sich auch Biologen der in der H. P. B.-Literatur enthaltenen Hinweise. Einer der bekanntesten ist der Biochemiker Rupert Sheldrake, der durch seine vielfachen Veröffentlichungen in Verbindung mit den »morphogenetischen Feldern« weltbekannt wurde. R. Sheldrake ist Mitglied der Theosophischen Gesellschaft in England und gestaltete schon Anfang der 80er Jahre Ganztagsseminare innerhalb der Theosophischen Gesellschaft der USA. Er bestätigte öffentlich, daß er viele seiner Anregungen, die zu wissenschaftlichen Erkenntnissen geführt haben, aus H. P. B.s Lebenswerk bezogen hat. Aber auch der heute weltbekannte Astrophysiker Sir Stephen Hawking, der an der Universität von Cambridge lehrt, hat sich in seinen außergewöhnlichen Thesen nur Erkenntnissen angenähert, die H. P. B. schon in ihrem Werk »Isis entschleiert« veröffentlicht hatte.

Sogar die Literatur dieses Jahrhunderts blieb nicht unbeeinflußt. Schriftsteller wie Yeats, Joyce, Eliot oder Wilder bekannten sich ausdrücklich zur Theosophie und H. P. B.. Ähnliches gilt für Jack London, D. H. Lawrence u. a., deren Werke aufzeigen, daß sie weltanschaulich – bewußt oder unbewußt – Bilder und Vorstellungen von H. P. B. übernommen haben.

Berühmte Maler wie Kandinsky, Mondrian, Klee, Gauguin oder Roerich und Komponisten wie Mahler, Sibelius oder Skrjabin bestätigten immer wieder ihr Nahverhältnis zur Theosophie. Und sogar einige prominente Künstler der Gegenwart wie Shirley McLaine und Elvis Presley bekannten öffentlich, daß sie sich gründlich mit der theosophischen Literatur auseinandergesetzt haben. In seinem Buch ELVIS nennt der Biograph Albert Goldman einige Bücher, mit denen sich Elvis jahrelang beschäftigte: Blavatskys »Geheimlehre« und »Die Stimme der Stille«, »Der entflammte Kelch« von Nicholas Roerich. »Die Lektüre, der sich Elvis Presley für den Rest seines Lebens widmete, stammte aus den 70er Jahren des vorigen Jahrhunderts von der bekannten und faszinierenden Madame Blavatsky. Stets hatte Elvis ihre Schriften zur Hand. Besonders ein kleines Buch, angeblich Blavatskys Übersetzung uralter tibetischer Runen, ›Die Stimme der Stille‹, liebte Elvis so sehr, daß er bei seinen Aufführungen auf der Bühne daraus zitierte.«

Die Erweiterung des Kreises, der sich mit der Theosophie als Lebensperspektive identifiziert, durch viele Roerich- und Agni-Yoga-Freunde schafft gewaltige Potentiale geistiger Art. Wissenschaftler, Künstler, Schriftsteller und andere Kulturschaffende finden sich über die Grenzen von Religionen und Nationen hinweg in diesem menschheitsverbindenden Verständnis.

Bezeichnenderweise sah sich die russisch-orthodoxe Kirche in Rußland, die wahrlich einem gigantischen Ansturm vieler Sekten aus dem Ausland ausgesetzt ist, erst 1994 dazu gezwungen, die Anhänger von H. P. B. zu exkommunizieren. Sicherlich schaden die mit einem großen finanziellen Potential ausgestatteten Sekten, besonders aus den USA, auch dem Reservoir an zukünftigen Gläubigen, auf welche die russisch-orthodoxe Kirche Anspruch erhebt. Während hier bei vielen jüngeren Menschen aber nur eine Art von Strohfeuer entsteht und man früher oder später wieder in den Schoß der Mutter Kirche zurückkehrt, gilt dies nicht für die sich geistig als Theosophen fühlenden Menschen. Da die theosophische Weltanschauung dem tiefsten Herzensbedürfnis der vielen Völker innerhalb der riesigen ehemaligen Sowjetunion entspricht, blieb der Kirche keine andere Wahl, als mittelalterliche Knüppel- und Ausgrenzungsmethoden anzuwenden. Damit aber die geistige Evolution aufhalten zu wollen, ist aussichtslos.

Theosophie als Lebenshilfe

Warum die theosophische Perspektive meines Erachtens eine dem Menschen gemäße ist, soll in den nachfolgenden Kernsätzen kurz dargestellt werden.

Alle Religionen und Weisheitslehren kommen aus einer der Menschheit übergeordneten geistigen Quelle, sind zeitlich und kulturell differenziert gegeben worden und lassen eine gemeinsame Linie erkennen.

Das Auseinander- und Abdriften der ursprünglichen Lehren auf die Ebene von Konfessionen und Sekten hatte weltliche Ursachen, entsprach oft machtpolitischen Zwecken und richtete sich manchmal sogar gegen den religiösen Kern und Inhalt der Lehre selbst. Daher ist zwischen Religion als nach oben gerichtete, im Inneren des Menschen bestehende geistige Rückführungsstruktur und der Konfession als eine dem Zeitgeist unterliegende äußere Bekenntnisform zu unterscheiden.

Die großen Lehrer haben mehr oder weniger stark betonte Wissens- und Weisheitselemente in ihren Lehren übergeben, die sich in Summe wunderbar ergänzen, wie auch die weltlichen Schulen trotz der gelehrten Wissensvielfalt letztendlich in einer übergeordneten Einheit zusammenlaufen. Unter dieser Perspektive gab es die Theosophie als *Weisheit Gottes* bzw. Offenbarung der unpersönlichen Gottheit mittels geistiger Lehrer schon immer. Und zu Recht ordnet selbst die offizielle Wissenschaft die höhere Erkenntnisse vermittelnden und als Vorbild lebenden Kulturträger der Gruppe der Theosophen zu.

Da mikro- wie makro-kosmisch ausnahmslos alles auf universellen Gesetzen basiert, besteht ein wesentliches Grundanliegen der Theosophie darin, die sogenannte mystisch-religiöse Dimension und ihre Entsprechungen den Wissenschaften zugänglich zu machen. Denn nichts geschieht außerhalb der universellen Gesetzmäßigkeiten – nichts steht außerhalb derselben. Das Universum ist räumlich unbegrenzt und zeitlich unendlich. Es wurde nie geschaffen, sondern trägt die Gesetzmäßigkeiten des ewigen Wandels, Werdens und Vergehens in sich. Die kosmischen Ordnungsgesetze sind erkennbar und gelten unten wie oben, im Mikro- wie im Makrokosmos. Daher sind Aufklärung und Wissenserweiterung identisch mit religiöser Aufklärung. Sie führen die Menschen aus der geistigen Enge eines konfessionellen Pfades auf eine freiere Verständnis- und Lebensebene. Letztendlich kann erst dadurch ein alle Menschen der Erde umfassendes Geistes- und Religionsverständnis entstehen. Niemand muß deswegen seinen traditionellen Kultur- und Konfessionsrahmen verlassen, aber die traditionell gepflegte Ausschließlichkeit negativer Art wird dadurch überwunden.

Gleichzeitig erfordert das theosophische Weltverständnis im ersten Schritt die Vertiefung des Wissens um die eigenen Wurzeln, um den eigenen Kulturkreis mit anderen in Beziehung zu setzen und die kulturelle Vielfalt zu erobern. Diese Vielfalt, die wir global vorfinden, ist mit einer herrlichen, bunten Bergwiese vergleichbar, und die Unterschiedlichkeit der Blumen macht erst die Wiese aus, deren Farben- und Lebensvielfalt. Es wäre nicht nur traurig, sondern – wie zwischenzeitig auch von der Wissenschaft erkannt – entartet und krank, wenn auf einer bildhaft vorgestellten Wiese nur eine Blumenart, zum Beispiel Löwenzahn, blühen würde.

Der Mensch wurde vom Universum bzw. von der Schöpfung – was immer der einzelne darunter verstehen mag – mit besonderen Befähigungen ausgestattet, die es ihm auferlegen, die Gesetze des Lebens zu suchen, zu erkennen und innerhalb dieser zu leben. Da ein Kosmos in sich hierarchisch gestuft ist, was auch in Astronomie und Astrophysik nachvollziehbar ist, liegt die besondere

Schwierigkeit unserer Aufgabe darin, die wahren geistesgesetzlichen Vertreter der Hierarchie bzw. der Lebensgesetze zu erkennen und sich dieser Denk- und Lebenshilfe
zu bedienen. Beschränkung und Begrenzung auf sich
selbst bedingen Selbstschwächung und Ausgrenzung von
seiten der makrokosmisch übergeordneten Einheit.

Die universellen Gesetze

Die Einheitlichkeit und Kontinuität der über die bedeutenden Kulturträger vermittelten Lehren ermöglichen
es uns, bestimmte natur- oder geistesgesetzliche Grundsätze bzw. Gesetzmäßigkeiten herauszufiltern. Deren Wichtigkeit bedingt, daß ich in diesem Buch wiederholt – direkt
und indirekt – darauf zurückkomme.

1. Das Gesetz von Ursache und Wirkung

Im theosophischen Weltverständnis gilt dieses Gesetz für
Mikro- wie Makrokosmos und daher im besonderen auch
für das individuelle bzw. zwischenmenschliche Denken,
Fühlen und Handeln. In menschlich-sozialer Hinsicht ist
dieses Gesetz, das auch das Gesetz von Karma genannt
wird, das Prinzip der ausgleichenden Gerechtigkeit. Alle
Weltlehrer haben die besondere Bedeutung dieses Gesetzes betont. Dieses Prinzip ist weniger als Drohung oder
Strafe zu verstehen, sondern als Möglichkeit, seine Entwicklung gezielt und auf gerechter Grundlage zu planen.
Natürlich scheiden sich die Geister in der Akzeptanz eines
solchen Gesetzes, das ohne Hintertüren für alle Menschen gültig sein soll. Bekanntlich wird von den verschiedenen Kirchen auch heute noch ein Gottes- und Lebens-
bild vertreten, welches davon ausgeht, daß durch
Sakramente und die geistige Akzeptanz bestimmter Dogmen negative Ursachen, die als Sünden bezeichnet wer-

den, letzten Endes sogar ohne Wiedergutmachung verge-
ben und von Gott selbst aufgehoben werden können. Diese Möglichkeit, Verantwortung abzugeben, hat sich auf
die Verhaltensethik der christlichen Gesellschaft nicht unbedingt positiv ausgewirkt.

2. Das Gesetz der Evolution

Dieses ergibt sich aus mehreren Gesetzmäßigkeiten.
Astronomie bzw. -physik haben erst in den letzten Jahren
den »Großen Attraktor« definiert, der alles Erkennbare anzieht, in seine Bahnen zwingt und in seine evolutionären
Vorgaben führt. Er ist daher energetisch als der höchste
Regent und Herrscher zu verstehen. Ihm beugen sich alle
Galaxien bzw. Milchstraßen-Systeme. Er zwingt alles innerhalb des Kosmos in seine von ihm ausgehenden evolutionären Programm-Strukturen. In der Theosophie wurde
dieser nun wissenschaftlich bestätigte kosmische Attraktor schon vor rund 80 Jahren als *Kosmischer Magnet* beschrieben. Im Kapitel über Schambhala werden wir darüber mehr erfahren.

Unser Kosmos und alles darin Enthaltene ist als Lebenseinheit, als Organismus zu verstehen. Dies läßt auch
uns erahnen, daß jede Zelle im Makrokosmos sowie alle
Sonnen- und Planetensysteme über energetische Strukturen mit dem Kosmischen Herzen, wie der Kosmische Magnet auch bezeichnet wird, verbunden sind. Ein Grund-
gesetz in der Theosophie lautet: »Der Kosmische Magnet
steuert die gesamte Entwicklung im Kosmos und daher
auch auf dem Planeten Erde.«

Gleichzeitig bedingt auch das Karma-Gesetz durch die
laufend gesetzten Ursachen einen kausalen Bewegungs-
prozeß, der aber nicht immer als evolutionär im Sinne
von aufbauend oder aufsteigend anzusehen ist. Es gibt
ohne Frage Menschen, die kausalgesetzlich gegen die Gesetze des Lebens und damit gegen sich selbst handeln,

wodurch sich ein involutiver Prozeß, bis hin zur Selbstzerstörung ergeben kann. Auch ganze Völker bzw. Staaten können sich durch Handlungen gegen den vom Kosmischen Magneten vorgegebenen Trend schaden, was in der Menschheitsgeschichte leider wiederholt geschah und schwere karmische Folgen auslöste.

Die Gesetzmäßigkeit des Kosmischen Magneten läßt sich nicht aufhalten, auch wenn dies viele Konfessionen in mißbräuchlicher Benutzung des Begriffs Gotteswille oft versucht haben. Um so stärker brach die Evolution dann, alle Barrieren niederreißend und die Menschheit überfordernd, herein.

3. Das Gesetz der Re-Inkarnation

Der noch dem Säugetierbereich zugehörige Mensch wurde in grauer Vorzeit durch einen kosmisch-energetischen Akt, in dem ihm ein Geistfunken verliehen wurde, zu einem unsterblichen geistigen Individuum, das sich in wechselnden Daseins- und Aggregatszuständen – zwischen fein- und grobstofflich wechselnd – von Leben zu Leben jeweils in einer neuen bzw. evolvierten Persönlichkeitsstruktur offenbart. Jeder Mensch hat daher eine Reihe von Prä-Existenzen hinter sich und durch seine grundsätzliche Unsterblichkeit noch viele irdische und andere Leben vor sich. Das Gesetz der Wiedergeburt des Menschen ergibt sich aus dem Gesetz von der Erhaltung der Energie, dem Gesetz von Ursache und Wirkung und dem Gesetz der Evolution.

Im Unterschied zur Mehrheit der Weltbevölkerung, die weltanschaulich das Gesetz der Re-Inkarnation anerkennt, setzen die meisten christlichen Konfessionen und Sekten die Entstehung des geistigen Menschen mit seiner physischen Zeugung an und sehen nach seinem physischen Tod eine passive Phase bis zum Zeitpunkt eines Jüngsten Gerichts, danach ewige Glückseligkeit oder Verdammnis. Unter anderem widersprechen diese Thesen den Gesetzen in der Physik, denn hier gibt es keine Urschöpfung aus dem Nichts und keine ewigwährenden Zustände statischer Art. Außerdem werden dadurch bedauerlicherweise zwischen dem Kosmos und der kirchlich definierten Gottheit künstliche Gegensätze aufgebaut, die den geistig wachen Menschen in eine Entscheidung hineinführen. »Für Gott und damit gegen die Natur« oder »Für die Natur, aber gegen den kirchlich-konfessionell dargestellten Gott«! Für die Theosophie sind aber diese Begriffe synonym und untereinander austauschbar, weil die universellen Naturgesetze für alles und in allem gelten, sie also je nach Perspektive des Betrachters ein- und dasselbe beschreiben.

Das kosmische Gesetz der Evolution zwingt alles im Kosmos in Richtung einer Höherentwicklung, einer Verfeinerung und Vervollkommnung. Die verschiedenen Entwicklungsstufen wurden teilweise durch Astronomie, Biologie, Biophysik und andere Wissenschaften schon weitgehend erforscht.

4. Das Gesetz der Hierarchie

Ohne Frage bereitet dieses Gesetz dem Menschen im westlichen Zivilisationskreis die meisten Schwierigkeiten. Der Durchschnittsbürger versteht unter Hierarchie im allgemeinen die politischen Institutionen des Staates und erkennt diese zwangsläufig als Autorität an, da er sonst Sanktionen zu erwarten hat. Er sieht, daß die römisch-katholische Kirche hierarchisch aufgebaut ist. Dasselbe gilt auch für politische Diktaturen. Alles in allem bedingt dies in der Folge eine sehr distanzierte, wenn nicht sogar das Gesetz der Hierarchie total ablehnende Haltung. Diese Grundhaltung verändert sich bei manchen Menschen erst dann, wenn sie selbst in diesen weltlichen Hierarchien aufsteigen.

Auch im zwischenmenschlichen Bereich sind hierarchische Strukturen ganz alltäglich. So wird grundsätzlich jeder Lehrer in der Schule zu Recht als ein Hierarch des Wissens verstanden. Das zeitliche und inhaltliche Ausmaß dieses Respekts ist abhängig von den bewußtseinsmäßigen und charakterlichen Qualitäten der Lehrer. Sofern diese entwickelt sind, akzeptiert die Schülerschaft auch die Freiheit des einzelnen begrenzende Vorgaben. Dafür muß aber eine bestimmte Einsicht erarbeitet werden, basierend auf dem Verständnis der kosmischen Gesetze und der Zusammenhänge des Lebens. Sonst entsteht die so oft vorzufindende innere Ablehnung, die alle Ansätze in Richtung Autorität und Hierarchie verdammt.

Aber das Leben bringt alle Menschen in Situationen, in welchen sie sich eine absolute, klare und eindeutige Hierarchie nach oben, fallweise bis zum Lieben Gott wünschen. Überhaupt dann, wenn sie Hilfe und Gerechtigkeit, Verständnis und Bestätigung brauchen.

In der Theosophie ist das Gesetz der Hierarchie das zentrale Bewußtseins- und Orientierungsgesetz im Kosmos. Auf der Grundlage des Bewußtseins als wertvollstes Gut ergibt sich die Bedeutung einer göttlichen Weisheit und in der Folge der zu beschreitende Weg, der zu Freude, zu Frieden und einer inneren Freiheit führt. Unter letzterer ist im besonderen das Freisein von sich selbst begrenzenden oder gar reduzierenden, das geistige Selbst einschränkenden Einflüssen zu verstehen. Unwissenheit bedingt in der Konfrontation mit dem Unbekannten automatisch Unsicherheit, Angst und Furcht. Sich so sicher »wie in Mutters Schoß« zu fühlen, geht Hand in Hand mit dem Wissen, Bestandteil des Ganzen zu sein, sowie mit dem Gefühl der Verbundenheit.

Im Unterschied – und manchmal im geistigen Gegensatz – zu den obigen Ausführungen steht die menschliche

Weisheit, die als Anthroposophie oder als Anthropozentrismus bekannt ist.

Gleichzeitig unterscheiden sich beide Sphären durch ihre Perspektive. Die theosophische Sicht richtet sich von oben nach unten und vermittelt Erkenntnisse aus dieser übergeordneten Perspektive der Göttlichen Weisheit.

Die anthroposophische Perspektive ist von unten nach außen bzw. oben gerichtet und vermittelt Informationen und Zusammenhänge, die sich aus dieser Perspektive ergeben. Doch verstellt diese Position den Blick für größere Zusammenhänge und Evolutionstendenzen. Den Kern dieser Definition bildet der Begriff Ordnung, denn Hierarchie ist die Reflektion der Ordnung. Ohne Ordnung gibt es keine Hierarchie – und ohne Hierarchie keine Ordnung. Da in einem Kosmos alles hierarchisch in immer größeren Einheiten nach oben in sich verschachtelt ist, ergibt sich als höchste kosmische Autorität der bereits erwähnte Kosmische Magnet.

Das Gesetz der Hierarchie bedingt natürlich im bipolaren Aspekt zwei Seiten. Licht bedingt die Finsternis, Vollkommenheit die vorher bestehende Unvollkommenheit und eine personifizierte Gottheit den Teufel bzw. Antipoden. Das Gesetz der Bipolarität und das Gesetz der Analogie führen zu dieser Schlußfolgerung, wenngleich man über die Wesensart des Teuflischen geteilter Meinung sein kann. Die Künder der kosmischen Ordnung fanden immer ihren Gegenpol vor. Nur sind die Vertreter dieser diabolischen Mächte nicht so leicht zu erkennen, auch weil sie sich oft unter dem Deckmantel des Lichtträgers verbergen. Neu in diesem Jahrhundert ist die Offenheit, mit der selbst kirchliche Theologen die Existenz von destruktiven, ja teuflischen Mächten in Form von Märchen und Mythen darstellen. In den 60er Jahren entwickelte sich von England aus sogar eine »Gott ist tot«-Bewegung, der Bischöfe und Priester der verschiedensten Kirchen angehörten.

44

Das geistige Weltverständnis hat sich, besonders in den Jahren nach dem II. Weltkrieg, auch derart verändert, daß die heutige Generation aufgrund ihrer materialistischen Bildung die Frage nach Gott und Teufel nicht mehr stellt. Aus ihrem Weltverständnis sind die Opferinkarnationen, die Jesus, Giordano Bruno oder die Jungfrau von Orleans für die Wahrheit auf sich genommen haben, reiner Luxus und sinnloser Wahn.

Das kosmische Gesetz der Hierarchie einfach zu ignorieren, wie dies heute oft geschieht, ist geistige Selbstbeschränkung und Selbstverstümmelung. Denn die Hierarchie ist die Quelle der Lebenskraft und der Lebensfreude. Letztere mittels der zivilisatorischen Glücksbringer wie Alkohol, Drogen und anderer Narkotika erreichen zu wollen, offenbart die Hilflosigkeit der menschlichen Gesellschaft. Die psychisch Labilen und Kranken belächeln zwischen ihren Depressionsanfällen aus ihrem Unverständnis der Lebensgesetze jene Menschen, die sich in der kosmischen Ordnung und Einheit behütet und geistig geführt fühlen, nur um selbst danach die nächste Beruhigungs- oder Aufputschpille einzunehmen.

Hierarchie im Kosmos

Der Kosmos zeigt in all seinen Offenbarungen das Gesetz der Individualität – denn es gibt keine zwei absolut gleichen Menschen, Planeten, Sonnen oder Galaxien – und einen hierarchischen Aufbau.

Wir greifen als Menschen laufend in die spezifischen Kraftfelder, die unterhalb unseres eigenen bestehen, wie Tier, Pflanze, Zelle, Kristall, Molekül, Atom, positiv oder negativ, direkt oder indirekt, ein. So nimmt der Mensch die genannten Kraftfelder z. B. durch seine Nahrung in sich auf oder macht sich diese technisch im Beispiel des

Erdöls oder der Atomkernspaltung zunutze. Gleichzeitig stehen alle Kraftfelder in Interaktion, alles im Kosmos beeinflußt sich gegenseitig. Das Verständnis für diese eher abstrakt anmutende These wurde durch die Erkenntnisse der Quantenphysik wesentlich vertieft. Die Physik hat bestätigt, daß sogar der Flügelschlag eines Schmetterlings über riesige Entfernungen Resonanz-Wirkungen hervorruft.

Das Gesetz der Hierarchie bedeutet natürlich auch, daß über dem Kraftfeld Mensch noch andere Kraftfelder existieren. Das nächste Kraftfeld über der Stufe Mensch und Menschheit ist der Planet Erde in seiner Gesamtheit. Der Oxford-Professor James Lovelock hat dies in seiner Gaia-These (Gaia = altgriechische Bezeichnung für den Planeten Erde) formuliert, die unseren Planeten als lebendigen Großorganismus versteht, und er versucht so, Entscheidungsträgern in Politik und Wirtschaft die Auswirkungen ihrer Handlungen auf die Lebensgrundlagen näherzubringen.

Das Kraftfeld Erde bzw. die zu unserem Sonnensystem gehörenden Planeten sind in Summe von dem übergeordneten Kraftfeld Sonne abhängig und nähren sich von den Ursachen und Energien, die von der Sonne kausal ausgehen. Sie bestehen individuell als planetare Einheit jeder für sich, sind aber gleichzeitig hierarchisch und energetisch mit der Sonne als Zentrum vernetzt.

Das Kraftfeld Sonne besteht aus verschiedenen Planetensystemen mit den dazugehörenden Monden und schließt alle anderen Kraftfeldstufen wie Menschheit, Tiere, Pflanzen, Zellen, Kristalle, Moleküle, Atome etc. mit ein.

Jede Sonne, auch unsere, ist wieder nur Mikrokosmos in einem anderen energetischen Kraftfeld – nämlich einer Milchstraße oder Galaxis. Unsere Galaxis beinhaltet ca. 200 Milliarden Sonnen mit den zugehörigen Planeten und

Monden. Sie hält all diese übergeordnet als Einheit zusammen und führt ihnen aus ihrem galaktischen Energie-Zentrum die notwendigen Energien zu. Gleichzeitig macht dieses Zentrum, welches man als galaktisches Herz bezeichnen kann, die zum Erreichen des Entwicklungszieles notwendigen Vorgaben. So ergeben sich auch die von Wissenschaftlern entdeckten, aber nicht erklärbaren Quantensprünge. Hierunter versteht man wissenschaftlich im einzelnen nicht erklärbare Entwicklungen wie z. B. die Entstehung des Lebens selbst bzw. dessen Entwicklung über die vielfachen Stufen bis zum Kraftfeld Mensch. Aber das gleiche Phänomen findet man im Entstehen einer Rasse, eines Schmetterlings, einer Blume oder eines Grashalmes. Quantensprünge besagen nichts anderes, als daß sich durch energetische Einflüsse unbekannter Art das Leben von Stufe zu Stufe zu immer höheren Lebensformen entwickelt.

Bisher war es der Wissenschaft nicht vergönnt, Quantensprünge vorherzusagen, geschweige denn diese einzuleiten. Dies und vieles andere mehr bleibt dem Makrokosmos vorbehalten.

Als Stufe zwischen den planetaren Zentren und dem Mikrokosmos sind die kosmischen Lehrer, wie z. B. der Buddha Gautama, der Christus Jesus oder Mohammed anzusehen, deren Kraftfelder über Jahrtausende viele Millionen Menschen vereinen. Ihre Anhänger begeben sich geistig in deren Aura, Führung und Schutz hinein. Durch die Kraft der kosmischen Lehrer potenzieren diese Menschen auch ihre eigenen Potentiale.

Keines der aufgezeigten Kraftfelder ist in sich unabhängig. Jedes steht in absoluter energetischer Abhängigkeit zum Über- und Untergeordneten. Aus der hierarchischen Gesetzmäßigkeit heraus ergibt sich, daß der Mensch aufgefordert ist, die unter ihm stehenden Kraftfelder auf der Grundlage des Gesetzes der Evolution positiv zu beeinflussen. Eine mögliche Konsequenz daraus ist die vegetarische Ernährungsweise, die im besonderen die Säugetiere als physisch jüngere Brüder und Schwestern der Menschheit respektiert.

Jede Kraftfeldstufe beinhaltet eine Zentralisierung der Energien und der verschiedenen Entwicklungsschritte der untergeordneten Kraftfelder. Des weiteren folgt hieraus auch die Autorität der übergeordneten Kraftfeldstufen. Zum Beispiel kann der Mensch bei Irritationen seines Kraftfelds durch Bakterien oder Pilze auf der Grundlage seines Wissens in das Gefüge der unteren Kraftfeldstufen eingreifen und die Harmonie der Symbiose wiederherstellen.

Diese Zentralisierung der individuellen Energien zeigt sich im Körper aller höheren Lebensformen. Keine einzige Zelle kann sich aus dem über das Herz repräsentierten Verbund befreien. Jede Zelle benötigt die über das Herz eingebrachten Kräfte und die Versorgung mit Nahrung, auch wenn jede für sich eine relativ selbständige und lebenswichtige Aufgabe wahrzunehmen hat. Nur solange das Herz gesund ist und seiner Funktion als Verwalter aller Energien, insbesondere der geistig-seelischen, nachkommt, ist das Kraftfeld Mensch gesund. Wahrscheinlich ist sich aber irgendeine Einzelzelle der übergeordneten und zentralen Bedeutung des Herzens nicht bewußt, und auch den einzelnen Organen fehlt das körperliche Ganzheitsbewußtsein. Diese Einheit ergibt sich physisch wie auch feinstofflich erst über das Herz. Daher sahen alle alten Kulturen das Herz als das zentrale geistige Organ, als Sitz des geistigen Menschen an. Nur über dieses Organ entstand der Bezug zur Welt des Lichtes, zu Kultur, Religion und Weisheit – und zu Schambhala.

In allen Weisheitslehren wird von anderen *Welten* gesprochen, wobei der Begriff Welt hier für den uns geoffenbarten Kosmos stehen soll. Unser Kosmos ist – durch

das ihm in einem Urknall verliehene energetische Aus-
dehnungspotential, nach dessen Verbrauch der Kosmos
sich wieder zusammenzieht – in sich begrenzt. In der Phase seiner Ausdehnung erreicht er im Grenzbereich auch
andere kosmische Einheiten des Weltenraums, die aber
ihr Eigenleben führen. Der Kosmische Magnet, der den
von uns bewohnten Kosmos zusammenhält, würde ein
grundsätzliches Austreten aus unserem und ein Hinein-
wechseln in einen anderen Kosmos verhindern. Andere
Welten werden daher in der Astronomie auch zunehmend
als eine Vielzahl von Kosmen verstanden, die wie kosmische Menschen den unbegrenzten Raum des Universums
beleben. Die griechische Kultur kannte den himmlischen
Menschen, und der irdische Mensch ist ein Ebenbild des
kosmischen Menschen. In diesem Sinn ist auch der Adam
Kadmon zu verstehen, von dem in alten Lehren wiederholt gesprochen wird. Jeder Mikrokosmos ist die exakte
Reflexion makrokosmischer Strukturen und umgekehrt,
weshalb jeder Mensch diese Beziehung zum Allerhöch-
sten im Kosmos, was immer darunter zu verstehen ist, in
sich trägt.

Die geistige Hierarchie

Im Rahmen der astro-physikalischen Kraftfeldtheorie, die
vom Kraftfeld Mensch in der weiteren Folge über eine
Gemeinschaft der geistigen Lehrer der Menschheit, über
das Kraftfeld Planet Erde und das Sonnensystem, dann
über das Kraftfeld Galaxis zum Kraftfeld Kosmos führt,
stellt sich die Frage, welche Konsequenzen diese energetische Vernetzung hat. Sofern sich der Mensch selbst als
Mittelpunkt des Universums, als dessen höchste Aus-
drucksform empfindet, wird er das ihm Unbekannte ablehnen. Denn neue Erkenntnisse bedingen Konsequenzen.

Ein anderer Teil sieht die kosmische Umwelt grundsätzlich als feindlich an. Ablehnung, Abwehr und Krieg gegen den Kosmos sind sowohl literarisch strapazierte Themen als auch Inhalt vieler Fernseh- und Kriegsfilme. Außerdem könnte das Über- und Außerirdische ja wirklich geistige Konkurrenz, Machtverlust und Einordnung bedeuten.

Die Wissenschaft, die schrittweise und oft mit jahrtausendelangem Verzug Strukturen entdeckt und bestätigt, die schon immer vorhanden waren, ist für die Beantwortung dieser Frage der falsche Partner. Auch die offiziellen Religionen, die sich über die Jahrtausende mehr zu politischen Zweckgemeinschaften entwickelt haben, lassen Antworten auf diese Problemstellung vermissen. Und so einfach, daß man per Funkspruch in die kosmischen Weiten die höheren Intelligenzen auffordert, sich endlich zu melden, sind die kosmischen Kommunikationsstrukturen nicht.

Trotzdem *muß* es eine klare und eindeutige Vernetzung nach oben geben, die nicht an die Vorstellungen von Wissenschaften oder Konfessionsvertretern gebunden ist. Hier darf sich jede Ameise wohl die Frage stellen, welcher Fuß auf sie tritt, ohne jedoch den auf sie tretenden Menschen als Kraftfeld oder gar als kosmisch übergeordnete Institution begreifen zu können. Würde man die Ameise fragen, inwieweit sie den Menschen als ihr übergeordnete Institution anerkennen möchte, würde sie sich verständlicherweise dagegen aussprechen. Leider erweist sich die Menschheit zunehmend als offensichtlicher Feind des Mikro- und Makrokosmos. Hätten die abgerissenen Wiesenblumen, die vergifteten Gewässer und gefällten Bäume oder gar die geschlachteten, ihre Tötung bewußt erlebenden Tiere die Wahl, würden sie sicherlich den Menschen als ihnen übergeordnetes Kraftfeld absetzen.

Die Kulturgeschichte der Menschheit zeigt, daß es immer besonders entwickelte und weise Menschen gab, die sehr viel wußten und auf jede Lebensfrage die richtige Antwort geben konnten. Alle Rassen und Völker haben solche Lichtträger, die zum Teil bis heute sehr verehrt werden. Es gibt viele Namen auf der Liste der Außergewöhnlichen, die wir als Zeitgenossen und Ansprechpartner schätzen würden. Und wie viele Menschen haben das Gefühl, daß sie in die falsche Zeit hineingeboren worden sind. Wie schön wäre es doch gewesen, als Zeitgenosse oder gar in der persönlichen Umgebung eines Buddha Gautama oder eines Meisters Jesu zu leben – keine Frage wäre unbeantwortet geblieben und unser Leben wäre um vieles leichter geworden. Ähnliche Gedanken zeigen aber, daß man das kosmische Führungsprinzip noch nicht verstanden hat.

Auch heute gibt es weise Menschen, welche die Hierarchie des Geistes repräsentieren. Man muß nur sein geistiges Auge schulen, um die auch heute in das Leben hineinstrahlende Weisheit und die Weisen zu erkennen.

Ausschlaggebend für ein geschärftes Auge sind dabei nachfolgende Grundsätze:

1. Ein bewußter Bezug zum Prinzip Mensch und seinen Qualitäten bedarf einer naturgesetzlichen Grundlage. Wer das Leben nur als zufällige Anhäufung vielfacher Einflüsse und kunterbunter Merkmale versteht, verschließt sich selbst den bewußten Zugang zu geistigen Freuden und zur kosmischen Lebenskraft. Ein absolut auf technisch-materielle Manipulierbarkeit des Menschen, z. B. durch Gentechnologie und Machbarkeit, gerichteter Verstand wird seine Wünsche und Vorstellungen nur ungern beschränken. Im Menschen selbst muß zuerst eine bestimmte Interessens- und Bedürf-

nislage entstehen, die ihn innerlich dazu animiert, den Gesetzen des Lebens und der Hierarchie auf den Grund zu gehen.

2. Eine natur- oder geistesgesetzliche Grundlage entsteht in erster Linie aus dem Gesetz der Erhaltung der Energie, aus dem Prinzip von Ursache und Wirkung und der Evolution. Die Konsequenzen daraus sind Hierarchien.

Jeder verkörperte Mensch hat ein feinstoffliches Ich, und keine Macht der Welt kann diese physikalisch objektivierbare Individualenergie wieder in ein Nichts auflösen. Daraus folgt die Notwendigkeit einer Prä- und Postexistenz des geistigen Ichs, das es schon vor unserem physischen Leben gab und das auch danach weiterbestehen wird. Des weiteren schließt das Gesetz der Evolution statische Zustände grundsätzlich aus. Leben bedeutet ewige Bewegung!

Die breite Akzeptanz der Wiedergeburtslehre in bestimmten Erdteilen sollte Anregung sein, sich intensiv mit diesem Gedanken auseinanderzusetzen. Die Unterstellungen der materialistischen Wissenschaft und mancher kirchlicher Theologen, daß das individuelle Leben als Schöpfung aus dem Nichts frühestens mit der Befruchtung oder auch erst irgendwann in der Schwangerschaft beginnt, können weder einer sachlichen Prüfung noch einer Analyse aus der Perspektive der kosmischen Gesetze standhalten. Dazu kommt die gesellschaftlich tolerierte Praxis der Abtreibungen und die Hirntod-Beurteilung. In bestimmten Staaten, die sich als Zivilisations- und Kulturstaaten bezeichnen, wird bis Ende des 5. Monats in der Schwangerschaft abgetrieben, was auch offiziell bis in den 6. Schwangerschaftsmonat hineingeht. Gleichzeitig kann die Medizin heute Frühgeburten ab dem 5. Monat mittels intensivem Einsatz retten. Diese Widersprüchlichkeit in der pragmatischen Wissenschaft verhindert eine sinnvolle Denk-, Lebens- oder gar Sterbehilfe. Besonders letztere ist zur Zeit ein hochaktuelles Thema, da sogar hochangesehene katholische Theologen wie z. B. der mutige Professor Hans Küng – interessanterweise aber nur in der Frage des menschenwürdigen Sterbens – für die Selbstverantwortung plädieren. So wünscht sich auch Küng, daß ihm » ...eines Tages ein Arzt zur Seite stünde«, der dem kirchlicherseits in dieser Frage nicht mehr zu trauenden Gott die Entscheidung, wann und wie gestorben wird, abnimmt.[4] Küng geht von der These aus, daß das »ganze Leben ...in die Verantwortung des Menschen gestellt ist«. Doch kein Mensch hat sich sein eigenes Leben geschenkt bzw. sich selbst erschaffen. Er ist daher gut beraten, wenn er sich nicht an dem vergreift, was ihm durch höhere Mächte und Kräfte ge- oder verliehen wurde, was ihm zur Mehrung, Pflege und Entwicklung anvertraut ist. Bewußt leben zu dürfen beinhaltet die Verpflichtung, den Zeitpunkt der Rücknahme denjenigen Kräften und Mächten zu überlassen, die dem Menschen das Leben verliehen haben.

3. Aus Punkt 2 ergibt sich, daß nicht nur alle Menschen periodisch in das physische Leben zurückkehren müssen, um ihre Entwicklung im Aspekt der Bewußtseinserweiterung und einer charakterlichen Veredelung fortzusetzen, sondern auch, daß die Weltlehrer und Weisen periodisch in die physisch-materielle Welt zurückkehren bzw. in diese hineinwirken.

Das sich aus den vorstehenden drei Punkten ergebende Verständnis ist in seiner Auswirkung eine wichtige Quelle des Optimismus und der Lebenskraft.

Das Gesetz der Wiedergeburt bedingt die Unterscheidung zwischen der in einer Inkarnation gegebenen *Per-*

sönlichkeit, die von der Umwelt mitgeprägt wird, und dem geistig *unsterblichen Individuum.* Jedes Neugeborene bringt schon eine in Vor-Inkarnationen geprägte bzw. geistig entwickelte Individualität mit, die sich noch ergänzen und formen läßt. Jeder Mensch setzt in seinem nächsten Leben in seiner Individualität dort fort, wo er in seiner letzten Inkarnation aufgehört hat. Die während der inkarnierten Phasen gesammelten Erfahrungen bestimmen unsere Zukunft, denn nur im inkarnierten Zustand ist es dem Menschen aus geistesgesetzlichen Gründen möglich, konkret an der Entwicklung seines Bewußtseins und seines Charakters zu arbeiten.

Abgesehen davon, daß der Aspekt der Wiedergeburt für viele Menschen im christlich-konfessionellen Bereich schon interessant und zunehmend akzeptabel sein mag, liegt die größere Bedeutung aber in der Erkenntnis, daß die Menschheit eine unsterbliche Lebenseinheit ist, innerhalb derer auch die Weisen immer wieder in Erscheinung treten. Erkennbar sind sie an ihrer Individualität, an ihrer geistigen Arbeit und ihrem Lebenswerk, die oft in der Analyse verschiedener Biographien ein- und denselben Geist offenbaren, selbst wenn Jahrhunderte dazwischenliegen.

Wer würde beim Studium der Biographien nicht eine entsprechende Übereinstimmung zwischen dem Lebenswerk eines Jesus und eines Franz von Assisi sehen? Oder zwischen Konfuzius und Plato? Oder unter dem Aspekt der vertretenen Weltanschauung zwischen Aristoteles und Thomas von Aquin? Gleichzeitig bieten bei diesen Fragen auch andere Wissenschaften Denk- und Erkennungshilfen, z. B. die Astrologie durch bestimmte Identitätsmerkmale im Horoskop, die Phrenologie durch die Ausprägung relativ identischer Körpermerkmale, des weiteren die Graphologie, aber auch die Sprachanalyse durch die Wiederholung einer bestimmten Ausdrucksweise und andere

Ähnlichkeiten. Letzten Endes erkennt man hierbei auch zunehmend, wie irreführend die Fixierung auf einen bestimmten Namen oder Titel sein kann und wie unbedeutend die Äußerlichkeiten des Persönlichen sind.

Alle Weltlehrer haben auf die Vergänglichkeit des Persönlichen und dessen Werte hingewiesen. Nur die im Herzen verankerten, die Individualität bereichernden geistigen Werte und Befähigungen sind unsterblich. Sie qualifizieren den Menschen nicht nur für eine bessere Ausgangsstufe im nächsten Leben, sondern auch für eine Post-Existenz in anderen Sphären, die in absoluter Abhängigkeit zum in der grobstofflichen Lebensphase erarbeiteten Bewußtsein steht.

Teil II

Schambhala – Mythos oder Realität?

Die Lebensperspektive

Für einen materialistisch geprägten Menschen, der keine geistig-seelischen Dimensionen, keine Nachlebensperspektive und auch keine kosmischen Gesetze anerkennt, wird sich die Frage nach Schambhala nicht stellen. Eventuell regt sich seine Neugierde, aber diese allein ist als Motiv ungeeignet.

Im Verständnis der verschiedensten Religionen und Philosophien ist dieses Zentrum des Planeten Erde eine konkrete Verbindung zu Ewigkeit, Unendlichkeit und Unbegrenztheit. Daher adressiert sich die Darstellung in diesem Buch an diejenigen, die in ihrem geistigen Welt- und Selbstverständnis die 4. und 5. Dimension – die zeitliche Unendlichkeit und die räumliche Unbegrenztheit – als Lebensgrundlage relativ akzeptiert haben.

Schon im Menschen bestehen unterschiedliche Welten, feinstoffliche und feurige, die ihn beeinflussen und ihm als Resonanzboden dienen. Daher werden alle Menschen schon mit einem reichhaltigen, inneren Programm mit festen Bezugsbildern geboren. Der Psychologe C. G. Jung hat dies in seiner Archetypenlehre wissenschaftlich objektiviert und festgestellt, daß die Menschheit in einheitlichen Bezugsschemen lebt, denkt und empfindet. So haben zum Beispiel sogar blind Geborene einen intensiven Bezug zu allem Materiellen, Räumlichen und Begrifflichen. Diesen Schlüssel für die dreidimensionale Empfindungswelt bringt jeder Mensch mit. Wir sind in bezug auf unser Innenleben alle Brüder und Schwestern.

Erst wenn sich ein Mensch in seinem Selbstverständnis so weit entwickelt hat, daß er die Relativität des Körperlich-Materiellen, ja dessen täuschenden und vom Wesentlichen ablenkenden Einfluß erkannt hat, werden sich seine Fragen in Richtung der hierarchischen Entsprechungen vertiefen.

Jeder Gedanke, den ein Mensch formuliert, ist übertragbar und daher vermittelbar. Er stellt in seiner inhaltlichen Qualität einen Beitrag zum Aufbau der Welt oder zu ihrer Zerstörung dar. Auch die Medizin weiß seit langem, daß sich z. B. negative Gedanken über bio-chemische Reaktionen im Körper als Krankheiten auswirken. Der geistreiche und feurige Gedanke ist der energetisch stärkste und bedingt dadurch mächtige Auswirkungen. Als Beispiel dafür seien die Werke meisterhafter Komponisten erwähnt, die Millionen von Menschen *beeindruckt* haben.

Stellvertretend für weitere Ausführungen über dieses Grundlagenthema sei auf Platos Höhlengleichnis, auf die buddhistische Lehre und natürlich auch auf die Lehren des Christus Jesus hingewiesen. Stolpern wird man hier über den großen Gegensatz innerhalb der mosaisch-christlichen Bibel, zwischen dem sogenannten Alten und dem Neuen Testament. Wie diese beiden sich in ihrer Verhaltens-Ethik extrem unterscheidenden Inhalte in einem gemeinsamen Umschlag landen und als »Wort Gottes« deklariert werden konnten, ist nur schwer nachzuvollziehen.

Kosmisches Selbst- und Lebensverständnis

Manchmal mag es uns als beneidenswert erscheinen, wie sehr sich die alten Kulturen in der kosmischen Einheit geführt und geborgen fühlten. Germanen, Griechen, Römer, Kelten, Inder, Chinesen, Ägypter und Perser, Indianer und afrikanische Ur-Religionen standen immer in Bezug zu Götterhierarchien. Diese wirkten feinstofflich (siehe auch Christus Jesus »Mein Reich ist nicht von dieser Welt«) indirekt über die verschiedenen Planeten des Sonnensystems und die verschiedenen Sternbilder auf den Menschen ein. Forscher und Archäologen haben den in vielen historischen Kulturen gepflegten und bis in viele astronomische Details schlüssigen Bezug zum Schwesterplaneten Venus, aber auch zum Sirius oder zum Sternbild Orion bestätigt.

Der Frühlingspunkt der Erdachse bewegt sich alle 2160 Jahre in ein anderes Sternbild hinein, das auf den Planeten Erde einstrahlt. Unser Planet stand in den letzten 2100 Jahren im makrokosmischen Einstrahlungsfeld des Sternbilds Fische. Nicht von ungefähr war der Fisch das Zeichen des Christus Jesus und der Urchristen. Die Kulturen vor dem Fische-Zeitalter standen im makrokosmischen Zeichen des Stiers und davor im Zeichen des Widders, was man ebenfalls in deren Kultur erkennen kann. Jeder kosmische Einfluß ist primär feinstofflich, d. h. auf das Innenleben des Menschen wirkend, zu verstehen, was sensitive Menschen schon bei Vollmond, aber auch bei Sonnen-Eruptionen und anläßlich besonderer Gestirnkonstellationen spüren.

Nachdem die Fische als ein Symbol der Verinnerlichung, des Mystizismus, des stummen Duldens und Dienens zu verstehen waren, bedeutet der Schritt in das Wassermann-Zeitalter nun eine sehr starke Bewegung in Richtung Geist und Vergeistigung. Der Wassermann wird seit Jahrtausenden symbolisch als Welle bzw. als Wasserträger dargestellt, denn das Wasser ist das Symbol des Geistes – z. B. im geweihten Wasser in der kirchlichen Taufpraxis, im heiligen Bad im Ganges und anderen Ritualen. Nun kommt astronomisch der Wassermann als feinstofflich einstrahlendes Tierkreiszeichen auf die Menschheit zu und gießt aus seinem Gefäß, das die spezifischen Energien des Sternbildes Wassermann symbolisiert, über die Menschheit höhere Energien aus, die religiös als Heilig-Geist-Energien bezeichnet werden. Diese bereiten den bevorstehenden evolutionären Quantensprung vor. Für das Empfangen dieser spezifischen Energien bedarf es geöffneter Resonanz- und Empfangsorgane, die heute unter der Bezeichnung Chakren als Zentren des Höheren Bewußtseins bekannt sind.

Der Frühlingspunkt der Erde durchwandert innerhalb von rund 25 800 Jahren die Einstrahlungsbereiche aller 12 Tierkreiszeichen. Der Planet Erde bewegt sich aber gleichzeitig mit der Sonne mit einer Geschwindigkeit von 72 000 Kilometern/pro Stunde durch den Weltenraum und kehrt um eine Oktave höher, also nur scheinbar zum Ausgangspunkt zurück, ehe der Rundlauf um ein bestimmtes Zentrum innerhalb der ungeheuren Dimension unserer Galaxis wieder beginnt. Mathematisch sind all diese Bewegungsbahnen nicht als in sich geschlossene Kreise, sondern als logarithmische Spiralbahnen zu definieren, weshalb im Mikro- und Makrokosmos vom *Bewegungsgesetz der Spirale* gesprochen wird. Auch unser Planet Erde nähert sich, auf einer fast unmerklichen Spiralbahn, über viele Jahrmillionen laufend der Sonne an.

Die völlige Einbindung unseres Planeten über das vorher beschriebene Galaktische Zentrum, den *Großen Attraktor*, ist nicht nur physikalisch z. B. im Sinne der Schwerkraft zu verstehen, sondern auch programmatisch beeinflussend und führend, also hierarchisch!

Natürlich ergeben sich durch die Integration der Erde in den kosmischen Verbund viele Fragen, auf deren labortechnische Beantwortung vor allem wissenschaftlich gebildete Menschen oft mit einem süffisanten Lächeln bestehen. Dafür ist es aber notwendig, daß der analytisch denkende Mensch die Ebene des Geistes, den Logos, wiederentdeckt, da diese höchste Form der Energie ihre spezifischen Gesetzmäßigkeiten besitzt. Die Wissenschaft der Logik wurde zwischenzeitig bedauerlicherweise zugunsten eines mechanisch-analysierenden Prozeßdenkens fast völlig aus dem ehemals von Plato konzipierten Schulsystem verdrängt. Nur in ganz wenigen Staaten, wie z. B.

Bulgarien, war Logik bis in die jüngste Vergangenheit Pflichtfach in den Schulen.

Weder der Planet Erde noch der Einzelmensch sind frei von übergeordneten Gesetzmäßigkeiten und Einflüssen, die auch den inneren Menschen, seine über das eine Leben hinaus bestehende Individual-Existenz betreffen. Die großen Weltlehrer haben immer wieder versucht, uns auf diese Zusammenhänge hinzuweisen.

Das aus der kosmisch-energetischen Vernetzung resultierende Verteiler- und Mittlersystem ist nach dem Gesetz der Hierarchie geordnet. So bilden sich in unserer Milchstraße, die vom Galaktischen Zentrum als Einheit gesteuert wird, ihr untergeordnet weitere energetische Sekundärzentren, die für sich wieder Millionen Sonnensysteme als organische Einheit zusammenfassen. Die einer solchen organischen Einheit angehörenden Teileinheiten der Sonnen gliedern sich wieder in größere und kleinere, die untereinander ebenfalls in einer hierarchischen Struktur und Vernetzung stehen. Dieses System der Verschachtelung und Verbundenheit setzt sich über Sonne, Mond und Sterne nach unten, bis in die kleinste mikrokosmische Einheit, fort.

All die verschiedenen mikro- und makrokosmischen Bausteine sind in vielfacher Form miteinander vernetzt wie eine Einzelzelle im menschlichen Körper, die nicht für sich allein, sondern in absoluter, wenn auch unbewußter Abhängigkeit zu bestimmten Organen, Nervenbahnen, zum Herzen, zum Kopf und zum Solarplexus stehen. Die körperliche Verbindung aller Zellen zu einer lebenden Gesamtheit und Einheit findet aus einem zentral gesteuerten und alle Zellen vernetzenden Energiepunkt statt – dem Herzzentrum. Fällt dieser energetische Brennpunkt des Menschen aus, tritt sofort der physische Tod ein, und alle während des Lebensprozesses aufgebauten Bausteine zerfallen.

Überall erkennt man das Prinzip der kosmisch-hierarchischen Vernetzung. Die Vernetzung erfolgt grundsätzlich über hierarchische, durch energetische Bahnen verbundene Kraftzentren, die wir als Herz, Kern, Brennpunkt oder ähnlich bezeichnen und in jedem physikalischen Kraftfeld feststellen können.

Und als solches ist auch Schambhala zu verstehen.

Dieses Zentrum ist energetisch der höchste Punkt bzw. das geistige Herz des Planeten Erde und die zentrale Verwaltungs- und Verbindungsinstitution zum Makrokosmos. Umgekehrt strömen auch die vom Makrokosmos in den Mikrokosmos und in das Kraftfeld Erde einwirkenden evolutiven Energien über das Zentrum Schambhala. Natürlicherweise besitzen alle Planeten und Sonnen ihr energetisches Schambhala-Zentrum, wie es ja auch kein Atom und keine Zelle ohne Kern gibt. Das Prinzip des Zentrums bzw. des physikalischen Herzens ist universell und damit allen Kraftfeldstufen eigen.

In den verschiedenen Lehren Asiens wird Schambhala auch als *Kala-Chakra-Zentrum* bezeichnet, als geistiges Zentrum, das den Großkörper Erde mit dem Makrokosmos verbindet. Die asiatischen Geistesschulen für Bewußtseinsentwicklung lehren die Weisheiten des Kala-Chakra-Zentrums bzw. seiner Repräsentanten. Der Buddhismus, der Hinduismus, aber auch das esoterische Christentum oder der esoterische Islam in Form des Sufismus verstehen sich als Offenbarung des großen irdisch-kosmischen Chakras, welches u. a. als evolutionäres Feuerrad oder vieltausendblättrige Lotusblüte dargestellt wird.

Unabhängig von den vielfältigen religiös-mystischen Darstellungen, die oft in guter Absicht von den Gläubigen und Kirchen angefertigt wurden, genügt für einen Einstieg in diese Materie die aus der Astrophysik entnommene Analogie einer hierarchischen Vernetzung des Weltraums, die den Planeten Erde, die Menschheit und den Einzelmenschen in jeder Beziehung betrifft. So wenig, wie sich ein Mensch direkt aus eigenem Wunsch und zu einem von ihm gewählten Zeitpunkt mit dem Bundespräsidenten oder mit dem Papst in Verbindung setzen kann, ohne hierarchische Wege, Stufen und Vorschriften einzuhalten, so ist er auch fest in einer makrokosmischen Hierarchie eingebaut. Auch der Begriff Yoga, der sich vom lateinischen *iugum* = Joch ableitet, spiegelt dies wider. Daher sind die verschiedenen Yoga-Systeme Schulen, die Wissen über solche Zusammenhänge vermitteln.

Die Weltlehrer sind Künder dieser kosmischen Ordnung, und es ist an der Zeit, sich näher mit der kosmischen Hausordnung zu beschäftigen. Die Quelle der Antworten ist das Kala Chakra bzw. Schambhala.

Die Vielfalt der esoterischen, spiritistisch-medialen Literatur hat ein Chaos mit konkreten Auswirkungen auf die physische und zunehmend auf die geistige Gesundheit des einzelnen hervorgerufen. Daher haben die offiziellen Stellen im Staat nicht ganz unrecht, wenn manche Sekten und andere destruktive Praktiken pflegende Vereinigungen als Gefahr für die Öffentlichkeit, im besonderen für die Jugend, dargestellt werden. Hier helfen jedoch keine Verbote, sondern nur Aufklärung. Völlig verfehlt ist es aber, kirchliche Vertreter zu offiziellen Sekten- und Okkultismus-Beauftragten zu machen, denn verständlicherweise kämpfen die großen Kirchen in der Phase ihres Niedergangs, verbunden mit dem zunehmenden Verlust ihrer eigenen Pfründe, mit allen Mitteln gegen ihre Konkurrenz. Darüber hinaus steht diese Aufgabe grundsätzlich vielseitig gebildeten Menschen zu, die sich mit der Materie intensiv beschäftigt haben und dadurch qualifiziert sind, bestimmte Entwicklungen und Geschehnisse zu beurteilen.

Keine Kirche – ganz gleich welche – ist geeignet, für den Staat soziale oder gar entwicklungstechnische Aufgaben zu übernehmen. Solche Möglichkeiten werden aber heute automatisch mit dem geistlichen Missionsauftrag der Kirchen verbunden, wie zum Beispiel im Bildungsbereich. Es entbehrt nicht einer gewissen Ironie, daß der Staat einerseits gegen bestimmte Exzesse von Weltanschauungsgemeinschaften vorgehen will, es andererseits aber erlaubt, daß jeder Mensch schon im Alter von ein paar Tagen getauft und damit offizielles Mitglied der Kirche wird. Natürlich sollte jeder Staat alles fördern, was die charakterliche Entwicklung und die allgemeine Verhaltensethik anhebt, und dabei können auch die verschiedenen Kirchen helfen, aber ausschließlich in Verbindung mit ihren geistigen, nicht mit weltlichen Aufgaben. Jegliche Kumpanei zwischen Staat und Kirche ist abzulehnen und dient in keinem Fall diesem Ziel.

Der Hinweis auf die verschiedenen Kirchen ist deshalb sachlich notwendig, weil sie sich ja offiziell als Beauftragte Gottes ausgeben und mit vielen Steuermitteln gefördert werden. Ob sie diesem Anspruch heute noch gerecht werden, bleibt fraglich. Wenngleich man in der Geschichte der Kirche auf viele wunderbare Boten trifft, – stellvertretend seien hier der Heilige Franziskus von Assisi, die Jungfrau von Orleans und im besonderen der Dominikaner-Mönch Giordano Bruno erwähnt – konnte deren Wirken nur selten eine nachhaltige Änderung der ethischen Strukturen auslösen. Diese ist aber grundsätzlich für eine von Gott beauftragte Institution notwendig.

Da die Mehrheit der Menschheit in Asien lebt, geht damit auch der Großteil der Erdbevölkerung von der konkreten Existenz eines Zentrums der Bruderschaft im Himalaya aus, denn diese Wirklichkeit ist fester Bestandteil der religiös-philosophischen Lehren Asiens. Ob dies nun als *Schambhala* oder als *Shangri-La*, als *Olmolungring* (tibetische Bezeichnung) oder *Khembalung* bezeichnet wird, sollte von sekundärer Bedeutung sein. Aber auch die vor-christlichen Völker Europas hatten ihr Schambhala, was wörtlich *Quell der Freude* bedeutet. Dieses wurde einerseits in Asien angesiedelt, ältere Quellen weisen dagegen auf den Norden Europas als das Reich der Götter hin. Da aber, in Verbindung mit dem Untergang von Atlantis, von einem Polsprung und einer damit stattgefundenen Verlagerung der Erdachse auszugehen ist, muß diese scheinbare geographische Divergenz keinen Widerspruch beinhalten.

Evolution

Im ersten Teil dieses Buches wurde auf die verschiedenen, zu einem vertieften Lebensverständnis führenden Gesetze hingewiesen. Neben dem Gesetz von Ursache und Wirkung, welches über seine wissenschaftliche Bedeutung hinaus grundsätzlich auch jeden Gedanken, jeden Wunsch und jedes Gefühl des Menschen mit entsprechenden Auswirkungen verbindet, gilt auch das Gesetz der Evolution. Die Wissenschaft hat dieses im Bereich der Biologie schon erforscht, bezieht es aber primär auf körperliche Merkmale.

Die Evolution des Geistes offenbart sich deutlich über das geistige Individuum, über die ihm eigene Unsterblichkeit und seine Zwangsläufigkeit zur Entwicklung. Dies zeigt sich auch in den extrem unterschiedlichen Umständen, in welchen Menschen zur Zeit leben (müssen). Daß hierfür auch bestimmte, in der Vergangenheit vom Individuum gesetzte Ursachen auslösend sind, liegt in einem auf Ursache und Wirkung beruhenden Lebensgeschehen auf der Hand. Auch wenn wir die klaren Zusammenhänge in dieser so wichtigen Lebensfrage noch nicht ganz verstehen, sollten wir uns tatkräftig bemühen, unser Bewußtsein durch Lernen und Wissen zu erweitern und die

Qualität der Ursachensetzungen anzuheben. Besonderes Augenmerk verdienen Eigenschaften wie Disziplin, Fleiß, Verläßlichkeit, Ehrlichkeit und Wahrhaftigkeit. Auch wenn eine Betrachtung der Umwelt diese Rückkoppelung zwischen Ursache und Wirkung nicht auf Anhieb erkennen läßt, sollte man sich nicht irritieren lassen. Spekulative oder durch Betrug und Lüge erzielte materielle Erfolge schlagen oft kurzfristig auf das Innenleben der Begünstigten, auf ihre geistig-seelische Struktur zurück. Auch physische Leiden und Krankheiten sind oft karmische Konsequenz aus Charakterschwäche und ethischem Fehlverhalten. Genauso offenbaren sich karmische Konsequenzen im zwischenmenschlichen Umfeld und in Beziehungen zu anderen Menschen. Wer sich freiwillig in eine negative Interessengemeinschaft hineinbegibt, darf sich nicht wundern, wenn er – nicht nur symbolisch – mit einigen Messern im Rücken aufwacht. Den besten Rat erteilt uns das Gewissen, welches als inneres Ordnungsgefühl und individuelle Herzensstimme zu verstehen ist.

Neben dem Individualkarma gibt es auch ein Familien-, Gruppen-, Volks-, Rassen- und Menschheitskarma. Beispiele für vom Unglück verfolgte Familien, Völker oder selbst Rassen gibt es zur Genüge. Das Verständnis für das Individualkarma kann auch durch Astrologie, Numerologie und andere Hilfswissenschaften vertieft werden.

Genauso wichtig ist der Aspekt von *Dharma*, worunter das jedem Menschen zugeordnete Lebensziel bzw. seine Lebensaufgabe zu verstehen ist. Die durch Dharma eingeräumte Handlungs- und Entscheidungsfreiheit des Menschen relativiert die Voraussagbarkeit karmischer Ereignisse sehr stark. Es ist bedauerlich, daß viele Astrologen den Begriff Dharma nicht kennen und daher dem Lebensrat Suchenden oft einen schwächenden Fatalismus, in dem alles im Leben zwangsläufig vorherbestimmt ist, vermitteln. Aufgrund von Dharma können bestimmte zukünftige Ereignisse nicht erkannt werden, weil im Beratungsmoment durch die bei jedem Individuum bestehende Handlungsfreiheit noch keine Ursachensetzung erfolgt ist. So hat z. B. der französische Astrologe und Seher Nostradamus sehr viel vorausgesagt, interessanterweise aber nur negative Ereignisse, die durch Ursachensetzungen individueller, völkischer, gesamtmenschlicher oder kosmischer Art entstehen.

Selbst wenn das Gesetz von Ursache und Wirkung, aber auch das Gesetz der Evolution anerkannt werden, liegt die besondere Schwierigkeit für die Menschen in der inneren Akzeptanz und Umsetzung des universellen Gesetzes der Hierarchie. Das hierarchische Prinzip ist ein unumgängliches kosmisches Gesetz. Wer sich dagegen sträubt und meint, sich selbst Autorität in allen Lebensfragen sein zu müssen, erleidet unweigerlich Schiffbruch. So wie jedes Neugeborene der Hilfe und Führung durch Erwachsene bedarf, braucht der Mensch die höhere Lebenshilfe. Er ist ein Wesen zwischen Mikro- und Makrokosmos, eingebettet in ein entsprechendes Spannungsfeld, in welchem er sich bildhaft auf einer Spiralbahn nach oben weiterzuentwickeln hat, wobei ihn auch nur nach oben führende Kräfte und Mächte unterstützen können. Doch auch die herabziehenden und reduzierenden Kräfte sind zahlreich.

Letztendlich ist auch jede Staats-Demokratie in vielfältigen Hierarchien organisiert, die ihre hierarchische Macht – auch wenn es nach außen hin anders dargestellt wird – ausüben. Über Minderheiten-Parteien, über sogenannte Koalitionsausschüsse und nicht öffentliche Absprachen werden Interessen von oben nach unten – oft gegen den Willen der demokratischen Mehrheit – durchgesetzt. Auch Justiz und Exekutive sind in diesen Prozeß eingebunden.

De facto gibt es keine Demokratie, denn Interessen und Kompetenzen werden immer gebündelt und strukturiert. Beeinflußbar sind nur die Kriterien, die den Auf- oder Abstieg bestimmen. Mikro- und Makrokosmos sind absolut hierarchisch aufgebaut. Auch die Menschheit kann nur naturgemäße, kosmisch vorgegebene Systemstrukturen nachvollziehen, denn alles andere wäre gegen die kosmische Ordnung gerichtet und damit grundsätzlich zum Scheitern verurteilt.

Hierarchie und das Prinzip der Führung sind voneinander nicht zu trennen. Dies heißt in geistiger Konsequenz, daß sich das Niedere dem Höheren unterzuordnen hat, denn dieses Prinzip ist die Grundlage des gesamten Kosmos. Auch der Mißbrauch und die völlig falsche Interpretation dieses Prinzips in unserer jüngeren Geschichte ändern nichts an dessen grundsätzlicher Gültigkeit. Die Menschen fürchten nichts mehr als die Anerkennung einer hohen Autorität, besonders auf geistiger Basis. Andererseits unterwerfen sie sich jedoch kritiklos dem Urteil und der Meinung völlig unbedeutender Menschen. Die Loslösung vom Höchsten und die Unterordnung unter das Niedere sowie die geistige Nivellierung sind ein Fluch unserer Zeit, welcher Degeneration, Krankheit und Verfall auf allen Ebenen zur Folge hat.

Die Menschheit kann nur evolvieren, wenn sie das Gesetz der Hierarchie und das sich daraus ergebende Führungsprinzip anerkennt und sich nicht dagegen sträubt. Hier zeigt sich der unbestrittene Vorteil einer Demokratie, denn hier kann der einzelne, wenigstens in geistigen Belangen, machen, was er will – sich also auch dem Gesetz der Hierarchie einordnen und sein Leben danach ausrichten. Leider wird diese Möglichkeit nur von einer Minderheit wahrgenommen, es fehlt an Erkenntnis und Zivilcourage.

Das Gesetz von Ursache und Wirkung wird nur akzeptiert, wenn der Mensch aufgrund eigener Erfahrungen erahnt, daß er weder mit seinem Kopf noch mit Geld oder anderen Machtmitteln die bestehende Kausalität aufheben kann. Erst wenn er das Gesetz von Ursache und Wirkung als grundlegende Handlungprämisse verinnerlicht hat, handelt er nicht mehr gegen sich selbst. Die Perfektionierung der Selbsttäuschung verursacht nur viel unnötiges Leid, Umwege, Leerlauf und Zeitverlust. Konkret fällt der Betroffene dabei immer weiter zurück. Und »den letzten beißen bekanntlich die Hunde«. Das Bild hinter dieser Redewendung sind die Schafe einer großen Herde, die sich nicht der Führung des Schafhirten auf dem vorgegebenen Pfad unterstellen wollen, sondern erst von den Hunden des Schäfers durch Bisse und Leid in die richtige Richtung gezwungen werden. Die Hunde stehen in diesem Gleichnis für das Leid, welches der Mensch hauptsächlich aus Unwissenheit, aber auch aus Ignoranz und Präpotenz verursacht.

Auch ein Verhalten gegen das Gesetz der Evolution bedingt negative Wirkungen, da es das zu erfüllende Menschheitskarma blockiert. Werden längst fällige Veränderungen und Entsprechungen immer wieder hinausgezögert, brechen sie über Nacht mit aller Gewalt über die Menschheit herein, wie z. B. die Französische und auch die Russische Revolution (1917) erkennen lassen. Die heute weltweit herrschende Not, die mehr als die Hälfte der Menschheit in unzumutbaren Umständen vegetieren läßt, ist ein weiteres Indiz dafür, daß sich unaufhaltsam größere Umwälzungen globalen Ausmaßes anbahnen. Doch die Menschheit hat alles in ihrer Hand. Sie kann sich freiwillig in den evolutionären Prozeß einordnen oder durch über sie hereinbrechende, revolutionäre Umwälzungen zur Anpassung gezwungen werden.

In diesem Zusammenhang entsteht auch die Notwendigkeit, die traditionelle Gottesvorstellung zu bereinigen. So hat das Gesetz von Ursache und Wirkung nichts mit einer persönlichen Gottheit zu tun. Die individuelle Rückwirkung, die sich aus diesem universellen Gesetz der Gerechtigkeit ergibt, liegt weder als Rache noch als Belohnung in Gottes Hand, sondern stellt konsequent das Resultat aus der gesetzten Ursache dar. Kein Gott kann die Gesetze des Universums aufheben, denn auch er selbst ist das evolutive Produkt derselben. Es ist daher viel effizienter, das Karma-Gesetz zu berücksichtigen, als den lieben Gott um Vergebung der Sünden zu bitten. Dieses Wissen bedingt als Folge nicht nur die direkte Wiedergutmachung der bewußt und unbewußt verursachten Schäden, sondern motiviert auch dazu, weniger Negatives auszusäen. Es ist an der Zeit, das beschämende Knie-Rutschen, das kein Gott oder Weltlehrer je verlangt hat, zu beenden und das eigene Schicksal im Rahmen der heute bekannten Gesetze in die Hand zu nehmen. »Hilf Dir selbst, dann hilft Dir Gott« – ist als Aufforderung zu aktivem und bewußtem Aussäen positiver Ursachen zu verstehen.

Alle weltlichen Institutionen werden von Individuen repräsentiert und getragen. Es gibt auch oberhalb des Kraftfelds Mensch keine Stufe, die nicht individualisiert ist. Die Weltreligionen, deren Macht in Summe heute auch in weltlicher Hinsicht beeindruckend ist, sind individuell repräsentierte und personifizierte Kräfte des Kosmos. Zum Teil tragen sie sogar die persönlichen Namen ihrer geistigen Initiatoren. Konfuzianismus, Buddhismus, Christentum oder Platonismus sind feinstoffliche Energiefelder individueller Art, die sich aufgrund der inhaltlichen Identität der Lehren und damit der spezifischen psychischen Energie ihrer Initiatoren in einem hierarchisch übergeordneten Kraftfeld vereinen. Und dieses, die einzelnen Weltlehren umfassende und ihnen übergeordnete Kraftfeld kann der Mensch in seinen unteren Entsprechungen erkennen und sich dessen bedienen.

Aber auch die großen Meister der Musik, wie ein Mozart, Beethoven, Wagner, Bruckner, Brahms, Haydn und andere, lassen in ihren Werken und ihrer Weltanschauung viele Gemeinsamkeiten erkennen. Eine wunderbare Quelle der Erkenntnis ist das Buch »Gespräche mit berühmten Komponisten«[5], in welchem diese den Ursprung ihrer Inspiration und Kraft beschreiben. Ähnliches gilt natürlich auch für alle anderen Bereiche der Kunst.

Schlüsselthema bleibt immer die Energie und wie man sich als Mensch qualitative, inspirative und stärkende Energie nutzbar machen kann. Denn wir sind als Menschen in unserem Leben und unserer Handlungskraft so gut oder stark, wie die uns innewohnende psychische Energie entwickelt wurde. Diese uns innewohnenden Potentiale können aber nur aktiviert werden, wenn höhere kosmische Energien auf den Menschen einstrahlen und er sich dieser Einflüsse bewußt bedient. Diese Potenzierung der eigenen Lebenskraft überträgt sich auch auf das persönliche Umfeld. Die aus dem Erhalten solcher Kräfte resultierende Dankbarkeit haben alle Kulturen dieser Welt in religiösen Kunstwerken umgesetzt, die auch noch heute als bedeutendste kulturelle Offenbarung der Menschheit anzusehen sind. Und selbst überzeugte Materialisten oder Atheisten können sich der Schönheit dieser Versuche, die höheren Ordnungsmächte zu ehren, nicht entziehen.

Alle Kulthandlungen und alle religiösen Rituale waren immer auf die geistige Urquelle ausgerichtet. Ganz gleich welcher Name als Vermittler diente, ausschlaggebend war die dahinterstehende Kraft, das zwar Anwesende und Spürbare, aber nur relativ Faßbare. In diesem Verständnis kann man auch den Begriff Kultur in einem neuen Licht sehen, nämlich als Verbindung von *Kult* und *Ur*. Ziel des Kults war es immer, der dem Menschen übergeordneten Urquelle Dank und Verehrung zu erweisen. Unter *Ur* versteht man heute noch das geistige Licht, die Quelle, den Ursprung allen Lebens und die primäre Ursache allen Seins.

Gott ist Geist, und wir ringen alle um eine qualitative und quantitative Steigerung unserer psychischen Energie, um mehr Vergeistigung.

Und Schambhala ist die Quelle und das Zentrum dieser Energien und ihrer außergewöhnlichen Träger.

Die feinstoffliche Konstitution des Menschen

Innerhalb der feinstofflich-energetischen Konstitution des Menschen sind drei verschiedene Denk- bzw. Verstandes-Prinzipien zu berücksichtigen. Auch einzelne westliche Wissenschaftler haben sich heute schon relativ an diese verschiedenen Verstandeszentren herangearbeitet, wenngleich man noch davon ausgeht, daß all diese ihren Sitz im Kopf bzw. in bestimmten Zonen des Gehirns haben.

Die drei Denk- und Verstandeszentren im Menschen setzen sich wie folgt zusammen:

1. Als niederstes Prinzip besitzen alle inkarnierten Menschen für ihren physischen Körper, der in den Bereich der Säugetiere fällt, den Instinkt bzw. einen instinktiven Verstand. Dieser regelt das körperlich-seelische Un- und Unterbewußte, die Atmung, die Verdauung und andere körperliche Funktionen. Gleichzeitig ist das Instinktzentrum aber auch Sitz der Säugetier-Triebe, wobei besonders der Fortpflanzungstrieb als einer der stärksten hervorzuheben ist. Das Instinktzentrum hat seinen Sitz im Solar-Plexus und gebiert, wenn nicht mit den anderen Prinzipien verbunden, all die egoistischen und daher negativen Gedanken, Gefühle, Wünsche und Taten, die primär auf lustvolle Triebbefriedigung abzielen. Die Wissenschaft nennt diese Region das Unterbewußtsein – wenngleich man sehr oft

beobachtet, daß es mit dem im Herzen beheimateten Überbewußtsein bzw. der Intuition verwechselt wird, und umgekehrt. Der Solar-Plexus kann auch als Sitz der Seele bzw. des Astralkörpers bezeichnet werden.

2. Als zweites bzw. mittleres Prinzip besitzen alle Menschen ein mentales Zentrum, welches dem Kraftfeld Mensch gegenüber dem Kraftfeld Tier bedeutende Befähigungen ermöglicht. Das im Kopf befindliche mentale Zentrum beheimatet den Intellekt bzw. den intellektuellen Verstand. Dieser ist identisch mit unserem Tagesbewußtsein. Während der instinktive Verstand und auch das dritte Zentrum, sofern entwickelt, nie schlafen, bedarf das Tagesbewußtsein des regelmäßigen Schlafes, da es sonst zu Bewußtseinstrübungen, ja zu schweren Krankheiten kommen kann. In der Schlafphase übernimmt, je nach Stärke und Ausprägung, entweder der instinktive Verstand das Kommando oder das höhere dritte Prinzip, sofern dieses entwickelt ist.

Das intellektuelle Zentrum ermöglicht es dem Menschen, die Entstehung der Zivilisation zu wollen und voranzutreiben. Heute hat sich aber der Intellekt auf Kosten des dritten Prinzips vielfach so verselbständigt und überentwickelt, daß sich diese Einseitigkeit als Entartung des Zivilisationsgedankens offenbart. Der Mensch wird erst durch die Entfaltung des dritten Prinzips zu einem Geist- und Kulturmenschen, weil aus diesem sowohl die künstlerischen als auch charakterlich-sozialen Impulse für ein schöneres und menschenwürdiges Dasein kommen. Der nur hochintelligente bzw. intellektuelle, aber ansonsten von seinen Trieben beherrschte Mensch wird nicht nur zu einer Intelligenz-Bestie, sondern zu einem Satan in Menschengestalt.

3. Als drittes und höchstes Prinzip im Menschen gilt das entweder noch passive oder bereits aktivierte Zentrum der Intuition, des Gefühlswissens. Dieses Denk- und Verstandesprinzip hat seinen Sitz im Herzen. Bewußtseinsenwickelte Menschen und Kulturträger denken und fühlen primär mit dem Herzen. Auch dieses Zentrum, sofern aktiviert, schläft nie. Es ist dem Menschen Führer und Mittler zu den höheren Welten des Geistes und des Lichtes. Das Herz ist Zentrum der Kultur, der Weisheit und der höheren Befähigungen und Eigenschaften wie der Liebe.

Das dritte Denk- und Verstandeszentrum wird als Überbewußtsein bezeichnet, da es den Menschen mit der Welt des Geistes bzw. mit der Feurigen Welt verbindet. Dadurch konnten z. B. die hochentwickelten Kulturträger der Musik ihre Werke direkt aus der Feurigen Welt auf unsere Ebene herabholen.

Es ist ein völlig natürlicher Prozeß, daß der aus dem Instinkt- und Triebzentrum resultierende Verstand aufgrund seiner Selbstbezogenheit gegen die altruistischen Herzenskräfte arbeitet und der Intellekt hierbei dem Stärkeren dient. Diese zwei Seelen in einer Brust, die schon Goethe als beklemmendes Gefühl erfuhr und die als schizophrene Entscheidungsunfähigkeit erlebt werden können, bilden jedoch auf dem Weg der Geistmensch-Werdung den Prüfstein und die Basis vielfacher Befähigungen. Erst wenn wir unseren Kopf und das Instinkt-Zentrum durch unser Herz kontrollieren, können wir uns selbst und unsere Umwelt mit Liebe und Frieden befruchten.

Die Weisheitslehren zeigen den Weg, die Geist-Energie mit ihrem Sitz im Herzen zu entdecken und zu entwickeln. Menschwerdung ist ein geistiger Prozeß, da das Physische allein noch keinen sozialen oder gar Kulturmenschen ausmacht.

Die Intuition oder das Gefühlswissen, das bereits ein wesentlicher Bestand des Höheren Selbst ist und aus dem Herzen heraus entwickelt wurde, multipliziert sich am Ende als geistige Erleuchtung. Während man beim Intellekt noch von Intelligenz oder Wissen spricht, ist Weisheit eine Offenbarung des geistigen Herzens und kann daher auch einem Analphabeten zu eigen sein. Alles, was die Menschheit in Form von edlen und schönen Kulturwerken geschaffen hat, stammt aus dem entwickelten geistigen Zentrum des Herzens.

Die Beschränkung des menschlichen Herzens auf eine mechanisch-physikalische Pumpe, die man beliebig ersetzen kann, geht einher mit dem Fehlen von Herzlichkeit, Wärme und Wahrhaftigkeit in den zwischenmenschlichen Beziehungen. Liebe, Edelmut, Opferbereitschaft, Harmonie, Schönheit und Gerechtigkeit sind aber Eigenschaften und Merkmale, die aus einem geistig entwickelten Herzen strömen. Jeder Mensch betrügt und schädigt sich aufgrund des Gesetzes von Ursache und Wirkung über dasjenige Leben hinaus in hohem Maße, wenn er nicht beginnt, selbst positive Ursachen für seine spätere Zukunft zu setzen. Diese Ursachen können wiederum nur aus jenem Herzen stammen, das die höheren Motive für eine positive Kausalität anstrebt.

Es ist ein unumstrittenes Naturgesetz, daß ohne Energie keine Bewegung möglich ist. Bei Maschinen muß die Energie für die Bewegung von außen zugeführt werden. Der lebende Körper bewegt sich mit Hilfe derjenigen Energien, die in bestimmten Zentren erzeugt werden und die in ihrem Potential wandelbar sind. Physikalisch gesehen ist die Primärgrundlage jeglicher Offenbarungsform die innewohnende latente oder aktivierte Energie. Auch sogenannte tote Materie ist potentielle Energie, da die in ihr komprimierte Kraft durch bestimmte Faktoren und die zur Zündung notwendige Energiezufuhr von außen gesteuert werden kann, wie dies im Beispiel der Atomkernspaltung sehr deutlich wurde.

Im geoffenbarten Universum ist alles Energie, in den verschiedensten potentiellen Formen. Das tragende Element aller Erscheinungsformen ist das Feuer, das innerhalb der bekannten vier Grundelemente – Feuer, Erde, Wasser und Luft – primär ist und sich in den verschiedensten Schwingungen und Formen offenbart. Die allgemein bekannten Ausdrucksformen für das Feuer zeigen sich auf der höheren Ebene als Licht, als Wärme, als Leben überhaupt. Auch sämtliche körperlichen Lebensprozesse sind Offenbarungen des feurigen, d. h. feinstofflichen Energiepotentials, das eine gegebene Lebensform für eine bestimmte Phase am Leben erhält. Diese Energie fusioniert mit dem Stoffwechsel als Grundlage für jegliche Bewegung zu einer lebendigen und aktiven Einheit eines Körpers. Zieht sich die belebende, feurige Energie zurück, ist der physische Körper tot und zerfällt in seine Bestandteile. Die dabei weichende feinstoffliche Individualenergie, die ja in ihren spezifischen und beim Menschen sogar individuellen Strukturen bestehen bleibt, existiert weiter und kehrt, unter Einhaltung bestimmter Gesetze und Strukturen, zyklisch wieder in den großen Kreislauf bzw. Stoffwechsel zurück. Der Kreislauf des Wassers – über Verdunstung, Wolken, Regen/Schnee/Eis und wieder Wasser – macht sichtbar, daß einzig der Wechsel der Aggregatzustände die verschiedenen Ausdrucksformen neuen Lebens zeugt.

Feuer ist das Urelement allen Seins im All, und ohne Feuer kann keine Energie entstehen. Feuer ist das Urelement des Aufbaus und der Zerstörung zugleich, wobei beide Prozesse einander bedingen, da das Werden und Vergehen eine ständige Wandlung der Ausdrucksformen zu höheren voraussetzt. Bei all diesem Geschehen im Mikro- und im Makrokosmos ist immer Feuer als Prinzip des Geistes das tragende Element.

Geist ist der höchste Ausdruck des Feuers, und alle Weisen haben versucht, den Menschen zu erklären, daß Gott Geist ist. Geist kann als welträumliches Feuer nicht vernichtet werden, so daß der im Menschen individualisierte Geist auch unsterblich ist. Die Evolutionsziele sahen vor, daß sich der Mensch aus seiner ehemals tierischen Gestalt erhebt und mit dem göttlichen Funken der Selbsterkenntnis beschenkt wird. Mit diesem göttlichen Anteil wurde der neue Mensch durch seine individualisierte Geistseele unsterblich.

Die Seele ist als Träger des Geistigen zu betrachten und wird auch Astralleib genannt. Sie dient, da feinstofflich, als Matrize des Körpers, indem sie die Funktion einer Sammelstelle für Erfahrungen und Erlebnisse des physischen Körpers hat. Der Astralkörper ist als Träger ebenfalls an einen bestimmten Bereich gebunden und unterliegt einem ähnlichen, zeitlich begrenzten Nutzungsprozeß wie der physische Körper. Der irdische Leib und der Astralkörper sind sterblich und nur ein Kleid für den unsterblichen Geist. Aus stofflicher Sicht besitzt der Mensch daher eine Seele, die nach dem physischen Ableben noch eine begrenzte Zeit existiert. Das ewige Ego, also das Höhere Selbst, trennt sich nach einer bestimmten Weile auch von seinem Astralleib, da dieser für die höheren geistigen Wohnungen unbrauchbar ist, womit gleichzeitig der Astralleib in die astrale Welt eingeht, wo er dem Auflösungsprozeß unterliegt.

Es ist daher von großer Bedeutung, sich mit der Gesamtheit der verschiedenen Körper zu befassen, statt sich allein auf die körperlichen Perspektiven zu fixieren. Schon Plato unterwies seine Schüler in der Differenzierung von Geist, Seele und Körper. Obwohl die Kirchen sich immerhin zur Anerkennung einer Seele durchgerungen haben, sehen sie diese aber fälschlicherweise als unsterblich an. Daß Christus Jesus und der Jünger Johannes von der Bedeutung des Geistes gesprochen haben und in der Bibel keinerlei Hinweis auf eine unsterbliche Seele, sondern nur auf den unsterblichen Geist zu finden ist, irritiert die Gläubigen bemerkenswerterweise nicht, wenngleich daraus in der Folge ein falsches Lebensverhalten resultiert.

Der uns verliehene Geistesfunke belebt jeden Menschen mit höherer Vernunft und geistiger Energie, die auch als psychische Energie im Sinne des harmonischen Zusammenwirkens der verschiedenen Energiekörper bezeichnet wird. Im Menschen sind Geist und Materie nach kosmischer Gesetzmäßigkeit zu einem individuellen Spannungsfeld, zu einer Einheit verbunden. Auf dieser Grundlage bildet sich das individuelle Kräftepotential, das wir bei außergewöhnlichen Menschen als genial bezeichnen. Genialität ist einzig als das Resultat des Bestrebens auf der Grundlage des Gesetzes von Ursache und Wirkung und der Evolution zu betrachten. Erst eine entwickelte und verfeinerte psychische Energie ermöglicht es dem Menschen, die gröbere Materie zu vergeistigen bzw. zu kultivieren.

Auch die europäische Wissenschaft und Forschung zeigt deutliche Ansätze, ihr Bild vom Menschen zu differenzieren. Die Psychologen werden zunehmend mit *multiplen Persönlichkeiten* konfrontiert. Diese Krankheit bewirkt, daß in einem Menschen mehrere Persönlichkeiten wohnen, die sich über ihren Wirtskörper ausdrücken können. Dabei wird das ursprüngliche Besitzer-Ich durch mehrere andere Persönlichkeiten aus seinem Körper verdrängt. Diesem Geschehen entsprechend können daher die während der Fremdbesetzung begangenen Taten nicht dem ursprünglichen geistigen Ich zugerechnet werden. Die Psychologie hat Fälle bestätigt, in denen über zehn verschiedene Persönlichkeiten über den Wirtskörper sprachen und handelten. Allein in Deutschland schätzt man die Zahl solcher Patienten auf rund 40.000. Über einen Wirtskörper können nur dann andere Persönlichkeiten tätig werden, wenn diese vorher feinstofflich existieren und das ursprüngliche Ich, wenigstens periodisch, aus seinem eigenen Körper verdrängt werden kann.

Beeindruckend sind auch die Entdeckungen des britischen Forschers Rupert Sheldrake über die Existenz morphogenetischer Felder, die sich nachgewiesenermaßen auf Tiere und Menschen auswirken. Diese Energiefelder wirken, über die Gen-Programmierung hinaus, in feinstofflichen Informations- und Programm-Mustern, und jedes Mitglied einer Gattung trägt zur Informationserweiterung des gesamten morphogenetischen Feldes bei bzw. kann daraus Informationen abrufen. In der Konsequenz fließt jeder Gedanke des Menschen in das morphogenetische Feld der Menschheit ein.

Selbst die Geheimdienste arbeiten sich immer tiefer in die Technik der Gedankenübertragung und der Umsetzung von Gehirnstrommessungen ein. Ihre Technologen entwickeln wahre Wundergeräte, die durch Gedanken gesteuert werden sollen.

Materie und Geist sind bipolare Aspekte. Sie sind verschiedene Enden einer Einheit im Sinn einer *Geistmaterie*. Geist ist Materie und Materie ist Geist, der Unterschied liegt ausschließlich in einer höheren bzw. niederen Schwingungszahl. Zu beachten ist nun, daß der Terminus Geist in den letzten Jahrhunderten durch die Dominanz der Naturwissenschaften völlig vom Begriff Energie ersetzt wurde. Die Begriffe Geist und Energie werden daher oft synonym verwendet.

Vorstehende Ausführungen sollen auch die Frage beantworten, wie oft und warum der Mensch in das irdisch-körperliche Leben zurückkehren muß. Das Rad der Inkarnationen dreht sich so lange, bis der Mensch sich selbst durch rein positive Ursachensetzungen völlig von seinem negativen Karma befreit hat und sein Bewußtsein den Anforderungen der Feurigen Welt entspricht. Auch der Charakter wird verfeinert, was sich im besonderen durch eine neue Verhaltensethik ausdrückt. Die Schambhala-Schulen zeigen den kürzesten Weg zur Welt des Lichts.

Bruderschaft

Der Rückblick in die Kultur- bzw. Geistesgeschichte der Menschheit zeigt innerhalb der verschiedenen Völker Gemeinschaften vielfacher Art, die sich als geistige Bruderschaften verstanden haben. Archäologische Funde auf den verschiedenen Kontinenten offenbaren Identitäten in den Ornamenten und Symbolen, in der Kunst und damit auch in der Weltanschauung. Letztere mögen durch verschiedene Bezeichnungen oft unterschiedlich erscheinen, aber die gemeinsame geistige Wurzel der Weltkulturen wurde durch vergleichende Studien und Analysen bestätigt. Die Menschheit ist eine Großfamilie.

Die ältesten als Bruderschaften geführten Schulen waren die der Weltlehrer im Bereich der Religion und der Weisheitslehren. Die in unsere Gegenwart hineinwirkenden Ausstrahlungen der griechischen Philosophen und der Bruderschaften Indiens und Chinas bereichern unser Geistesleben. Unsere Universitäten haben deutliche Parallelen zu den von Plato sehr selektiv geführten Schulen, und ähnliche Modelle finden sich in Italien bei den Römern. Auch Konfuzius und Lao Tse gründeten Weisheitsschulen, die ihre Krönung in der Initiative des Buddha Gautama fanden. In Palästina begründete der Christus Jesus eine Jüngerschaft, worunter vom Lehrer selbst auserwählte Schüler bzw. besonders geeignete Studenten zu verstehen sind, die über 2 000 Jahre bis in unsere Gegenwart hineinwirkte.

Die ältesten Wissens- und Weisheitsschulen auf unserem Planeten finden wir in Indien. Als Wiege der Weltkulturen manifestiert sich zunehmend der Himalaya. Sanskrit als älteste Kultursprache, die selbst heute noch in ihrer Begriffstiefe und -breite ihresgleichen sucht, und vieles andere weisen auf Indien hin. So gelten die verschiedenen Yoga-Systeme bzw. -Schulen als die ältesten Universitäten überhaupt. In diesen wurde natürlich nicht nur *Hatha Yoga* als Wissenschaft des Körpers, der Atmung und der damit verbundenen Auswirkungen auf den geistig-seelischen Menschen vermittelt. Der Buddha Gautama gilt als der höchste Lehrer des *Gnana Yoga*, der Wissenschaft der Erkenntnis, Vernunft und Weisheit. *Gnana* ist sprachlich verwandt mit dem griechischen *Gnosis*, was Erkenntnis bedeutet. Der Christus Jesus gilt als der höchste Lehrer des *Bhakti Yoga*, der Wissenschaft der Liebe. Aber Indien kennt auch andere Yoga-Lehren, die alle älter als das Christentum sind. Dazu gehört z. B. *Karma Yoga*, die Wissenschaft von Ursache und Wirkung im menschlichen Verhalten, die sich auf Geist, Körper und Seele bezieht und die Bereiche des Denkens, Wünschens, Fühlens und Handelns erfaßt. Ein weiteres System ist der im Westen schon teilweise bekannte *Raja Yoga*, der von seinen Schülern sowohl geistig als auch charakterlich königliche Eigenschaften (Raja = König) fordert. Bedingt durch das Gesetz der Evolution unterscheidet man ältere und jüngere Yoga-Systeme, wobei die letzteren nicht nur entsprechend aktualisiert wurden, sondern auch wissenschaftliche Perspektiven der Zukunft umfassen. So wurde z. B. der *Agni Yoga* – als Wissenschaft des Geistes, des allem Leben innewohnenden Feuers – erst in diesem Jahrhundert übermittelt. Sämtliche Systeme sind aber in sich vernetzt und inhaltlich miteinander verbunden. So tragen die zeitlich jüngeren Systeme auch die wesentlichen Elemente der älteren.

Ein im Westbild des Ostens gebildeter Mensch hat es in Bezug auf die notwendige geistige und charakterliche Entsprechung ein wenig schwerer als ein westlicher, allein deshalb, weil sich die Anforderungen und die dadurch zu erarbeitenden Entsprechungen deutlich unterscheiden. Daher sind auch Vergleiche unpassend, wenngleich sich die östlichen und westlichen Perspektiven idealerweise in einer Synthese ergänzen. Der Osten nimmt sich in seinen Schulen mehr des inneren Menschen an, der Vergeistigung und des Charakters, während der Westen eher den exoterischen Dimensionen, dem Weltlich-Grobstofflichen zustrebt.

Diese Tatsache soll verständlich machen, daß in allen Weltkulturen Schulen des Wissens, die in einem weiteren Schritt auch zu Klosterschulen oder ähnlichen Einrichtungen ausgebaut wurden, schon immer fester Bestandteil der Lebensgemeinschaften waren. Sie verstanden sich in ihren Lehrern und innerhalb ihrer Schülerschaft durch das verbindende Wissen als eine Gemeinschaft von Brüdern bzw. Schwestern, als geistige *Bruderschaft*.

Nun hatten solche Bruderschaften in ihrer primären Zielsetzung weniger weltliche oder materielle Ziele im Auge, sondern geistige aus dem Bereich der Religion und der Weisheitslehren. Trotzdem darf die sich in der Folge ergebende Auswirkung auf den Alltag der Menschheit nicht übersehen werden. Auch die Priesterschaft mit ihrer gründlichen geistig-ethischen Ausbildung und Prägung, verbunden mit außergewöhnlichem Wissen, war in der Vergangenheit eine weltweit verbindende Bruderschaft. Plato erhielt z. B. seine Ausbildung bei Weisen und Priestern in Ägypten, und auch heute unterziehen sich viele außergewöhnliche Menschen speziellen geistigen Schulungen in Asien oder im Orient. Die Kette der mystisch-okkulten Bruderschaften läßt sich bis in die jüngste Vergangenheit zurückverfolgen. Die verschiedenen Ritterorden,

Gnostiker, Mönchsorden, Templer oder die historischen Freimaurer, Rosenkreuzer und andere sind nur einige, die das Bewußtsein der Öffentlichkeit erreichten. Heutige Organisationen in Clubform wie die Bnai Brit, Bilderberger, Lyons oder Rotaries sind nur Imitationen von Bruderschaften des Geistes, deren Zeichen wir in allen historischen Kulturen vorfinden. Die Geschichte des 20. Jahrhunderts ist reich an Geheimgesellschaften, wenn auch eher im negativen Sinn, denn sie mißbrauchen ihre Organisation überwiegend dazu, ihre Macht auszubauen. Zur Zeit kommt auch umfangreiche Literatur auf den Markt, die meistens schon Bekanntes über die Geheimgesellschaften und ihre Macht im 20. Jahrhundert berichtet. Sie enthält viele Halbwahrheiten, und Sachverhalte werden bewußt verdreht und erzeugen beim Leser Angst. Hier ist Unterscheidungsvermögen gefragt und die Fähigkeit, sich nicht vom Wesentlichen ablenken zu lassen.

Die Schulen und Bruderschaften, die in einem inneren Kreis bemüht waren, ihr Wissen über die anderen Welten und die Gesetze des Lebens zu vertiefen und dieses Wissen ins tägliche Leben umzusetzen, waren fast ausschließlich theosophisch orientiert.

Sie stellten an ihre Mitglieder den Anspruch, sich im besonderen ethisch-sozial, d. h. zum Wohl der Gemeinschaft zu profilieren. So geht zum Beispiel die Errichtung der öffentlichen Schulen auf eine breite Initiative der Freimaurer zurück. In Österreich und Deutschland waren viele Mitglieder des Kaiser- bzw. Königshauses aktive Freimaurer, die damals sogar gegen die Interessen der Kirchen handelten.

Auch Leobrand, der österreichische Naturphilosoph und Schriftsteller, hat sich intensiv mit dem Thema Bruderschaft und Schambhala auseinandergesetzt. Er betont ausdrücklich, daß die Bruderschaft eine auf Wissen und freiwilliger Zusammenarbeit begründete Gemeinschaft ist.

Sie ist eine Schule des Vertrauens und ein intensiver Ausdruck gegenseitiger menschlicher Beziehung.

Aber auch Künstler haben in ihren Werken bestimmte Prinzipien der Bruderschaften dargestellt. Die von Richard Wagner in der Oper »Lohengrin« verarbeitete geistige Gesetzmäßigkeit, daß sich auf den Ruf eines reinen Herzens auf jeden Fall ein geistiger Ritter bzw. Retter meldet, der die gute Sache vertreten wird, ist eine wunderbare Botschaft der Bruderschaft an die Menschheit. Dieser höchste Ritterstand sah sich auch als Hüter und Bewahrer des *Heiligen Gral*, des *Lapis Exilis*. Dieser wandernde Stein aus dem Sternbild des Orion bedingt durch seine Strahlung die absolute Umsetzung des Wahren und Reinen. So war den Berichten nach z. B. der weise König Salomon Träger dieses Steins, der nur innerhalb der Bruderschaft der Weltlehrer oder von diesen Auserwählten seine kurzzeitigen Verwalter und Bewahrer findet. Der wirkliche Aufenthaltsort des Heiligen Grals ist Schambhala, die Stadt des Wissens. Von dort aus wird der Stein in Verbindung mit dem evolutionären Geschehen auf dem Planeten Erde würdigen Trägern in Verbindung mit einer besonderen Aufgabe als energetische Hilfe zur Verfügung gestellt.

Auch Mozart war nicht nur Mitglied der Freimaurer, sondern zusammen mit seinem Geistesbruder Schikaneder, der z. B. das Libretto zur »Zauberflöte« schrieb, ein aktiver Exponent der freimaurerischen Prinzipien. Mozart komponierte auch eine der Bruderschaft der Freimaurer gewidmete Einweihungsoper. Zu den aktiven Kündern der bruderschaftlichen Prinzipien gehören aber auch Ludwig van Beethoven mit seinem »Fidelio« und viele andere Meister der Musik.

Die höchste Bruderschaft ist die der Weltlehrer. Helena I. Roerich betonte in einem ihrer Briefe: »Alle Großen Lehrer sind mit dieser Stätte – Schambhala – verbunden, alle sind ihre Mitglieder. Man muß verstehen, daß die großen Individualitäten jetzt inmitten chaotischen Denkens und der Ausstrahlungen entarteter Massen nicht erscheinen können. Die Großen Herrscher folgen in allem dem Gesetz der Zweckmäßigkeit.«

Ihre Lehren offenbaren schon auf den ersten Blick viele Gemeinsamkeiten und Analogien. Kein Repräsentant dieser Bruderschaft hat je einen anderen verdammt oder dessen Lehren verurteilt. Alle verstanden sich als Lehrer einer übergeordneten, alle verbindenden Universalität. Diese seit Menschheitsbeginn bestehende, geistige Bruderschaft ist – teils unbewußt, teils bewußt – Vorbild für alle nachfolgenden Bruderschaften. Daher ist die Bezeichnung Bruderschaft in allen Kulturen positiv besetzt, und es gilt als äußerst ehrenvoll, einer Bruderschaft anzugehören.

Die Wirklichkeit dieser Bruderschaften hat weltweit enorm zur geistigen Evolution beigetragen. Hier vereinte sich geistiges Wissen mit weltlicher Macht – durch Kaiser und Könige, Künstler und Wissenschaftler, durch geistig aufgeschlossene Bischöfe und andere hervorragende Menschen – in dem Bemühen, vom Menschen errichtete, künstliche Begrenzungen zu überwinden, zum Wohle der Menschheit zusammenzuarbeiten und im besonderen Impulse des Fortschritts zu setzen. Es sei aber auch darauf hingewiesen, daß die mächtige geistige Kraft, die einst in den Bruderschaften der Freimaurer wirkte, heute völlig zum Erliegen gekommen ist, wodurch das Geschehen in diesen Kreisen museale Formen angenommen hat. Der Geist Gottes bzw. die Energien der höchsten Bruderschaft wirken nun dort, wo der geeignete Resonanzboden vorhanden ist.

Nachfolgende Auszüge aus den Büchern der Agni-Serie erläutern das Selbstverständnis der Bruderschaft wie folgt:

»Wenn unsere Gemeinschaftszentrale für den Aufbau der Welt von Bedeutung ist, dann haben auch die von Uns gegründeten Gemeinschaften einen Einfluß auf die Evolution der Welt. Wollen wir nun die Hauptarten dieser weitverstreuten Gemeinschaften betrachten: Es gibt unbewußte Gemeinschaften, die eine annehmbare Art des Gemeinschaftslebens pflegen. Man kann sie unter Arbeitern, Landwirten, Studenten und weniger häufig in den Familien finden.

Die zweite Art der Gemeinschaften weiß vom Plan der irdischen Evolution, doch verbindet sie diesen nicht mit bestimmten Taten und Fristen. Es sind Kreise politischer Idealisten, einige okkulte Organisationen, wissenschaftliche Gesellschaften und – selten – klerikale Kongregationen.

Die dritte Art von Gemeinschaft kennt nicht nur den Plan der Evolution, sondern auch die Fristen und die Tat. Allerdings sind diese Gemeinschaften sehr selten und empfangen von Uns Weisungen. Wer mit Uns in nähere Berührung kommt, lernt das Schweigen. So ist es auch schwer, die Mitglieder der dritten Gemeinschaft zu erkennen. Gesprächiger ist die zweite Art der Gemeinschaft; sie spricht bereits viel über das Allgemeinwohl.

Das Finstere Zeitalter wird mit der Verkündung der Gemeinschaft zu Ende gehen. Sergius hat sie mit der Axt vorbereitet. Jakob Böhme arbeitete an ihr mit dem Schusterhammer. Der Lehrer Buddha baute sie mit Seinen Händen auf. Christus schuf ihr eine neue Brücke.«[6]

Der Bezug der vielen Völker und Kulturen zu Schambhala und seinen Lehrern basiert ausschließlich auf der Grundlage der Weisheit. Abstrakt bezieht man sich auf eine Quelle des Lichts, real auf Schambhala und die Bruderschaft. Wer bereit ist, auch Menschen aus anderen Kulturen eine eigene Perspektive zuzugestehen, wird dadurch sein eigenes Weltverständnis erweitern; schon allein deshalb, weil er überall, wo immer er auch hinsieht, Spuren und Hinweise auf die allem übergeordnete Quelle vorfindet. Die Einheit der Menschheit ergibt sich nicht nur aus den symbolischen Urmenschen *Adam und Eva*, von denen allegorisch alle Menschen abstammen, sondern aus der Gemeinsamkeit des vorgegebenen Zieles. Und dieses kann nur in der Gemeinschaft aller Menschen erreicht werden. Daher sind auch die Begriffe Bruderschaft und Gemeinschaft mit Schambhala synonym.

Die heute mehr auf Materialismus und weltliche Macht ausgerichteten Imitationen der geistigen Bruderschaft wie die verschiedenen *Geheim*-Gesellschaften sind – bedingt durch ihre Zielsetzungen, durch ihren Mangel an Ethik und an kosmischem Wissen – sogar Antipoden zu den Bruderschaften des Geistes, wodurch sich neue Formen der geistigen Auseinandersetzung ergeben. Die Reibungen zwischen den sich materialistisch verstehenden Staatsträgern und den religiös-weltanschaulich Gebundenen beherrschen auch bei uns die Tagespresse.

Die Weltlehrer verstanden sich als Interpreten einer allem übergeordneten Macht, einer unpersönlichen Gottheit im Sinne der Gesetze des Universums, einer im besonderen auch für sie selbst verbindlichen Verhaltensethik und Liebe zur Menschheit. Dieses Übergeordnete war so weit vom menschlichen Durchschnittsbewußtsein entfernt, daß eine genaue Spezifizierung nicht möglich war. Auch Jesus betonte deutlich: »Ich hätte euch noch vieles zu sagen, aber ihr könntet es nicht fassen.«

Nicht nur die Sehnsucht nach feinstofflichen Welten sowie den höheren Kräften und Mächten des Universums ist jedem Menschen als Archetypus eigen, sondern auch sein Bezug zu höheren Energien und deren Quelle. Hier finden die weltweit bestehenden religiösen Potentiale und Bedürfnisse ihre Erklärung, auch wenn heute viele Menschen zuerst nach dem Goldenen Kalb streben in dem Wunsch, durch Geld oder Vermögen von allem – auch von den Gesetzen des Makrokosmos – unabhängig zu werden. Doch diese Hoffnung wird immer enttäuscht, wodurch ein Teil in das andere Extrem verfällt und vor dem Leben mit seinen alltäglichen Verpflichtungen zu fliehen versucht. Zum Erfolg führt der Weg der Goldenen Mitte – die Synthese.

Der Mensch im Weltenall

Das Wissen um die Stellung des Menschen im Weltenall und das Verhältnis unseres Planeten zu den uns umgebenden Sternen war allzeit der bestimmende Faktor für die Weltanschauung, vor allem aber für die Gottesvorstellung des Abendlandes. Unter dem Einfluß des Judentums hat man die Schöpfung des Universums bzw. die Schaffung des Menschen mit vor rund 7000 Jahren angesetzt. Gleichzeitig entstand dadurch in einem zweiten Schritt die Vorstellung von der Erde als Scheibe, über welcher Gottvater thront.

Die bedeutenden astronomischen Erkenntnisse seit Kopernikus haben das Weltbild und die Gottesvorstellung des christlichen Abendlandes inklusive des allmächtigen Vaters Weltenall in ihrer Basis erschüttert, auch wenn die christlichen Kirchen die alten Vorstellungen in Ermangelung wissenschaftlich vertretbarer Alternativen bis heute aufrechterhalten. Die Starrheit mußte unweigerlich zur Bildung einer Aufklärungsbewegung führen und schließlich sogar den wissenschaftlichen Atheismus mit dem damit verbundenen Materialismus begründen. Die Vorstellung der Zukunft wird sich daher zunehmend in Richtung eines Gottes entwickeln, der in sich eine Synthese aus den Bausteinen einer universellen und unpersönlichen Allgottheit darstellt, die das Universum selbst ist. Unter dieser Perspektive definiert sich dann der Monotheismus als das unpersönliche, zeitlich unendliche und räumlich unbegrenzte Kraftfeld des Universums selbst, der Pantheismus derart, daß alles Gott bzw. das Universum ist und der Polytheismus in einem tieferen Verständnis der Hierarchien von Individuen kosmischer Dimension. Diese sich heute scheinbar widersprechenden Vorstellungen werden im Licht einer vertieften Wahrheit miteinander vereinbar sein. Das Verständnis von Schambhala bedarf daher auch einer wissenschaftlich vertieften und neugestalteten Weltanschauung.

Heute weiß man alles Wesentliche über die Gesetze des Weltenalls. Es gibt nur ein einziges Weltenall, und dieses sichtbare und geoffenbarte Universum ist der materielle Leib der universellen All-Gottheit. Demnach ist alles, was existiert, zugleich Gott, und Gott ist in allem – wie es im Pantheismus schon anklingt. Die Milliarden von Welten, die wir beobachten, und viele weitere Milliarden, die von uns noch nicht oder nicht mehr beobachtet werden können, bilden das geeinte und unbegrenzte Weltenall, das weder einen absoluten Anfang noch ein absolutes Ende haben kann. Durch die Fortschritte in Astronomie und -physik ist es notwendig geworden, die schon von Leobrand (1915-1968) vorgeschlagene begriffliche Unterscheidung von Universum und Kosmos zu vollziehen. Die Astronomen bestätigen durch die Erkenntnis der Größe des bis jetzt gemessenen Weltenraums von rund 20 Milliarden Lichtjahren die These, daß es mehrere, ja unendlich viele Kosmen neben dem unseren, in welchem die Erde existiert, gibt. Der als Urknall unterstellte physikalische Ausdehnungsimpuls reicht eigentlich nur für eine bestimmte Ausdehnungsgröße, so daß sich unser Kosmos dann wieder in sich zusammenzieht. Dieser Prozeß setzt sich fort bis zu einem Punkt X, wo er wieder anfängt sich auszudehnen – und so fort. Durch Berechnungen und Beobachtungen hat man heute aber erkannt, daß man keine objektive Grenze für unseren Kosmos setzen kann. Auch über die physikalisch-energetischen Grenzen, die unser Kosmos als individuelles Kraftfeld haben muß, geht es weiter – und weiter und weiter! In diesem Weltverständnis, das schon Giordano Bruno vertreten hat, sollte daher zwischen einem absolut unendlichen und unbegrenzten Universum und der darin befindlichen unendlich großen Zahl an individuellen Kosmen, die alle ihren eigenen Lebenslauf haben, unterschieden werden. Eine wachsende Zahl von Astronomen vertritt daher die These eines *Multi-Bubble-Universums*« (Multi-Blasen-Universum).

Im Universum existiert eine Ursubstanz, aus der sämtliche Welten, die sichtbaren und die unsichtbaren, geformt werden. Auch die nicht geoffenbarte Welt ist gleichen Ursprungs. Die uns bekannten Elemente wie Erde, Wasser, Luft, Feuer und Äther sind nur Differenzierungen desselben Urelements. Desgleichen gibt es in diesem Weltenall nur eine einzige Ur-Energie, die in zahlreichen Formen in Erscheinung tritt, von der feinsten psychischen Energie bis zu Magnetismus und Elektrizität. Und das alles umfassende Gesetz ist die große Einheit des Kosmos. Zunehmend mehren sich die Stimmen unter den Astronomen, die vorsichtig die Bewohnbarkeit von einigen Millionen vorhandener Planeten in Erwägung ziehen. Weder diese Planeten noch deren mögliche Bewohner müssen uns ähnliche Eigenschaften oder die gleiche Dichte aufweisen, da das Leben grundsätzlich nicht von einer dicht-physischen, grobstofflichen Dimension abhängig ist.

Als umstrittene, aber wesentliche Kernfrage in Verbindung mit den in den gesamten Kosmen erkannten Gesetzmäßigkeiten stellt sich die nach einer bestehenden kosmischen Vernunft. Alle Entdeckungen lassen die Existenz einer höheren Vernunft bzw. eines denkenden und schöpferischen Verstands kosmischer Dimension vermuten. Es wäre unvorstellbar, wenn die gigantischen Energien des Kosmos keiner präzise durchdachten Ordnung unterliegen würden, sondern einfach blindlings wüten könnten. Sie gehorchen einer kosmischen Gesetzmäßigkeit und einer höheren Lenkung. Diesen großen kosmischen Gesetzen sollte man sich einordnen, denn sie sind gleichzeitig der Garant für das Wohlergehen aller. Sie dienen jedem in absolut gerechter Weise und wenden sich nur gegen den, der sie verletzt oder mißachtet. Jedem denkenden Wesen ist zur Entwicklung der eigenen Vernunft im Rahmen der kosmischen Gesetze die Freiheit der Entfaltung eingeräumt, welche die Möglichkeit gewährt, die eigenen Kräfte nach Belieben einzusetzen. Die einzige, aber schwerwiegende Einschränkung besteht darin, daß auch die Verantwortung für die Entwicklung der Vernunft übernommen werden muß, da sonst ein Chaos entstünde und das Wohl der Gemeinschaft nicht mehr garantiert werden könnte. Der Mißbrauch der Freiheit und die Mißachtung der kosmischen Gesetze können sogar bis zur Selbstvernichtung gesteigert werden. Insofern hat der Mensch in seiner Entwicklung völlige Freiheit.

Die kosmische Vernunft sowie die kosmische Gesetzmäßigkeit sind allgegenwärtig. Zahllos sind deren Einwirkungen und Kombinationen. Vom Chemismus der Natur bis zu komplizierten Lebensfunktionen lenken sie das gesamte Sein. Man kann diese mächtige, weise und ordnende Vernunft des Kosmos nicht leugnen. Dennoch wenden sich viele Menschen, darunter auch Wissenschaftler, bewußt von dieser Wahrheit ab und versuchen, den Ursprung des Lebens rein naturwissenschaftlich zu erklären. In diesem Fall wäre dann die Erde, die solche Wunder hervorbringt, viel klüger als die gesamte Wissenschaft. Ohne höhere Vernunft wäre eine lenkende Ordnung und Gesetzmäßigkeit in der Natur, wie sie gerade von der Naturwissenschaft beobachtet werden kann, unmöglich. Nicht nur alle Sonnensysteme oder Galaxien weisen ihre präzisen Bahnen auf, die im ganzen All den gleichen Gesetzen und Bedingungen unterliegen, sondern auch der Mikrokosmos. Die Atome der verschiedenen Elemente zeigen die gleiche Gesetzmäßigkeit; andernfalls wäre es unmöglich, die Bahnen unbekannter Planeten vorauszuberechnen oder noch unbekannte Atome bereits mathematisch festzustellen, bevor sie physikalisch entdeckt werden.

Die präzise Ordnung setzt eine höhere Vernunft voraus, die man bisher, in Ermangelung anderer Begriffe, als Gott bezeichnete. In Griechenland wurde gelehrt, daß jeder Planet, ja jede Sonne von einem individuellen *Logos* repräsentiert wird und daß der physikalische, planetare oder solare Körper zugleich der Körper dieses Logos ist. Die einem materiellen Körper innewohnenden feinstofflichen Energien schaffen erst die Voraussetzung für den dichtphysischen Körper. Wo ein Körper existiert, ist immer auch ein feinstofflicher, in Abhängigkeit der Energie sogar ein geistiger Träger gegeben. In jedem Apfelkern ist ein feinstofflicher Apfelbaum enthalten und in jeder Walnuß ein Walnußbaum.

Die Einheit von Mikro- und Makrokosmos führt zu der Erkenntnis: »Wie unten so oben, wie oben so unten!« Der Mensch ist eine Spiegelung des Weltenalls und trägt daher den Schlüssel zur Erkenntnis der Welt in sich selbst. So stand der Tempel in Delphi unter dem Wahlspruch »Erkenne Dich selbst«. Lao Tse sagte: »Einer, der andere kennt, ist klug, wer sich selbst kennt, ist weise.« Christus lehrte: »Das Reich Gottes ist in euch.« Und so wurde die Menschheit immer wieder von den Weltlehrern zur Selbsterkenntnis aufgefordert.

Die Bindung des Menschen an den Kosmos ist notwendig und eröffnet ihm unbegrenzte Möglichkeiten. Die

Weisheitsschulen lehren, daß der Mensch außer den bekannten physischen Organen auch noch feinstoffliche Zentren besitzt, und zwar 49 an der Zahl, die sich an den wichtigsten Stellen des Körpers befinden, aber bei der Masse der Menschen noch schlummern. Diese sind die Verbindungsorgane zum Kosmos bzw. den feinstofflichen Welten, deren Energien und Bewohner. Mit der Entwicklung dieser feinstofflichen Zentren werden auch die Entwicklung der Geistigkeit im Menschen und seine Bewußtseinserweiterung einhergehen. Die bereits angesprochene Lehre des Agni Yoga versteht sich als Wissenschaft, die den Menschen unter anderem auch im richtigen Öffnen der Zentren unterweist. Dieser Pfad ist nicht ungefährlich und sollte daher ausschließlich unter Führung eines guten Lehrers beschritten werden. Das Öffnen der Zentren vermittelt viele Fähigkeiten, die von der Allgemeinheit als Phänomene oder Wunder bezeichnet werden, in Wirklichkeit aber nichts anderes darstellen als die Beherrschung von natürlichen Kräften mittels hierzu geeigneter und entwickelter Organe.

Die Aufgabe des Menschen besteht darin, sich zu vervollkommnen, denn nichts im Kosmos kann stehenbleiben. Der Kosmos kennt nur zwei Möglichkeiten: entweder vorwärts zu schreiten durch den Erwerb von Tugenden, durch Selbsterkenntnis und Selbstvervollkommnung oder zurückfallen durch Mißachtung der kosmischen Gesetze. Eine dritte Variante gibt es nicht.

Wie jeder Kosmos eine übergeordnete Quelle hat, die das Leben in ihm lenkt, genauso haben wir für unseren Planeten eine lenkende Kraft, die das Leben auf unserer Erde steuert. Diese Quelle auf unserem Planeten dient als Bindeglied zwischen den fernen Welten des Kosmos und unserem Globus. Sie lenkt den Fluß der Evolution des Lebens auf unserer Erde und das mit dem kosmischen Willen in Einklang stehende Denken. Aus der kosmischen

Quelle geboren, gelangt sie über die geistig-feurige Brücke unseres Planeten bis zu den Menschen. Diese Verbindung zu den höheren Welten ist dem gegenwärtigen Menschen fast völlig unbekannt, wird aber in Verbindung mit Schambhala noch genauer ausgeführt. Die sich anbahnende Synthese, worunter auch die Vereinigung der sichtbaren mit der unsichtbaren Welt fällt, bedingt das Verständnis der kosmischen Einheit und Vernetzung. Aus diesem Grund ist die Erkenntnis der Bruderschaft der Weltlehrer ein wichtiger Bestandteil des menschlichen Fortschritts.

Feinstoffliche Welten

Die beschriebenen kosmischen Relationen weisen auf die Existenz sogenannter feinstofflicher Dimensionen und Energien hin. Diese wirken in das physisch-materielle Geschehen hinein, aber auch in die umgekehrte Richtung entstehen Auswirkungen. Der Physiker Pauli entdeckte zum Beispiel das *Neutrino*, ein winzig kleines, feinstoffliches Teilchen, das die Materie durchfliegt. So kann ein Neutrino zum Beispiel eine Bleiwand von 43 Millionen Kilometer Dicke mit einer fünfzigprozentigen Wahrscheinlichkeit durchfliegen bzw. -schlagen. In jeder Sekunde durchschlagen fortlaufend viele Milliarden Neutrinos jeden Quadratzentimeter auf unserem Planeten und damit alle Lebewesen und deren Körper. Die Milchstraßen stellen sich die Forscher heute als gigantische, einige tausend Lichtjahre umfassende, kugelförmige Neutrino-Sterne vor. Neutrinos bewegen sich schneller als das Licht. Neutrinos oder andere Teilchen wie z. B. Quarks sind Formen der universellen Energie.

Bei den feinstofflichen Welten unterscheidet man verschiedene Dimensionen. Die gröbste feinstoffliche Sphäre, die mit unserer Materie stark verwoben ist, wird als Astralwelt bezeichnet.

Volkstümlich wird die Astralwelt auch Geisterwelt genannt, da hier der Mensch in seinem feinstofflichen Körper, der mit Plato als Seele bezeichnet wird, weiterlebt. Allerdings ist zwischen der Welt der Geister und der Welt des Geistes zu unterscheiden. Die Astralwelt ist, wie die irdisch-materielle Welt, nur ein Übergangsstadium, in welchem die *Geistseele* in Abhängigkeit ihres Bewußtseins, ihres Karmas und erfüllten Dharmas kürzer oder länger ausharren muß. Danach stirbt auch dieser feinstoffliche Leib ab. Die Seele ist als Träger, als feinstofflicher Körper oder als feinstoffliches Kleid des Geistes zu verstehen, dessen sich das geistige Ego für die Astralwelt bedient. Der Astralleib stellt eine hundertprozentige, feinstoffliche Vorgabe für den physischen Körper dar, und wenn der geistige Mensch aus dem Bereich der Feurigen Welt zur Inkarnation antritt, baut sich das Ego u. a. für den Astralbereich, den es zu durchdringen gilt, zuerst einen Astralkörper auf. Der geistige Kern des Ego wird als *Kausalkörper* bezeichnet, weil in ihm alle Merkmale der Individualität wie auch sein Karma gespeichert sind. Von diesem ausgehend bildet sich in Verbindung mit der karmisch festgelegten Inkarnation des Menschen die jeweilige Persönlichkeit, mit der er dann irdisch geboren wird. Die Persönlichkeit baut sich jeweils als kurzfristige Offenbarung für eine Inkarnation auf, während die Individualität Ausdruck unseres unsterblichen Egos ist.

Die in diesem Buch verwendeten Quellen deuten darauf hin, daß der Durchschnittsmensch nur einen kleinen Teil seiner Gesamtexistenz im irdisch einverleibten Zustand erlebt. Daraus resultiert, daß er ein Vielfaches seiner irdischen Lebensphasen im Astralbereich verbringt. Diese Zeitspanne ist wiederum abhängig von der geistigen Bestrebung, von Karma und im besonderen von seinem erfüllten Dharma. Der Nachteil einer langen Existenz im Astralbereich besteht darin, daß dieser Mensch große Entwicklungssprünge vollbringen muß, um den Anschluß an die Evolution nicht zu verlieren. Daraus folgert auch die Existenz der »ewig Gestrigen«, die größte Mühe haben, das aktuelle Weltgeschehen zu begreifen und diesem zu entsprechen.

Jede dieser Welten – feurig, astral oder irdisch – hat ihre besondere Bedeutung und Funktion. Da im Menschen der ursprüngliche göttliche Funke gelegt wurde, strebt dieses geistige Korn unbewußt der geistigen Welt, der Welt des Lichtes und des Geistfeuers (Agni), eben seiner geistigen Heimat zu. Erst mit zunehmendem Bewußtsein und der Erweckung der psychischen Energie vermag der Mensch die Sehnsucht nach seiner wahren Heimat zu erfühlen und sich der Feurigen Welt gezielt und in einem immer schnelleren Verlauf zu nähern.

Die astrale Sphäre ist auch als geistige Schule anzusehen, die irdisch-körperliche hingegen als Kampfstätte, wo der Mensch antritt, um das Gelernte in die Tat umzusetzen und die ihm zugewiesenen Aufgaben zu erfüllen. Da die Astrale Welt den Planeten Erde umschließt, ist der unterste Astralbereich mit der irdischen Welt der Menschen verflochten und bildet mit ihr noch ein fließendes Ganzes. So sind alle irdisch Inkarnierten von Astralwesenheiten und auch manchmal für kurze Zeit von den verstorbenen Menschen umgeben, die zu ihrem Lebenskreis gehörten. Dies hat der eine oder andere sicher schon selbst gespürt, wenn ein lieber Verstorbener in seinem feinstofflichen Leib noch teil hat an seinen gewohnten irdischen Verrichtungen und seine Nähe durch irgendwelche Zeichen oder hervorgerufene Empfindungen dokumentiert.

Manche mediale Menschen, die in ihrer Aura (das geistige Strahlungsfeld des Menschen) mit dem dazugehörenden intakten Sperrnetz verletzt sind, können diese Geister und auch andere astrale Wesenheiten sehen. Sie stellen oft unbewußt oder mitunter sogar bewußt ihren physischen Körper oder Teile desselben diesen Geistern zur Verfügung, wodurch sich letztere mit Taten und auch häufig mit Untaten bemerkbar machen können. Diese Zustände werden zu Recht als Besessenheit angesehen und bedeuten für den medialen Menschen aus geistiger Perspektive eine schwere Belastung und Gefährdung. Der Begriff der »Unzurechnungsfähigkeit« spiegelt diesen Status wieder, in welchem dem exekutierenden, medialen Menschen Handlungen nur bedingt zuzurechnen sind. Sein Bewußtsein ist in diesem medialen Geschehen ganz oder teilweise ausgeschaltet.

Gleichzeitig ist sehr leicht nachvollziehbar, daß irdischkörperlich stark gebundene Menschen, nachdem sie ihren physischen Körper verlassen mußten, mit allen ihnen zur Verfügung stehenden Mitteln in das irdische Leben zurückdrängen, um ehemals gepflegte Leidenschaften und liebgewonnene Gewohnheiten fortzusetzen. Da der Verstorbene, bedingt durch seinen fehlenden physischen Körper, nicht mehr essen, trinken oder z. B. seine sexuellen Bedürfnisse ausleben kann, erleiden diese Menschen Höllenqualen, die zum Teil Jahrhunderte andauern können. Erst nach unbestimmter Zeit reduziert sich diese Abhängigkeit, so daß sich die Betroffenen dann aus dem näheren irdischen Umfeld lösen und in höhere astrale Sphären aufsteigen können. Die höchsten Astralbereiche bieten schon fast himmlische Dimensionen, und wer gelernt hat, gute und schöne Gedanken bzw. Gefühle zu kreieren, wird von all den Ergebnissen umgeben sein, die er sich denkt und wünscht. Diese Gesetzmäßigkeit gilt natürlich auch für den umgekehrten Fall. Wer negativ denkt, wird von Ausgeburten der niederen Astralwelt belästigt und bedrängt, die er aufgrund seiner geistigen Labilität aus Angst und Furcht in Gedanken selbst produziert hat. Da die astrale Sphäre nicht dreidimensional begrenzt ist, wird jeder Wunsch oder Gedanke augenblicklich Realität. Hier haben auch die meisten sogenannten UFO-Erscheinungen oder Begegnungen mit Außerirdischen ihren Ausgangspunkt.

Der Bezug zur Astralwelt besteht darin, daß jeder Mensch schon während seiner irdischen Lebensphase durch sein Wunsch- und Begierdenzentrum, mit seinem Sitz im Solarplexus, mit der Astralwelt verbunden ist, diese in Abhängigkeit seiner Gedanken- und Wunschbilder speist und aus ihr entsprechende Bilder und Energien bezieht. Dadurch steht er zeit seines irdischen Lebens und danach mit den Bildern in kausaler Verbindung, die er selbst entwickelt und gepflegt hat – ein Grund dafür, daß uns alle Menschheitslehrer die Reinigung der Gedanken- und Gefühlswelt so sehr ans Herz legen, denn die irdisch-leiblich gestrickten Bindungen sind auch nach Ablegen des physischen Körpers absolut wirksam. Auch die Bewußtseinsstufe ändert sich nicht plötzlich nur mit dem Eintritt des physischen Todes.

Erst wenn sich die Betroffenen nach langem Aufenthalt im Astralbereich, in welchem – wie auf der Erde – geistige Helfer und Lehrer tätig sind, weiterentwickelt haben, lösen sie sich langsam und steigen in jene Höhen auf, die sie aufgrund ihrer eigenen Entwicklungsstufe erreichen können.

Himmel und Hölle sind ausschließlich Bewußtseinszustände und werden in Verbindung mit den entsprechenden Umgebungsfaktoren als das eine oder andere empfunden. Geistig nicht entwickelte Menschen, die völlig unvorbereitet in die Astralwelt hinübergehen, haben wenig Anlaß zur Freude. Keinesfalls gibt es das, was sich viele wünschen und was niemals eintritt – die Ewige Ruhe.

Diesen Zustand sucht man im ganzen Universum vergebens, da sich alles in ewiger Bewegung befindet. Man sollte daher den Sterbenden und Verstorbenen einen guten Übergang in die andere Welt und eine freudvolle Wiedergeburt auf Erden wünschen und ihnen harmonische Gedanken mit auf den Weg geben.

Des weiteren ist zu berücksichtigen, daß sich der inkarnierte Mensch grundsätzlich auf drei Ebenen bewegt – auf der physischen mittels seiner Taten, auf der astralen durch seine Wünsche und Gefühle und auf der mentalfeurigen in Form seiner Gedanken. Als Ausgangsbasis für das Wirken in diesen Bereichen verfügt er auch über drei verschiedene Körper – über den physischen Leib, den Astralkörper bzw. die Seele und den Geist.

Der Übergang auf die mentale Ebene – als unterste Ebene der feurigen Sphäre – vollzieht sich analog dem Übergang vom Physischen in die Astralwelt. In Abhängigkeit der während des Erdenlebens entwickelten geistigen Organe, der Chakren, kann das Ego die niederen oder höheren Stufungen der Feurigen Welt erreichen – oder nicht. In letzterem Fall bleibt der noch nicht entwickelte Geist durch sich selbst Gefangener der Astralsphäre und inkarniert wieder aus dieser. Ein großer Nachteil besteht darin, daß der Mensch dann wieder in seinem alten und verbrauchten, oft schwer belasteten und kranken Astralkörper inkarnieren muß. Dieser Vorlauf ist oft schon bei Neugeborenen erkennbar, die – obwohl gerade geboren – körperlich schon sehr alt aussehen. Des weiteren konnten sich solche Menschen kaum mit psychischer Energie aufladen.

Niemals wird ein hoher Geist aus der Feurigen Welt erscheinen und an spiritistischen Sitzungen oder ähnlichen Veranstaltungen auf Wunsch oder gar Befehl irgendeines Mediums teilnehmen, da Geistwesen aus der Feurigen Welt einer höheren Ordnung unterliegen und nicht auf mediumistische Kontakte reagieren. Wird dies jedoch von einem der erscheinenden Geister behauptet, so handelt es sich ausschließlich um Personifikatoren, d. h. geistige Betrüger, die sich nicht scheuen, historische Persönlichkeiten, ja sogar Christus Jesus und andere Meister der Weisheit zu imitieren. Die spiritistisch übergebene Literatur füllt heutzutage viele Bibliotheken und ist überwiegend voll von Unwahrheiten, Banalitäten und primitiven Plagiaten. Das auf diese Weise übermittelte Wissen ist überwiegend altbekannt und kann sich mit den übergebenen Weisheitslehren der Weltlehrer niemals messen.

Sollte doch aus gegebenem Anlaß ein Inerscheinungtreten eines hohen Geistes im Feurigen Körper nötig sein, so geschieht dies auf andere Weise. Wie uns die Geschichte vom brennenden Dornbusch oder die Begegnung des Paulus mit dem Christus Jesus zu erkennen geben, traten diese hohen Geistwesen nicht körperlich in Erscheinung. Kein irdischer Körper könnte die Nähe einer feurigen Wesenheit ertragen, denn das feurige Potential verbrennt und versengt seine unmittelbare Umgebung. So wurde Paulus durch die Lichterscheinung so stark geblendet, daß er für einige Tage erblindete.

Für jede der verschiedenen feinstofflichen Ebenen benötigt der Mensch wiederum den dazugehörenden Träger. Das Erreichen des Paradieses bzw. der höchsten geistigen Welt ist nur mit dem Kausalkörper möglich, weshalb die Voraussetzungen dafür in der Phase der irdischen Inkarnation geschaffen werden müssen. Verinnerlichtes Wissen kann ausschließlich aus seiner tatkräftigen Umsetzung im Leben erlangt werden, theoretisches Wissen stirbt mit dem Menschen.

Die Stunde und die Umstände der physischen Wiedergeburt werden vom Karma-Gesetz bestimmt, wobei jedoch die Möglichkeit besteht, durch besondere Pflichterfüllung (Dharma) das Rad der Wiedergeburt zu beschleunigen und die irdische Evolutionsphase früher zu beenden. Die unter Pseudo-Esoterikern so beliebte Auffassung, daß sie sich ihre nächste Inkarnation aussuchen werden, ist ein bis auf weiteres nicht erfüllbarer Wunschtraum, denn diese Möglichkeit besteht erst ab einer relativ hohen Entwicklungsstufe, wenn der Mensch sein negatives Karma bereits zu einem großen Teil getilgt hat.

Folgende Zitate aus dem Agni Yoga beschreiben die ausgeführten Zusammenhänge:

»Um die letzten Stunden irdischen Aufenthalts sollte man sehr besorgt sein. Oft kann das letzte Streben für das zukünftige Leben auch für die Schichten, in denen der Geist sich aufhalten wird, bestimmend sein. Es ist unzulässig, den Geist in die irdischen Sphären zurückzurufen, wenn er sich bereits von der Erde gelöst hat. Die Gewebe, die sich von der irdischen Anziehung bereits befreit haben, müssen sich mit schrecklicher Anstrengung anspannen, um sich wieder der irdischen Atmosphäre anzupassen. Die Menschen sollten es lernen, sowohl beim Hinscheiden als auch bei der Geburt an diese Vorgänge zu denken und bestrebt sein, sie zu erleichtern. Das Hinausschieben der Geburt ist ebenso schädlich wie die Verzögerung des Sterbens. Die Bildung des neuen feinstofflichen Körpers muß in Betracht gezogen werden. Die dem Sterbenden zugefügten Wunden müssen in der Feinstofflichen Welt geheilt werden. Oft wird mit dem Scheidenden sehr grob verfahren. Man kann sagen, daß nicht der Tod quält, sondern die lebenden Menschen. Alle, die sich der Feurigen Lehre nähern, müssen darüber Bescheid wissen. Laßt uns auf dem Pfad zur Feurigen Welt an das Gesetz erinnern, das von den letzten Minuten des Übergangs berichtet.«[7]

Wie schwer es für die Menschen ist, die Feurige Welt zu erfassen, zeigt das folgende Zitat:

»Die Geschichte der Verleumdungen beweist, daß sich die Menschen vor allem gegen Erscheinungen der Feurigen Welt aufgelehnt haben. Dies mag aus Furcht vor dem Unbekannten geschehen sein. Vielleicht war es die gewohnte Auflehnung der Unwissenheit. Vielleicht war es das Spiegelbild verwirrender Einflüsse, die alles herabsetzen. Es steht jedoch fest, daß die Menschen in sämtlichen Lebensbereichen versucht haben, alles zu verneinen, was mit den feurigen Energien zusammenhängt. Die Zahl der Märtyrer für die Feurige Welt übersteigt die Zahl jener, die für die Wahrheit gelitten haben. Neben der Geschichte des Märtyrertums muß die Geschichte der Verleumdungen geschrieben werden. Dazu ist es notwendig, sowohl im Bereich der Religion als auch unter den wissenschaftlichen Entdeckungen aufzuspüren, wie jeder Schritt zur Erkenntnis des Feuers mit größtem Mut gegen die Unwissenheit erkämpft wurde. Nichts erforderte so viel Selbstaufopferung wie die Bestätigung der Feurigen Welt. Sogar die gewöhnlichste Lichterscheinung ruft schon einen Ausbruch des Mißtrauens hervor. Jede noch so klare Erscheinung wird auf die unsinnigste Weise gedeutet. Gerade das Feuer als höchstes Element wird vom menschlichen Bewußtsein sehr schwer erfaßt. Außer der Unwissenheit gibt es dafür noch viele andere Ursachen. Menschen, die sich mit Finsternis umgeben, gehen in Finsternis in die Feinstoffliche Welt hinüber. Feurige Lichtblicke sind für sie so unbedeutend und der Wunsch aufzusteigen so gering, daß das Licht für sie unerreichbar bleibt. So wandeln sie in der Finsternis umher und bekämpfen das Licht.«[8]

Wie aber bereiten wir uns am besten auf die Reise in die Feurige Welt vor?

»Beim Eintritt in die Feinstoffliche Welt sollte man vor allem an dem Vorsatz, dem Licht und der Vervollkommnung zuzueilen, festhalten, und dafür ist jeder Rat äußerst wichtig. Wenn wir bereits hier auf Erden Unterscheidungsvermögen erlangen, dann wird diese Errungenschaft beim Übergang in die Feinstoffliche Welt ein Segen sein. Die größte Schwierigkeit ergibt sich, wenn uns Verzweiflung und Verwirrtheit daran hindern, die neuen Umstände in uns aufzunehmen. Aber wenn wir fest daran denken, woher wir kommen und wohin wir gehen, werden wir augenblicklich viele Helfer finden. Doch die Menschen sind besonders verwirrt, nichts Geheimnisvolles zu finden, wenn das unbeschreibliche Licht alles Bestehende durchdringt. Gesegnet seien jene, die sich ihrer Herzensaufspeicherungen nicht zu schämen brauchen. Liebet alles, was das Herz erheben kann.«[9]

»Mit Recht wünscht man zu wissen, wie sich die Übergänge in die verschiedenen Sphären vollziehen. Es ist nicht schwer zu begreifen, daß reines AGNI der entscheidende Faktor ist. Wenn wir einen Ballon nach und nach mit einem brennbaren Gas anfüllen, wird er entsprechend aufsteigen. Wenn der Ballon das Gas nicht zu halten vermag, wird er sinken. Dies ist ein grobes Beispiel für das Prinzip, das den Übergang in die verschiedenen Sphären der Feinstofflichen Welt regelt. Die feinstoffliche Wesenheit kann, wenn ihr feuriger Kern entsprechend aktiviert ist, aus eigener Kraft aufsteigen. Das Feuer als Transformator hilft, die neuen und höheren Bedingungen aufzunehmen. AGNI erleichtert es, die Sprache der Sphäre zu verstehen, denn die Verständigung der Wesen untereinander verfeinert sich zunehmend mit dem Aufstieg. Selbstverständlich verläßt die hohe Führung die Stolpernden nicht, aber zur Aufnahme der Führung ist Hingabe nötig; so kann ein Wesen die Leiter emporsteigen. Kein anderes Symbol könnte den Aufstieg des Geistes genauer erklären. Wird ein Wesen auf einer Stufe zurückgehalten, so ist die Ursache in der Aura sichtbar. Wie viele Wanderer fanden sich unerwartet ein paar Stufen tiefer! Der Grund für solch ein Abgleiten ist meist irgendeine irdische Erinnerung, die Begierden hervorruft. Doch der Führende berücksichtigt die erforderliche große Geduld, um Stolpernde zu schützen; nur sollte man diese kostbare Energie nicht zu oft in Anspruch nehmen. Ein Wesen, das die Ursache selbst herausfindet, steigt dadurch rascher auf. Der Aufstieg wird von der Freude neuer Kameraden begleitet, und schließlich fällt die irdische Natter des Neids ab, und die Schöpferkraft des Gedankens wird nicht mehr durch Ströme des Bösen behindert. Aber man sollte sich schon jetzt ein bewegliches Bewußtsein aneignen. Ein starres Bewußtsein hemmt das Streben AGNI. So klar und deutlich wollen wir uns die Leiter des Aufstiegs vorstellen.«[10]

Die feinstofflich-astrale Welt ist in vieler Hinsicht ein Abbild der irdischen, was auch insofern gilt, als die auf der Erde nicht zu verwirklichenden Ideen – bedingt durch ihre feinstoffliche Konsistenz – im Astralbereich zur Realität werden. Dadurch herrschen in den unteren Bereichen Chaos und Hölle – ein Gedankenfriedhof sondergleichen.

Da es in der Astralwelt keine äußere Lichtquelle gibt, kann der Bewohner seine Umgebung nur kraft seines eigenen aurischen Lichtes erkennen – ein weiterer wichtiger Grund dafür, den in jedem von uns potentiell enthaltenen Geist- oder Lichtfunken zu einem beständigen Licht, zu einem Geistfeuer zu entfachen. Nur so leuchtet uns unser eigenes Licht, nur dann sehen wir und können uns orientieren. Geistig wird derjenige als Finsterling bezeichnet, dessen Aura noch nicht selbstleuchtend ist; folglich wird er karmisch sehr lange in der selbst geschaffenen geistigen Finsternis verharren müssen, bevor er ein entsprechendes Einfühlungsvermögen entwickelt und damit verbunden den Weg aus der Finsternis antreten kann. Oft lehnen diese Menschen aber auch jede Hilfestellung, um aus dem selbstgeschaffenen Labyrinth zu entkommen, vehement ab.

Je höher das Bewußtsein und je reiner und selbstloser die Gedanken, umso stärker wird das aurische Leuchten und folglich auch das ausstrahlende Licht. Durch die Jahrtausende bleiben solche Lichtträger für uns lebendig, die ganze Völker erleuchtet haben. Daneben gibt es auch intellektuell hochentwickelte, aber geistig gefallene Wesenheiten, die eine mehr oder weniger starke, aber trübe und unreine Lichtausstrahlung besitzen.

Eine Besonderheit der Astralen und der Feurigen Welt besteht darin, daß der Höhere Geist, unter Einhaltung bestimmter Voraussetzungen, in die tieferen Regionen eindringen kann, nicht aber der niedere Geist in die höheren. Auch sind die feinstofflichen Welten mehr-dimensional, so daß Raum- und Zeitbegriffe in das Unbegrenzte und in das Unendliche übergehen, weshalb wir uns mit den multidimensionalen Strukturen des Universums schon jetzt beschäftigen und versuchen sollten, diese zu erkennen und in unserem Denken und Handeln zu berücksichtigen. Vor diesem Hintergrund hat auch alles Abstrakte bzw. das, was den Materialisten als solches erscheint, einen tiefen Sinngehalt.

»Die Feinstoffliche Welt entspricht in vielem der irdischen Welt. Sogar das Urbild der Jahreszeiten durchzieht das Bewußtsein der Feinstofflichen Welt. Darum sind auch die Formen von Pflanzen, Bergen und Wasserflächen der Feinstofflichen Welt nicht fremd, allerdings in verklärtem Zustand. Das Herz, das die Feinstoffliche Welt kennt, kennt auch die Blumen, die Berge, den Schnee und die Meere. Die Blumen gedeihen in einem Formenreichtum,

ihre Farben sind jedoch unsagbar komplizierter als die irdischen; der Schnee ist weißer und kristallener sowie dichter als der irdische. Man kann beginnen, die ganze Struktur der Höheren Welt zu erkennen; so wird ein Mensch, der sich auf Erden ein klares und wohlwollendes Bewußtsein geschaffen hat, auch in der Feinstofflichen Welt ein guter Baumeister sein. Anstatt Verunstaltungen wird der Mensch schönes Ebenmaß und Rhythmen mitbringen, die der Herrlichkeit der Unbegrenztheit entsprechen. Ist denn die Pflicht des Geistes so übermäßig, wenn er das Herz vervollkommnet hat? Denn nur das lichttragende Bewußtsein des Herzens wird den feinstofflichen Körper in die Höchsten Gefilde emportragen. So erfüllt jeder, der sein Herz vorbereitet und die Herzen seiner Nächsten erhebt, schon den Willen DESSEN, DER ihn aussandte! Fragt man euch, ob das Herz denn ein Ballon wäre, da es sich erheben kann, so antwortet, daß der Scherz der Wahrheit sehr nahekommt. Die Herzenergie gleicht merkwürdigerweise tatsächlich Helium und anderen feinsten Gasen, so daß es der geistigen Wahrheit sehr nahekommt, sich den Aufstieg des Herzens so vorzustellen.«[11]

Zum besseren Verständnis der Unterschiede zwischen den irdischen Empfindungen und jenen der feinstofflichen oder astralen Welt wird folgendes gesagt:

»Ich lenke euch auch aus physischen Gründen in die Zukunft. Man darf nicht vergessen, daß in der Feinstofflichen Welt sowohl Hitze als auch Kälte empfunden werden können; doch beide Empfindungen sind normalerweise nicht notwendig, sie stammen aus den nicht ausgelebten, mitgebrachten, irdischen Teilchen. Das Streben in die Zukunft ist die beste Befreiung von der irdischen Hülle. Auf diese Weise kann man von neuem überzeugt werden, daß der Gedanke rein physische Folgen mit sich bringt. In der

Feinstofflichen Welt ist es natürlich unumgänglich, sich von den irdischen Gefühlen zu befreien. Empfindet man sie noch, so heißt das, daß irdische Teilchen den Aufstieg behindern. In der harmonischen Feinstofflichen Welt gibt es keine irdischen Gefühle. Einfach formuliert bedeutet das, daß ihre Bewohner ihre Energie nicht für die Empfindungen verschwenden, die im irdischen Zustand so starke Belastungen verursachen. Man kann das Bewußtsein für die Befreiung von allen möglichen unnötigen Überbleibseln vorbereiten. Denn auch auf Erden sagen die Menschen bei bestimmten Erinnerungen ›Hitze überkommt mich‹, ›Kälte durchdringt mein Herz‹! Wenn ein Gedanke auf Erden eine physische Sinnesempfindung auszulösen vermag, so erfolgt das in der Feinstofflichen Welt tatsächlich in weit stärkerem Maße. Nur die Zukunft kann von der Last der Empfindungen befreien. Und es ist nicht sehr schwierig, sich das Denken an die Zukunft anzueignen, wenn das Streben zum Höchsten schon erwacht ist. Auf diese Weise nützt bei allen Taten das Verstehen der Zukunft. Die vielen Rückblicke, das Bedauern, Sich-Kränken sowie andere unnötige Dinge der Vergangenheit weisen den schon gebildeten Magnetismus der Zukunft bloß zurück. Der Magnetismus der Zukunft ist eine gewaltige Bewegungskraft und muß als absolute Wirklichkeit verstanden werden.«[12]

Der folgende Absatz beschreibt die vorher erwähnte Strahlung der irdischen und der astralen Sphären:

»Das Licht der Feinstofflichen Welt steht in keinem Verhältnis zum Sonnenlicht nach irdischem Verständnis. In den niederen Schichten schaffen trübe Bewußtseine Dunkelheit, aber je höher das Bewußtsein und der Gedanke, um so leuchtender ist die wunderbare Strahlung. Die Bewohner der Feinstofflichen Welt sehen in der Tat beides,

108

die Erde und die Himmelskörper; die irdischen Lichter werden jedoch von ihrem Bewußtsein unterschiedlich umgewandelt. Ebenso ist es mit den Gedanken der Feinstofflichen Welt; obwohl ihnen dieselbe Energie zugrunde liegt, ist ihre Umsetzung ursächlich. Das Gesetz des Gleichgewichts regelt gedankliche Ausschreitungen.«[13]

Auch die Zeitbegriffe bzw. das Verständnis von Zeit verändern sich:

»Besondere Schwierigkeiten ergeben sich durch die unterschiedlichen Zeitbegriffe in den verschiedenen Welten. Es ist wahr, man kann die sehr ferne Zukunft sehen, während eine irdische Zeitangabe abweicht und sie dort, wo es keine Zeit gibt, ganz anders erscheint. Ferner nehmen unsere herkömmlichen Tage und Nächte sogar auf anderen vorhandenen Planeten unterschiedliche Aspekte an. Aber in der Feinstofflichen Welt und noch mehr in der Feurigen Welt gibt es diese Zustände überhaupt nicht. Das heißt, daß man sich dort astrologischer Zeichen bedienen kann, doch sie werden durch andere Methoden bestimmt, weil der Chemismus der Gestirne eine andere Strahlenbrechung besitzt, wenn AGNI triumphiert. Für uns auf der Erde ist es schwierig, sich die Bedingungen in den Höheren Welten vorzustellen. Das astrale Licht wird natürlich von den Schichten der Atmosphäre bestimmt. In manchen Schichten der Feinstofflichen Welt herrscht Zwielicht, weil die Lichtstrahlung der Bewohner nur schwach ist. Wenige begreifen, daß diese Bewohner selbst Leuchtfackeln sein können. Doch gerade das gereinigte AGNI dient allen als Leuchtfackel.«[14]

Die Verständigung in der Feurigen Welt erfolgt mittels Gedankenübertragung. Diese Art der Kommunikation funktioniert zum Teil ja schon im irdisch einverleibten Zustand, wenn zwei Menschen geistig-seelisch besonders gut miteinander harmonieren. Jeder Gedanke wird blitzschnell übertragen oder gewissermaßen vom Antlitz und den Augen abgelesen. Grundlage für diese Tatsache ist primär die Intuition. Schon in der höheren Astralwelt findet die Verständigung ausschließlich über die Sprache des Herzens statt.

Auch die Fortbewegung geschieht ausschließlich kraft des Gedankens. Wohin man sich denkt, dorthin kann man gelangen – wenngleich hier kosmische und bewußtseinsmäßige Grenzen wirksam sind. Der Entleibte, der die Gesetze der feinstofflichen Welten nicht kennt, wird sich auch kaum von der Stelle bewegen und, solange es geht, in der alten und gewohnten irdischen Umgebung umherirren. Hierdurch entstehen viele Phänomene wie Poltergeister, Spuk und andere spiritistische Erscheinungen.

Fortbewegung ist energetisch an die Denkkraft gebunden, so daß diesbezüglich schwache Menschen meistens die bestehenden Möglichkeiten nicht nutzen oder sich nicht fortbewegen können.

»Es gibt viele Gründe, warum die Menschen die Feinstoffliche Welt und die Ausstrahlungen des Lichts fürchten. Sie fühlen in ihrem innersten Wesen, daß in der Feinstofflichen Welt jede Absicht von einer sichtbaren Ausstrahlung begleitet wird, aber der Mensch selbst sieht seine eigene Ausstrahlung nicht. Wäre er von der Qualität seiner Gedanken fest überzeugt, bräuchte er nichts zu fürchten. Die meisten Gedanken sind jedoch sehr gewunden, und der Mensch irrt, infolge seiner irdischen Gewohnheit zu zweifeln, von den wahren Grundzügen des Denkens stark ab. Deshalb spreche Ich immer wieder von der Notwendigkeit des klaren Denkens. Man sollte von der Güte des eigenen Denkens so fest überzeugt sein, daß man sich nicht einen Augenblick durch sein eigenes

Licht verwirren läßt. Das vom Herzen bestätigte, beharrliche Streben zum Guten vervielfacht die wunderschönen Lichter. Neben ihrer wesentlichen Eigenschaft bewirken diese Lichter eine Reinigung des Raumes. In der Feinstofflichen Welt rufen solch wohltuende Strahlungen ein allumfassendes Lächeln hervor und tragen zur allgemeinen Freude bei. Festigt euch daher im Guten und denkt so, daß ihr euch vor niemandem schämen müßt. Betrachtet diese Worte nicht als etwas Abstraktes. Die Feinstoffliche Welt bestätigt sie. Viele Bewohner der Feinstofflichen Welt bedauern es, daß ihnen auf Erden niemand von diesen unsichtbaren Ausstrahlungen, die so schön sein sollen, erzählt hat.«[15]

Ebenso wie das Leben auf der Erde ist der Aufenthalt in der Astralwelt dynamisch und schwierig. Nirgendwo gibt es ewiges Ausruhen oder längere Untätigkeit, und das Zusammenleben mit den anderen Bewohnern der Astralwelt bringt seine Schwierigkeiten mit sich, besonders, wenn der Mensch durch niedere Emotionen an eine der unteren Ebenen gebunden bleibt. Deswegen sollten Haß, Streitsucht, Neid, Eifersucht oder Falschheit während der Inkarnationsphase überwunden und durch gute Eigenschaften ersetzt werden. Kein Sakrament und auch nicht die Sündenlossprechung kann diese Gesetzmäßigkeit beeinflussen, weshalb Wiedergutmachung und ein charakterliches Bestrebtsein im Alltag die einzig richtige und wirksame Absicherung gegen spätere Unannehmlichkeiten darstellen.

Nahrungsaufnahme gibt es im Astralbereich nicht. Die astral-ätherische Ebene ist eine Welt der Düfte und Gerüche, die gleichzeitig die Nahrung ersetzen, da der Körper ja auch in einem astral-ätherischen Zustand ist. Die höheren Bereiche repräsentieren eine Welt der Wohlgerüche, die niederen aber das Gegenteil. Deshalb halten sich niedere Astralwesen auch sehr gerne in irdischer Umgebung auf, wo viel gekocht und gebraten wird, wo der Geruch von Fäulnis und Verwesung herrscht und besonders dort, wo Emanationen von Blut und Fleischnahrung vorhanden sind. Das Blut hat eine besonders starke astrale Ausstrahlung und einen eigenen Magnetismus, so daß durch Blutopfer eine besonders intensive Anziehung niederer astraler Mächte und Geistwesen ausgelöst wird. Diese bleiben auch dann niedere Wesenheiten, wenn sie sich als Götter o.ä. ausgeben oder wenn eindrucksvolle Phänomene zu beobachten sind. Letztere entsprechen aber genauso physikalischen Gesetzen wie alles andere auf dieser Welt. Es kann daher nur darum gehen, diese Erscheinungen durch höheres Wissen und Verstehen ihrer Phänomenalität zu entkleiden. Nur einfache und bequeme Gemüter bleiben auf der trivialen Ebene des Wunders stehen.

Aus vielen Gründen finden wir in den meisten Lehren die Aufforderung zu einer vegetarischen Lebensweise, und auch im Alten Testament der jüdischen Bibel fehlt dieser Hinweis nicht. Gleichzeitig ist bekannt, daß das mosaische Volk diese Weisung mittels koscherer Tötung der Tiere zu umgehen versucht. Allerdings ändert diese Handlungsweise nichts an den beschriebenen Auswirkungen. Auch den jüngeren Brüdern und Schwestern der Menschheit, den Tieren und aller Kreatur sind Liebe und Respekt entgegenzubringen. Nur ein Dämon oder Teufel, ein mächtiger Geist der Astralwelt, hat Interesse daran, Menschen zur Blutnahrung oder gar zu einem Blutopfer zu animieren, da er sich von diesen feinstofflichen Emanationen nähren und die der Blutnahrung zugeneigten Menschen stark astral und instinktiv halten will. Die Emanationen des Blutes verstärken das Instinkt- und Triebzentrum im Solarplexus, dem Sitz des Niederen Selbst, so daß der Wunsch- und Begierdenkörper durch diese Energiezufuhr in seiner Dominanz gestärkt und das Denken und Wünschen in die von ihm gewünschte Richtung gedrängt wird. Aber es gibt noch andere Techniken astralbindender Art – zum Beispiel die Beschneidung, die bestimmte Energie- und Nervenzentren des Instinkts stärkt und den Betroffenen darin stärker fixiert.

In den feinstofflichen Welten kann sich der Mensch seine Umgebung kraft seiner Gedanken gestalten. Er braucht nur seine Fähigkeit des Denkens einzusetzen, und schon wird der Gedanke verwirklicht. Schrecklich für alle, die nicht richtig und rein denken können, die ihren niederen Gefühlen, Wünschen und Gedanken nachgeben, was als Folge der inkarnierten Phase geschieht. Wunderbar für jene, die durch Entwicklung entsprechender Charakter- und Verhaltenseigenschaften Herr im eigenen Haus geworden sind und sich im Herzen dem Schönen und Höheren zuwenden. Denn ihnen wird die Analogie zu den Begriffen Himmel, Hölle und Fegefeuer verständlich.

»Man kann ohne Erkenntnis der drei Welten nicht fortschreiten. Dabei müssen sie für ebenso natürlich gehalten werden wie das Sonnenlicht. Viele zitierte, einstudierte Worte über die Welten nehmen sie aber nicht in ihr Bewußtsein auf. Man kann sich vorstellen, welches Drama sich vollzieht, wenn die sich selbst Blockierenden nicht zur Mitarbeit in den geistesverwandten Sphären zugelassen werden! Mit Recht wurde gesagt, daß der Mensch sein eigener Kerkermeister ist.«[16]

»Alle Prophezeiungen sind reich an Berichten über die Feinstoffliche Welt. Sogar im Koran wurde die Feinstoffliche Welt nicht vergessen. Man kann nicht eine Lehre nennen, in der nicht auf das Leben in der Feinstofflichen Welt Bezug genommen wird. Aus Furcht vor allem Unsichtbaren verstopfen sich die Menschen die Ohren, schließen die Augen und ziehen es vor, unwissend zu bleiben. Doch *kann man über das Herz, über die psychische Energie nachdenken, ohne an die unermeßliche und von der dichtphysischen Welt untrennbare Feinstoffliche Welt zu denken?«*[17]

Das gesamte Weltenall zeigt eine ungeheure Verschiedenartigkeit der Materie, die sich vom dicht physischen Zustand bis zu feinsten Lichtwellen offenbart. Die Feurige Welt besteht ausschließlich aus diesen höchsten und feinsten Lichtenergien. Der Mensch, dessen oberstes Prinzip bereits geistiger, d. h. feuriger Natur ist, bildet eine Synthese aus Geist und Materie. Dieses zur Individualität gewordene Geistfeuer muß – bedingt durch die Gesetze des ewigen Kreislaufs – auch zyklisch in die Feurige Welt zurückkehren. Da den alten Kulturen die Bedeutung des Feuers, ohne das es weder eine materielle noch eine kulturelle Entwicklung gegeben hätte, bewußt war, wurden damals Bündnisse durch Überspringen eines Feuers besiegelt, beim Ablegen eines Eids hielt man eine Hand über das Feuer, bei einer geistigen Einweihung mußte als symbolische *Feuertaufe* auch Feuer durchschritten werden. Es blieb unseren Konfessionen vorbehalten, den Menschen der Ehrfurcht und des höheren Sinns des weltlichen bzw. welträumlichen Feuers völlig zu berauben, so daß heute viele innerlich Angst und Furcht vor der Macht des Feuers empfinden. Da aber auch heute noch feurige Menschen und selbst Tiere existieren, die als besonderes Merkmal ein hohes Maß an Energie und Kraft aufweisen, sollte der Begriff des geistigen Feuers wieder gereinigt und so verstanden werden, wie ihn uns das Leben lehrt.

Die Feurige Welt ist das höchste Ziel menschlicher Evolution, ist jener wahre Himmel, von dem alle Weltlehrer gesprochen haben und den wissende Menschen als das begehrenswerteste Ziel angestrebt haben. Nur diese Welt ist ohne Schatten, denn das dort herrschende Licht ist von allen Seiten stark und rein, und die dort wohnenden Wesenheiten verfügen selbst über eine ungeheure Leuchtkraft.

Natürlich ist die Feurige Welt kein Flammenmeer, sondern die Verfeinerung des irdischen Feuers in Form von höchster Elektrizität und Schwingung, wie wir sie schon im Lichtstrahl einer Lampe, der Sonne, des Blau- und Rotlichts und in anderen Strahlungen erkennen können. In der Feurigen Welt ist alles durchsichtig, klar und erkennbar. Der Inhalt aller Dinge ist Verstand, und jeder Teil geht aus dem Ganzen hervor, wie jeder Teil zugleich Ganzes ist. Die Feurige Welt ist die Welt der allumfassenden Einheit.

Als Welt des Geistes weist die Feurige Welt viele Abstufungen auf, wobei der dorthin zurückkehrende Geist nur Zugang zu derjenigen Ebene besitzt, für die er die Voraussetzungen mitbringt. Der Unterschied zwischen Geist und Materie, d. h. das bestehende Spannungsfeld ist fast nicht mehr wahrnehmbar, denn die Materie hat dort bereits die Form von Licht angenommen.

Der irdisch einverleibte Mensch hat die Möglichkeit, neben der irdischen und astralen Dimension auch in die Feurige Welt hineinzuwirken. Die großen Meister, z. B. in der Musik, haben uns gelehrt, in geistig gehobener Stimmung, in Feierlichkeit und mit geöffnetem Herzen diese Welten zu erahnen. Es gilt jedoch, den aufgenommenen Faden im Herzen festzuhalten und an diesem Faden langsam und sicher vorwärtszuschreiten.

Jede Welt besitzt ihre Entsprechungsorgane. Für das irdische Leben benötigen wir unseren Körper, um das von uns Gedachte und Gewünschte in die Tat umzusetzen; die Astrale Welt erreichen und speisen wir mittels unserer Gefühle und Wünsche, die sich im niederen Gefühlszentrum des Solarplexus manifestieren. Hiervon ausgehend erzeugt auch der Intellekt bestimmte Ideen und Gedankenbilder, die aufgrund ihrer Schwingung und ihres Energiepotentials die Astralwelt beleben. Die Höhere Astralebene und die Feurige Welt erreichen wir aber nur über unser Herz, das die geistige Führung in uns selbst übernehmen soll. Das Herz steht in direkter Verbindung zu unserem Höheren Selbst, während das Niedere Selbst seinen Sitz im Solarplexus hat. Erst wenn das Herz so viel psychische Energie entwickelt hat, daß es dem Niederen Selbst Ordnung und Ziel vorgibt und der Verstand über das Herz geführt wird, kann man davon sprechen, Herr bzw. Herrin im eigenen Haus zu sein.

Die Feurige Welt tritt nicht gesetzmäßig in uns zu Tage. Wir müssen ihr ein Wohnrecht einräumen. Erst dann können wir zunehmend mit der Welt des Geistes und ihren Repräsentanten kommunizieren. Ihre Vertreter sind allgegenwärtig. Sie versehen ihren Dienst in dem Sinn, daß sie die Welt mit höchsten Gedanken und Ideen speisen. Um diese zu empfangen, ist eine gewisse feierliche Einstimmung förderlich, die besonders der westliche Mensch wieder üben muß.

Während die Astrale Welt direkt an die Erde anschließt, liegt die Feurige Welt außerhalb der irdischen Dimensionen. Dieses »Reich Gottes« kann nur mit größter Anstrengung erreicht werden. Dazu sind viele mühevolle Inkarnationen erforderlich.

Jeder Mensch wird sich nach seinem physischen Tod in jener Welt vorfinden, die er sich durch eigene Anstrengung verdient hat und die der Strahlungskraft seiner Aura, seinem elektromagnetischen Kraftfeld, entspricht. Diese Aura muß zu strahlendem Licht werden, indem ihre Ausstrahlung durch die Transmutation der niederen Eigenschaften in höhere immer reiner, stärker und schöner wird. In der weiteren Entwicklung bildet sich beim Menschen eine »Sonnenaura«, die wir sehr oft auf den Heiligenbildern unterschiedlichster Kulturen dargestellt finden.

Da die Aura den Menschen unmittelbar umgibt, sieht er seine gesamte Umgebung naturgemäß *durch* seine eigene Aura hindurch. Sie wird durch die in ihm herrschenden Gefühle und Wünsche gefärbt und dadurch zum Beispiel auch unrein. In Abhängigkeit der vorherrschenden Gefühle sehen manche Menschen alles schwarz, grau oder rosarot, d. h. die durch ihre pessimistischen oder ängstlichen oder aber hochfliegenden Gefühle ausgelösten Grundfarben bilden einen Filter für die objektive Wahrnehmung der Umgebung. Optimisten sehen daher alles rosig, Pessimisten alles grau bis schwarz. Diese Wechselwirkung unterstreicht die Notwendigkeit, sein Innenleben zu durchleuchten und zu reinigen, damit man klar und nicht durch sich selbst behindert die Wirklichkeit der Umgebung erkennen kann.

In letzter Zeit treten zunehmend Menschen auf, die behaupten, die Aura anderer Menschen sehen zu können. Da diese »Seher« ebenfalls durch ihre eigene Aura hindurchblicken müssen, sind ihre Aussagen grundsätzlich in Frage zu stellen. Ein wichtiger Schritt in die richtige Richtung ist die Technik der Aura-Fotografie, obwohl hier erst Ansätze bestehen und es die heute eingesetzten Techniken noch nicht erlauben, einen Menschen objektiv zu analysieren.

Selbstverständlich kann ein geistig hochentwickelter Mensch die Aura anderer Menschen spüren und auch sehen. Er wird dieses Wissen als natürliche Fähigkeit im Umgang mit Menschen einsetzen, aber nicht zur Befriedigung der Neugier anderer mißbrauchen. Das Erspüren der Aura bzw. der Schwingung anderer Menschen gehört dem Bereich der Intuition an und ist damit auch abhängig von der Entwicklung des Herzens.

Wenn der Mensch sein Bedürfnis nach geistigem Licht nicht bereits in seiner Inkarnationsphase pflegt, wird dieses in der Astralwelt auch nicht gebildet, und er wird in seiner eigenen relativen Finsternis verharren. Alle Weltlehren konzentrieren sich daher auf die Stärkung des Herzens und die Erweiterung des Bewußtseins, d. h. auf die Bildung des Mentalkörpers und seiner geistigen Organe während der Inkarnationsphase, denn erst dadurch wird der Mensch zunehmend mit der Welt des Geistes, der Feurigen Welt, verbunden.

Aus der Tatsache, daß der geistig gesunde Mensch gegen alle direkten Einflüsse aus dem Astralbereich durch seine mittels Sperrnetz geschlossene Aura geschützt ist, läßt sich erkennen, daß von Natur aus eine Beziehung zur Astralwelt unerwünscht ist. Geistig gesehen wäre eine solche bewußte Verbindung auch falsch, weil der Mensch durch seinen Wunsch- und Begierdenkörper a priori schon eine viel zu starke energetische Anbindung an die Astrale Welt besitzt, von der es sich zu lösen gilt. Während der Inkarnationsphase sollte es ausschließlich darum gehen, die Beziehung zur Feurigen Welt zu entwickeln und zu pflegen.

Geistig schwach oder nicht entwickelte Menschen kommen wieder mit ihrem alten Astralkörper auf die Erde zurück, da sie ihr Ziel nicht erkannt haben und es daher nicht anstreben können. Ohne vorherige Erholung und geistige Stärkung in das irdische Leben zurückzukehren bedeutet eine Inkarnation mit einem geschwächten Astralkörper, was für die Bedauernswerten eine schwere karmische Belastung darstellt, die sich nicht selten als Gebrechen oder Behinderung des Leibes zeigt.

Im Rahmen dieser Zusammenhänge spielt der Schlafzustand des Menschen eine wichtige Rolle, da sich der feinstoffliche Körper im Schlaf vom physischen löst und jene Bereiche der feinstofflichen Welten aufsucht, die mit seinen vorherrschenden Wünschen und Begierden übereinstimmen. Da der Mensch diese qualitativ beeinflussen kann, bestimmt er letzten Endes selbst das Ziel und die Sphäre seiner Traumreisen. Die so gemachten Erfahrungen und Erlebnisse, die er zum Teil als Traum in sein Tagesbewußtsein hebt, wirken auf- oder abbauend, so daß man – wie jedem bewußt ist – nach dem Schlaf gestärkt oder geschwächt erwachen kann. Eine positive Traumreise wird durch die vorhergehende Reinigung des Bewußtseins vorbereitet. Früher pflegten die Mütter mit ihren Kindern ein das Herz reinigendes Abendgebet zu sprechen, damit sie auch wirklich gut schlafen würden.

Die erste Stufe der höheren Verbindung kann in Form von guten Gedanken sowie im Schlaf aufgebaut werden. Erbauende Lektüre, harmonisierende Musik, eine feierliche Einschwingung fördern diesen Vorgang. In diesem Transformationszustand hat der Mensch alle Möglichkeiten zur geistigen Tätigkeit, da ihn die irdisch-physischen Begrenzungen nicht behindern. Viele Menschen nehmen, unabhängig von ihrem physischen Alter und anderen äußeren Einflußfaktoren, diese Möglichkeit wahr und leisten auf diese Art und Weise nützliche Arbeit. Der Schlaf ist von größter Wichtigkeit, und kein Mensch sollte sich durch zu wenig Schlaf schwächen, da dieser eine starke und wichtige Brücke zu den feinstofflichen Welten bildet.

Auf der bestrebten Aktivität im Schlaf aufbauend, wird sich auch die Fähigkeit entwickeln, das Erlebte zunehmend in das Tagesbewußtsein zu heben und während der Tagesarbeit konstruktiv und bewußt zu agieren. Da der Geist nicht an den physischen Körper gebunden ist, kann man durch gezielte Übung neben seiner alltäglichen Arbeit auch im Geiste an anderen Orten tätig sein. Aber dies muß in Verbindung mit einer positiven Zielsetzung geschehen. Jeder Mensch kann so über sich selbst hinauswachsen und kraft seiner positiven Gedanken und Aktionen wesentlich zum Wohl der Welt beitragen. Voraussetzung hierfür ist eine bewußte Verbindung mit der Welt des Geistes.

»Kann man sich vorstellen, daß Menschen nur daran denken, was nützlich ist? Natürlich kann man das; vor allem schädliche und unbeherrschte Gedanken sind nutzlos. Man kann sich nutzbringende Gedanken angewöhnen, und solch eine Übung wird die beste Vorbereitung für die Feurige Welt sein. Die Gewohnheit, gute Gedanken zu hegen, wird nicht schnell erlangt; sie führt jedoch zur feurigen Erkenntnis. Wir nähern uns der Feurigen Welt nicht, indem eine besondere Welt in Erscheinung tritt, sondern durch die Güte unserer täglichen Arbeit.«[18]

Und unter welchem Motto sollten wir unser irdisches Leben betrachten?

»Selbstvervollkommnung ist Licht, Genußsucht ist Finsternis. Man kann sein Leben so gestalten, als wäre jeder Tag gleichsam das Ende; man kann sein Leben aber auch so erleuchten, daß jede Stunde ein Anfang ist. So können wir unser irdisches Dasein für uns sichtbar umgestalten. Nur auf diese Weise werden die Fragen der Zukunft und der Sinn der feurigen Vervollkommnung wahrnehmbar. Man sollte den Mut finden, sein Leben nach neuen Erkenntnissen zu ändern. Im großväterlichen Bett zu sterben, möge als mittelalterliche Auszeichnung gelten. Wir empfehlen sogar, diese Betten ins Museum zu tragen, was auch hygienischer wäre. Dennoch sollten wir das Morgen nicht durch gestrige Maßstäbe begrenzen; denn wie sonst könnten wir uns der Erkenntnis der Feurigen Welt nähern, die unsere Großväter für Höllenfeuer hielten? Aber jetzt,

wo das Licht und die Herrlichkeit des Feuers nach Gebühr gewürdigt werden, können wir geistig ein sehr reiches Morgen haben.«[19]

»Die Feurige Welt erscheint dem irdischen Bewußtsein als etwas, was sich den alltäglichen Begriffen entgegensetzt. Stellt euch vor, ein Mensch würde jeden Sonnenaufgang verschlafen und nur den Sonnenuntergang sowie die abendliche Dämmerung kennen. Liefe er nun einmal in der Morgendämmerung, plötzlich durch ein Erdbeben geweckt, ins Freie, wie erstaunt wäre er über das aufsteigende Licht, das er nie zuvor schaute. Wenn der Mensch in seinem Bewußtsein sogar solch eine natürliche Erscheinung nicht fassen kann, wie könnte er dann die feinstofflichen Erscheinungen des Feuers in sich aufnehmen? Von allen feinen ätherischen Energien haben sich die Menschen nur mit den allergröbsten vertraut gemacht, doch die wunderschönen feurigen Zeichen werden in den Bereich des Aberglaubens verwiesen. Schrecklich ist es zu beobachten, daß ausgerechnet die Unwissenden den Aberglauben im Munde führen.«[20]

»Die schwierigste, aber unerläßlichste Selbsterziehung umfaßt die Tätigkeit für das Wohl der Welt. Es ist nicht leicht, seine selbstsüchtigen Gedanken und Handlungen zu überwachen und sich von ihnen zu befreien. Weiht sich die ganze Persönlichkeit jedoch der Welt, dann wird Selbsterziehung nicht nur leicht, sondern gar nicht gefühlt. Einen Ausgangspunkt der Selbstverleugnung zu finden heißt, einen direkten Pfad zur Feurigen Welt herzustellen. Die Behauptung der Persönlichkeit mit all ihren astrochemischen Verpflichtungen ist kein das Streben zum Aufstieg behindernder Egoismus. Egoismus gehört der Erde an. In der Feurigen Welt besteht er nicht. Seine Überbleibsel wirken in der Feinstofflichen Welt wie Ketten. Es ist nicht schwierig zu erkennen, daß Egoismus nur im irdische Zustand bestehen kann und für den feinstoff-

lichen Aufstieg unanwendbar ist. Wenn Erdbewohner die Feinstoffliche Welt betreten, sind sie besonders erstaunt, daß es in den höheren Sphären der Feinstofflichen Welt keinen Egoismus gibt. Nichts kann mehr dazu beitragen, die irdischen Rechnungen zu begleichen, als die Befreiung vom Egoismus. Das Bewußtsein der Feurigen Welt enthüllt in einfachster Weise, wie nichtig die durch Egoismus verursachten Qualen sind. Das Licht der Feurigen Welt wirkt wie ein starkes Desinfektionsmittel. In dieser Strahlung sind die Kristalle des Fohat so stark konzentriert, daß jede Annäherung an diese Macht unsere psychische Energie reinigt. Ich meine, daß Selbsterziehung zum Allgemeinwohl das nächtliegende Mittel für große Errungenschafte ist.«[21]

»Visionen im Schlaf erlangen Bedeutung, sobald die Verbindung mit den Höheren Welten erkannt wird. Wenn der Mensch begriffen hat, daß er sich während des Schlafes in der Feinstofflichen Welt aufhält, weiß er, daß er sich durch diesen Zustand an sehr wichtige und erhabene Verbindungen erinnern kann. In keinem Buch über die Feinstoffliche und die Feurige Welt sollte versäumt werden, diese Vereinigungen durch Visionen im Schlaf zu erwähnen.«[22]

Jeder Mensch hat in Verbindung mit seiner nächsten Inkarnation, die ihm aufgrund der bestehenden karmischen Fäden vorbestimmt ist, eine umfassende Vorlaufphase im feinstofflichen Bereich zu absolvieren. Viele Vorbereitungen müssen für die nächste Inkarnation getroffen werden, denn der Astralkörper wird beispielsweise konkret in bezug auf die spezifischen Eltern, auf den physischen Körper und die Geburtsumstände aufgebaut. Die leiblichen Eltern vererben nur rein physische Bausteine, geistige und charakterliche Ähnlichkeiten sind durch das Gesetz der Anziehung bedingt.

In Verbindung mit dem komplizierten Vorlauf für eine Inkarnation, der im feinstofflichen Bereich stattfindet, wirkt sich jeder Eingriff zur Verhinderung oder gar zur Abtötung des entstehenden Lebens katastrophal aus. Spätestens vom Moment der Befruchtung an besteht eine absolute Verbindung zur inkarnierenden Geistseele, die nun anfängt, ihre Niederkunft einzuleiten und eine Art Verpuppungsphase, ähnlich wie bei einer Raupe zum Schmetterling, durchleben muß. Im Agni Yoga wird darauf hingewiesen, daß Abtreibung im Sinne eines bewußten Abbruchs des keimenden Lebens schlimmer als Mord ist, da die Auswirkungen auf den inkarnierenden Menschen weitaus schwerwiegender sind.

Vor diesem Hintergrund sollten alle Frauen ihre Entscheidung besonders gründlich überdenken und ihre bisherige Sichtweise durch eine Untersuchung der für die Richtigkeit dieser Feststellung sprechenden Gründe überprüfen.

Boten und Abgesandte Schambhalas

Sofern es ein solches Zentrum auf unserem Planeten gibt, müßte sich dieses auch durch Menschen oder Zeichen offenbaren.

Historisch dokumentiert ist ein *Bischof Johannes,* der sich seit dem 12. Jahrhundert bis in die Gegenwart aus dem Himalaya bei den verschiedensten Kaisern und Königen, Fürsten und auch Päpsten wiederholt in brieflicher Form oder durch Boten gemeldet hat. So wußte nicht nur der Bischof von Freising im 12. Jahrhundert über diesen sagenhaften Priesterkönig zu berichten, sondern auch der Adel beschäftigte sich im Mittelalter intensiv mit diesem Phänomen. Nach den verschiedensten Quellen waren zum Beispiel Paracelsus und Marco Polo in Schambhala.

Auch die Chronisten der vielen Kulturen nördlich und südlich des Himalaya berichten über die konkrete Existenz dieses Zentrums; die Priesterschaft in Asien kennt zum Großteil diesen Ort und verehrt ihn. Als intensiv geführt von Bischof Johannes gilt u. a. auch der Hohenstaufer Friedrich II. Viele Schriftsteller haben sich dem Thema des Bischof Johannes gewidmet. Auch der heute in der Schweiz lebende Schriftsteller Sergius Golowin ist diesen Quellen nachgegangen, worüber er in seinem Buch »Das Reich der Schamanen« berichtet. Die Ergebnisse seiner Recherchen über diesen legendären *Kaiser der Welt* sind beeindruckend.

Diese Tradition, daß führende Herrscherhäuser über Jahrhunderte Briefe mit Warnungen, Ratschlägen und besonderen Hinweisen aus dem Himalaya bekamen, hat sich bis in unser Jahrhundert fortgesetzt. So traten gegen Ende des vorigen Jahrhunderts (um 1880) die Lehrer aus Schambhala mit einer Vielzahl von Menschen, die zum engeren Kreis von H. P. Blavatsky gehörten, in den verschiedensten Staaten, darunter auch Deutschland brieflich in Verbindung. Diese Briefe befinden sich heute im Original im Britischen Museum in London und wurden auch schon in verschiedenen Sprachen veröffentlicht.

Des weiteren erhielten die Königshäuser in Deutschland, England und Rußland vor dem den I. Weltkrieg auslösenden Geschehen im Jahr 1914 aus dem Himalaya Briefe, die aufzeigten, daß es zu einem provozierenden Anlaß kommen könnte, der in der Folge einen Krieg zwischen den europäischen Staaten auslösen sollte. Die Briefe warnten davor, sich in ein solches Geschehen hineinziehen zu lassen oder gar selbst aktiv beteiligt zu sein, denn dieses würde außerordentliches Leid über diese Staaten bringen und gleichzeitig auch das Ende dieser Monarchien und ihrer Macht bedeuten. Unter diesem Aspekt hätten die Königshäuser ihren eigenen Untergang und das Leid vieler Millionen Menschen wider besseres Wissen selbst provoziert.

In der Roosevelt-Bibliothek in New York gibt es Original-Briefe, die der damalige Präsident der USA, F. D. Roosevelt, in Washington in den Jahren 1934-1936 aus dem Himalaya erhielt. Inhaltlich wird auch darin die sich in Europa zuspitzende Situation angesprochen, und der Präsident wurde aufgefordert, sich dem Wohl des gesamten amerikanischen Kontinents zuzuwenden und darüber hinaus besonders China und Asien als Kooperationspartner auf humaner Grundlage zu respektieren. Ansonsten würden die USA, die in diesen Jahren in einem gigantischen Aufbruch, auch geistig-kultureller Art, standen, ihre dominierende und auch von höherer Ebene geförderte Rolle als Weltmacht verlieren. Roosevelt hat sich nicht an diese Empfehlungen gehalten, sondern genau das Gegenteil getan. Die USA mußten schon 1945 mit dem Vertrag von Yalta, konkret einige Jahre nach Beendigung des II. Weltkriegs und mit der Verfügbarkeit von Atomwaffen in der Sowjetunion ihre absolute und 1935 noch unbestrittene Weltmachtstellung teilen. Die im Himalaya lebende Russin Helena I. Roerich, Gattin des weltbekannten Künstlers und Kulturphilosophen Nicholas K. Roerich, verfaßte die erwähnten Briefe an den Präsidenten der USA im Auftrag des Herrschers von Schambhala. Auch sie liegen – kommentiert und erläutert – in deutscher Übersetzung vor.

Aber auch Adolf Hitler erhielt einige Jahre vor Ausbruch des II. Weltkriegs Briefe aus dem Himalaya. Hitler hatte sich schon in seiner Jugend intensiv mit den verschiedenen Geisteswissenschaften sowie den vielfachen Vereinigungen und Orden auseinandergesetzt und sympathisierte weltanschaulich mit einer ganzen Reihe dieser Geistesrichtungen. Daher pflegte er auch direkte und indirekte Kontakte nach Tibet. Sein Stellvertreter Rudolf Heß, ein überzeugter Theosoph, hatte, wie auch viele andere Führungskräfte um Hitler, eine nicht nur in negativem Sinn außergewöhnliche Weltanschauung. Leider entartete der deutsche Nationalsozialismus nicht erst in der Blutnacht vom 30. Juni 1934, als die SS-Schergen Tausende ihrer SA-Kumpane liquidierten.

Unabhängig vom tagespolitischen Geschehen hatten Hitler, Heß und Himmler einen starken Bezug zum asiatischen Kontinent, speziell zu Tibet. Himmler ließ, natürlich mit Zustimmung des »Führers«, im Himalaya nicht nur nach der Heiligen Stadt Schambhala, sondern auch nach dem Heiligen Gral suchen. Diese Expedition ist unter dem Namen »Expedition Schefer« bekannt geworden, wenngleich als ihr Zweck naturwissenschaftliche Forschungen in Tibet vorgetäuscht wurden. Man wollte jedoch direkt mit dem Absender der Mitteilungen und Hinweise, die man auch in Berlin erhielt, Verbindung aufnehmen – mit dem legendären Bischof Johannes. Zu diesem Zweck verbündete sich die politische Führung des Dritten Reiches sogar mit einem in Tibet ansässigen pseudo-buddhistischen Mönchsorden, der mittlerweile auch schon im Westen unter dem Namen *Rotmützen* bekannt ist und als ein Hort der Schwarzen Magie gilt. So bezog Hitler selbst noch 1942 bestimmte Pulverchen direkt aus Tibet, und auch Rudolf Heß hatte bei seinem England-Flug ein Elixier in seinem Gepäck, das nach »seinen Angaben von einem tibetanischen Lama stammte«.[23]

Aber auch andere historische Quellen belegen die Existenz des Zentrums im Himalaya. Dies gilt im besonderen für den legendären Grafen Saint Germain, dessen beratendes Wirken in vielen Staaten dokumentiert wurde. Auch George Washington wurde von einem geheimnisvollen Professor beraten, und selbst bei der historischen Gründungsversammlung der USA erschien ein Fremder, der eine flammende Rede für die Idee eines human-libe-

ralen Amerikas hielt, dem alle Anwesenden zustimmten –
wonach der Fremde umgehend wieder verschwand.

Helena I. und Nicholas K. Roerich unternahmen wiederholt Expeditionen in den Himalaya, die mit enormen
Strapazen verbunden waren. 1926 übergab Nicholas
K. Roerich anläßlich seines Moskau-Aufenthaltes einen offiziellen Brief aus Schambhala an die Sowjetische Regierung, der in den russischen Staatsarchiven aufbewahrt
wird. Nicholas K. Roerich beschreibt in seinem Buch »Das
Herz Asiens« die viele Jahre dauernden Himalaya-Expeditionen und seine Eindrücke von Schambhala.

Er bereiste im Laufe der Zeit fast alle Länder Asiens
und stieß überall auf Menschen, die den Begriff Schambhala sehr verehren und sich als Gastgeber von einer
ganz anderen Seite zeigen, wenn sie erkennen, daß man
über die Existenz dieses heiligen Zentrums informiert
ist. Schambhala hat als vielleicht wichtigste Botschaft
des Ostens in den Erzählungen, Legenden, Liedern und
Volkssagen einen festen Platz. »Wer von Schambhala
noch nichts weiß, sollte nicht behaupten, daß er den
Osten studiert hat und er das zeitgenössische Asien
kennt.«

Roerich weist darauf hin, daß die gelehrten Rabbiner
und Kabbalisten in ganz Palästina, Syrien und Persien in
Erwartung eines neuen *Messias* und seiner Weisheitslehre
stehen. Das gleiche gilt für die Muselmane in Persien, Ara-
bien und Turkestan, die den angekündigten *Muntazar*, der
bald die neue Epoche begründen wird, erwarten. Nach
den Aussagen der islamischen Priesterschaft wurde in
Mekka bereits ein großes Grabmal für den kommenden
Propheten der Wahrheit vorbereitet. Viele japanische Weise sprechen über den erwarteten *Avatar*, und die gelehrten Brahmanen, die ihre Hinweise aus den alten Schriften schöpfen, stehen in der Erwartung des *Kalki Avatar*,
der gleichzeitig der Herrscher von Schambhala ist. Auch

die Priesterschaft in den Staaten nördlich des Himalaya, z. B. in der Mongolei, erwartet einen neuen Weltlehrer aus Schambhala.

Des weiteren bestätigt Roerich, daß die Gralssage als heilige Offenbarung bei allen Völkern der Erde zu finden ist. Sie ist die Legende vom Stein, der aus dem Sternbild des Orion stammt und bedingt durch seine spezifische Ausstrahlung als ein Magnet besonderer Art geistige Potentiale in außergewöhnlicher Art und Weise aktiviert. Dieser Heilige Stein wird von Schambhala verwaltet und über selektive Träger bestimmten Staaten bzw. Kulturen für eine befristete Zeit zur Verfügung gestellt, wodurch ein Aufschwung besonderer Art für dieses erwählte Land ermöglicht wird. Periodisch muß aber der Stein nach Schambhala, in das Zentrum der Gralsritterschaft, zurückgebracht werden, was eine der Aufgaben der Roerichs in Verbindung mit ihren Himalaya-Expeditionen war. Das Thema Gral ist jedoch zu weitläufig, als daß es an dieser Stelle detailliert behandelt werden könnte.

Im Zusammenhang mit den heiligen Orten im Himalaya wird auch immer wieder der *Schneemensch* oder *Yeti* erwähnt. Die verschiedenen Lamas beschreiben diese Yetis als die treuen Wächter der Himalaya-Regionen, in denen die geheimen Wohnstätten verborgen sind. Über die Existenz solcher Schneemenschen gibt es auch Nachrichten von Seiten der damaligen britischen Besatzungsmacht in Indien. Roerichs Sohn Georg, der als einer der besten Kenner der Himalaya-Sprachen galt, betonte, daß die Hinweise auf Schambhala in allen Sprachen wie »Sanskrit, hindustanisch, chinesisch, türkisch, kalmükkisch, mongolisch und tibetanisch und in vielen kleineren asiatischen Sprachen« enthalten sind. Und alle Hinweise über Schambhala und über die Bruderschaft besagen, daß die neue Zeit mit ungeheuren kosmischen Energien zusammenhängen wird.

Die Agni Yoga-Literatur beschreibt Schambhala wie folgt:

»Die Internationale Regierung hat ihre Existenz nie ver-leugnet. Sie bekundete sich nicht in Manifesten, sondern in Taten, die sogar in der offiziellen Geschichte überliefert sind. Man kann Fälle aus der Französischen und der Russischen Revolution wie auch englisch-russische und englisch-indische Beziehungen aus der Geschichte anführen, in denen eine unabhängige Hand von außen her den Verlauf der Ereignisse änderte.

Die Regierung hat das Vorhandensein ihrer Boten in den verschiedenen Ländern nie verheimlicht. Natürlich hielten sich diese, wie es der Würde der Internationalen Regierung entspricht, niemals verborgen. Im Gegenteil, sie zeigten sich öffentlich, besuchten verschiedene Regierungen und waren vielen bekannt. Die Literatur bewahrt ihre Namen und die Phantasie ihrer Zeitgenossen verherrlicht sie. Keine geheimen Organisationen, die von Regierungen so gefürchtet sind, sondern wirkliche Personen wurden durch Erlaß der unsichtbaren Internationalen Regierung abgesandt. Die internationalen Aufgaben stehen jeder Art von Betrug feindlich gegenüber. Aber die Einigkeit der Völker, die Würdigung schöpferischen Schaffens, das Wachstum des Bewußtseins, werden von der Internationalen Regierung als unaufschiebbare Maßnahme bejaht.

Und wer den Maßnahmen dieser Regierung nachspürt, wird sie nicht der Untätigkeit zeihen. Die Tatsache, daß diese Regierung vorhanden ist, ist unter verschiedenen Bezeichnungen wiederholt in das Bewußtsein der Menschheit eingedrungen. Jede Nation wird nur einmal gewarnt. Nur einmal in einem Jahrhundert werden Boten ausgesandt – dies ist das Gesetz der Archate.

Das Wirken der Unsichtbaren Regierung steht mit der Evolution der Welt im Einklang. Daher beruhen ihre Be-

schlüsse auf exakten mathematischen Gesetzen. Hier gibt es keinen persönlichen Wunsch, sondern nur die unveränderlichen Gesetze der Materie. Ich wünsche nicht, sondern ich weiß!«[24]

»Schambhala offenbart sich im Bezug auf die Begriffe eines Jahrhunderts unter den verschiedensten Aspekten. Es ist richtig, alle Zyklen der Legenden Asiens zu studieren. Auf diese Weise kann man soweit wie möglich die ältesten Lehren, die mit Sibirien in Zusammenhang stehen – als den unbekanntesten und archaischen Teil des Kontinents – zurückverfolgen. Der Zusammenhang der in Indien gefundenen Hieroglyphen mit den Inschriften auf den Osterinseln ist unbestritten.«[25]

Verständlicherweise werden auch die vorstehenden Hinweise wirkliche Skeptiker nicht überzeugen können, aber dies ist auch nicht das primäre Anliegen dieses Buches. Es geht vielmehr um eine Vorstellung von der Welt, die dem einzelnen Denk- und Lebenshilfe sein kann. Was im Buddhismus, Hinduismus und in anderen asiatischen Systemen als selbstverständlich gelebt wird, gilt noch lange nicht für Europa. Dabei bleibt die Frage offen, ob diese Tatsache für Europa als Plus oder als Minus zu werten ist. Der offene Mensch findet ohne Frage in der Ergänzung und im Austausch von Gedanken Bereicherung und Stärkung, den Schlüssel für die Welt-Gemeinschaft und den Kosmos. Auf diesem Verständnis baut auch das westliche Universitätssystem auf, denn idealerweise sollte eine Ausbildung die Studenten nicht nur in die Tiefe einzelner Teilbereiche führen, die den Wissenschaftler zwangsläufig zu einem Analytiker machen, der von sehr wenigem sehr viel weiß, ohne übergeordnete Zusammenhänge zu kennen. Umfassende Bildung kann weder auf Modelle, die den Bezug des einzelnen zum Kosmos erklären, noch auf die Weisheit, die in vielen Religionen enthalten ist, verzichten. Ziel ist die schrittweise Befähigung zur Synthese im Verständnis, Denken und Handeln, denn das Leben ist Synthese. Nichts kann für sich allein bestehen.

In den letzten 100 Jahren wurde unter Berücksichtigung der Anforderungen des Wassermann-Zeitalters das erforderliche Wissen über den Aufbau des Makrokosmos und die höhere Führung der Erde freigegeben. Da die Hauptaufgabe der kommenden Epoche in der Synthese und damit auch in der Vereinigung der sichtbaren mit der unsichtbaren Welt liegt, muß das Verständnis des Menschen über sich selbst und über den hierarchischen Aufbau des Weltenalls vertieft werden. Da die physische von der psychischen und diese von der geistigen Sphäre genährt wird, ist die Erweiterung des Wissens über diese Ebene für uns alle ein Gebot der Stunde.

»*Das Weltenauge von Schambhala ist ein Licht auf dem Pfad der Menschheit. Das Weltenauge von Schambhala ist der Stern, der alle Suchenden leitet. Für manche Menschen bedeutet Schambhala die Wahrheit, andere betrachten Schambhala als traumhafte Erfindung. Für einige ist der Herrscher von Schambhala ein verehrungswürdiger Weiser. Andere wiederum halten Schambhala für die Verkörperung von Reichtümern, andere wiederum betrachten den Herrscher von Schambhala als ein geschmücktes Idol. Für manche Menschen ist Schambhala der Herrscher aller planetaren Geister. WIR aber sagen: ... nehmt den Herrscher von Schambhala als die Offenbarung des Lebens an.*«[26]

Schambhala als Quelle der Weisheit

Hauptanliegen jedes Menschen ist es, sein Leben freudvoller und glücklicher zu gestalten. Dieses Ziel kann man kurz- oder langfristig angehen. Dauerhaften Erfolg verspricht nur die intensive Arbeit an sich selbst, eingebettet in die Bestrebung, sein Wissen und Können ständig weiterzuentwickeln.

Der Himalaya war in seinen weitesten Teilen noch zu Beginn dieses Jahrhunderts in Europa ein kaum erforschtes Territorium. Dieses »Niemandsland« wird erst in den letzten Jahrzehnten, interessanterweise hauptsächlich von Privatpersonen entdeckt. Dies gilt auch für den Himalaya als Ursprung der verschiedenen Geisteswissenschaften oder der europäisch-arischen Kultur. Sanskrit, eine heute noch in Indien gepflegte Gelehrtensprache, ist nicht nur die Wurzel des Altgriechischen und Lateinischen, sondern allen heute bekannten Sprachen in seiner Begriffstiefe und -vielfalt überlegen. Und auch die Genforscher belegen zunehmend, daß die Wiege vieler Kulturvölker im Himalaya stand.

Aus vielerlei Gründen war der Himalaya stets ein Magnet für die Europäer. Der hohe kulturelle Standard zeigte sich nicht nur in den vielfältigen Gewürzen, sondern vor allem in Kunstwerken wie Teppichen, Seidenstoffen oder Porzellan. All dies kam über die Seidenstraße nach Europa und mit den Waren auch die wundersamsten Berichte über die Menschen in diesem gigantischen Kontinent. Kein Wunder, daß Europa aufhorchte und sich ihm zuwandte.

Neben dem geistig-religiösen Einfluß, den Indien bzw. der Himalaya schon immer auf Europa ausübte, waren es primär die materiellen Reichtümer, welche die europäischen Seemächte anzogen. So überfielen sie, nach einer Phase des friedlichen Handelns, mit ihren Soldaten, die als Schutztruppen ausgegeben wurden, wie Raubritter im gegenseitigen Wettbewerb alle Völker, bei denen es etwas zu holen gab. Amerika, Afrika und Asien – alle wurden in den letzten Jahrhunderten die fette Beute der Kolonialmächte. Völkermord, Versklavung und Entwurzelung sollten die Menschen gefügig machen. In Asien jedoch funktionierte dieses System weniger gut. Zwar wurden z. B. Holland und England durch ihre asiatischen Besitzungen materiell sehr reich, geistig konnte man diesen Kontinent aber nicht erobern. Letzendlich übernahmen die geistigen Barbaren des Westens Elemente aus der kulturellen und materiellen Lebensart der asiatischen Völker. So hat der Adel Großbritanniens seine »feine englische Art« – im positiven Sinne verstanden – primär von den reichen indischen Maharadschas und den hochgebildeten Brahmanen übernommen.

Gleichwohl waren besonders Indien und der Himalaya für die Besatzer geistig-kulturelles Niemandsland, denn im Vordergrund standen materielle und machtpolitische Interessen. Man bekämpfte mit allen Mitteln jede Entwicklung, die nicht in das Konzept der Britischen Krone paßte, und hetzte die verschiedenen Religions- und Volksgruppen aufeinander. Die Engländer erließen in Indien Gesetze, welche es ermöglichten, jeden Yogi wegen Störung der Ordnung und Erregung öffentlichen Ärgernisses aus dem Verkehr zu ziehen.

Bedingt durch den geistig-kulturellen Niedergang Europas in diesem Jahrhundert, das sich in Weltkriegen und Machtkämpfen selbst zerfleischte, entstand in der Nachkriegsgeneration zwangsläufig eine Sehnsucht nach den Quellen des Geistes. Zum geistigen Niedergang Europas und der USA hat vor allem die Konzentration auf das Exoterisch-Materielle beigetragen. In den Universitäten und Schulen wurde die geistig-humane Ausbildungsgrundlage reduziert, denn Wirtschaft und Industrie forderten mehr technisch-materielle Lehrinhalte und zweckmäßige Fächer. Die dadurch forcierte Abnabelung von der Dimension des Geistigen bzw. der Kultur verstärkte aber andererseits das seelische Grundbedürfnis, das jeder Mensch besitzt und das, so wie der physische Körper Vitamine, Mineralstoffe und Spurenelemente benötigt, abgedeckt werden muß. Drogen oder die verschiedensten Pseudolehren bleiben immer schlechte Substitute für wirkliche Geistesnahrung. Doch viele sogenannte Gurus machten im Westen beispiellos Karriere und offenbarten damit die große Leere in Europa und in den USA. Selbst exoterisch hochgebildete Europäer studieren »esoterische« Trivialliteratur aus aller Welt, ohne die oft viel tiefgründigeren lehrreichen Quellen von Plato, Goethe, Shakespeare, Dante oder anderen Geistesgrößen Europas im Ansatz zu kennen. Mittlerweile scheint sich diese Import-Welle ein wenig zu legen, aber auch heute noch gelten einige »...-babas« aus Indien als Geheimtip, darunter auch solche, die sich selbst als Gott ausgeben und in diesem Anspruch von Tausenden Europäern bestätigt und materiell stark gefördert werden. Hier liegt das Versagen weniger bei den Betroffenen selbst, denn diese suchen verzweifelt nach einem Weg, sondern bei den traditionellen Institutionen und offiziellen Einrichtungen, die sich Bildungsverantwortlichkeit anmaßen.

All dies hat jedoch sehr wenig mit dem Indien zu tun, welches in diesem Buch vorgestellt werden soll. Allein die Höhe und Größe des Himalaya bedingen eine völlig andere Welt, im Unterschied zu Europa und Nordamerika. Die noch erhaltene Reinheit, die Einflüsse auf Geist und Seele, die sich allein schon durch die Höhenluft ergeben, die Abgegrenztheit gegenüber der sogenannten Zivilisation, die Jahrtausende alten Kulturen und das damit verbundene Wissen machen die Besonderheit des Himalaya aus. Dies gilt nicht nur für den Menschen, sondern auch für die Tier- und Pflanzenwelt. Mit zunehmender Höhe und abnehmendem Sauerstoff verstärkt sich die Verbindung des Menschen zur Feinstofflichen Welt. Dadurch zeigen sich in 3 000 bis 5 000 Metern ü. d. M. und darüber Phänomene besonderer Art, die weiter unten, am allerwenigsten in der vergifteten Atmosphäre der Städte und Niederungen, nicht möglich sind. Unter diesen Bedingungen entstehen heute, nach Abschaffung des alten Kastensystems, neue Gruppierungen und »Stände besonderer Art«, die sich durch geistig-seelische Reife und umfassendes Wissen auszeichnen.

Europa hat seine geistigen Grundlagen schon immer zum Großteil importiert. Hauptlieferanten waren der Nahe Osten und Asien. Ägyptische und mesopotamische, persische und griechische, jüdische, islamische und selbst christliche Kulturbestandteile wurden aus dem Osten übernommen. *Ex oriente lux!* (Aus dem Osten kommt das Licht!)

Hier treten dem Gesetz der Hierarchie entsprechend außergewöhnliche Menschen durch ihre Ideen und die ihnen innewohnenden Verwirklichungskraft in Erscheinung. Der wahre Hierarch wirkt, durch geistige Gesetze verstärkt, weit über seinen physischen Tod hinaus. Der »gemanagte«, d. h. künstlich geschaffene Pseudo-Hierarch ist ab dem Moment aus dem Bewußtsein der Öffentlichkeit verschwunden, wenn seine Förderer ihre Unterstützung einstellen. Hollywoods Friedhöfe sind voll von Menschen, die ihre Seele dem System verkauft und nach ein wenig äußerem Glanz und viel innerer Leere durch Drogentod oder Selbstmord ihre Seelenqual beendet haben.

Außergewöhnliche Menschen im 20. Jahrhundert

Es mag manchen Leser überraschen, daß nun nicht die Namen von scheinbar mächtigen Zeitpolitikern oder oft aus zweckpolitischen Gründen geförderten Dichtern und Romanautoren erscheinen. Aber die Kriterien der Außergewöhnlichkeit sind hier in einem anderen Sinne zu verstehen. Primär sind es die Ausprägung des geistigen Potentials, die Entwicklung des Bewußtseins und ethisch-charakterliche Integrität. Hand in Hand damit gehen Verfeinerung, eine außergewöhnliche und aus eigenem Bewußtsein und Antrieb getragene Leistungs- und Belastungsbereitschaft – im Extrem bis zur Selbstaufopferung für die Idee. Grundlage hierfür ist ein absoluter, fast in jedem Atemzug und in jedem Wort erkennbarer Bezug auf das Wohl der Menschheit, gepaart mit dem Streben, den Lebensprinzipien zu dienen und das Schöne und Gute zu fördern. Wer in diesem Sinne außergewöhnlich ist, fördert die guten und zur Wahrheit strömenden Kräfte in allem und bekämpft das Negative mit ethisch vertretbaren Mitteln. Er kennt die Kulturen der Welt und fühlt sich im Leben als Mensch unter Menschen, voller Liebe und Demut.

Wenngleich hier – ein wenig abstrakt – versucht wurde, einen außergewöhnlichen Menschen zu beschreiben, ist die Liste der Eigenschaften natürlich erweiterungsbedürftig. Wir werden auf diesen Punkt, nämlich wann ein Mensch offizieller Künder, Beauftragter oder gar Botschafter Schambhalas werden kann, noch zurückkommen. Als externe Voraussetzung kommt hierzu die Notwendigkeit bzw. der richtige Zeitpunkt für die Erweiterung des schon vorhandenen Wissens. Bereits gegebenes Wissen wird von der Hierarchie nicht wiederholt. Die Lehren der Weltlehrer sind – bedingt durch das Gesetz der Evolution – als sich ergänzende Bausteine zu verstehen. Neu vermitteltes Wissen baut auf dem vorher Gegebenen und Gelernten auf.

Die Roerichs

Außergewöhnliches bedarf außergewöhnlicher Voraussetzungen. So war Leonardo da Vincis »Abendmahl« absolut an die Person gebunden, welche die Welt als Leonardo da Vinci kennt. Das gleiche gilt für Goethes »Faust«, für die Neunte Symphonie von Beethoven, für Wagners

»Lohengrin« und für die »Zauberflöte« von Mozart. Auch hämische Kunstkritiker oder die zeitgenössische Presse können diese Werke nicht schmälern. Leider übergeht man bei Konzerten oft die Komponisten und feiert dafür zweitklassige Künstler über viele Minuten mit Applaus und in seitenlangen Lobeshymnen – doch der Schöpfer des Werkes wird nur namentlich kurz erwähnt. Aber allein seinem Geist verdanken wir das Werk, den die Welt als Leonardo da Vinci, Johann Wolfgang von Goethe oder Wolfgang Amadeus Mozart kennt. Diese Genies, die so ein herrliches Licht in die Empfindungswelt der Menschheit herunterholen konnten, verdienen unsere Wertschätzung. Interessanterweise hat man viele gute, aber im Vergleich zu diesen Schöpfern unbedeutende Menschen ganz offiziell *heilig* gesprochen, aber die Geburtshelfer der zum geistigen Himmel führenden Messen, Requiems oder anderen Kunstwerken dabei übersehen. Man bedient sich ihrer, aber auf der offiziellen Bewertungsskala haben die Künder der Schönheit und der Höheren Welten keinen Platz. Dadurch findet man auch auf dieser offiziellen Skala keinen Punkt mit dem Titel *Schambhala*. Indem man versuchte, Kunst zu institutionalisieren und demokratisch zu verwalten, entzog man ihr bzw. den wahren Künstlern den Boden.

Als Beispiel für offizielle Botschafter Schambhalas soll hier auf das Ehepaar Helena I. und Nicholas K. Roerich näher eingegangen werden, über die heute leider nur sehr wenig biographisches Material im deutschen Sprachraum verfügbar ist. Das vorhergehende Glied in dieser Kette war die Russin Helena P. Blavatsky, welche die ersten geistigen Grundsteine für das Neue Zeitalter legte und damit das Wassermann-Zeitalter einläutete.

Auch die Roerichs gehörten dem Moskauer Zweig der theosophischen Gemeinschaft an und setzten in der Vermittlung des Wissens dort fort, wo H. P. Blavatsky aufgehört hatte. Der schon um 1930 in der früheren Sowjet-union, Eurasien, Indien und den USA sehr bekannte und geschätzte Künstler und Kulturphilosoph N.K. Roerich stellte in seinen Werken die Botschaft Schambhalas dar, die in der Folge als Lehre der *Lebendigen Ethik* noch genauer erläutert wird.

Nicholas Konstantinowitsch Roerich wurde am 9. Oktober 1874 in St. Petersburg geboren und hatte die Auszeichnung, in eine materiell gutgestellte und kulturell aktive Familie hineingeboren zu werden. St. Petersburg war damals, bedingt durch das reiche baltische und russische Hinterland, das geistige Zentrum Nordost-Europas, wie es sein Gründer, Zar Peter I., gewünscht hatte. Viele Kulturträger fanden so in St. Petersburg und Umgebung ideale Voraussetzungen für ihr Schaffen, weil die dort ansässigen, aus verschiedenen Völkern des Nordens stammenden Menschen sehr aufgeschlossen waren.

Roerichs Elternhaus war geistig-kulturell bestens fundiert. Sein Großvater väterlicherseits, der das hohe Alter von 105 Lebensjahren erreichte, besaß eine Sammlung mysteriöser Freimaurersymbole, welche die Enkelkinder anschauen, aber niemals berühren durften. Der Vater war ein anerkannter Rechtsanwalt und Notar, der zahlreiche geistige Interessen pflegte und durch den großen Bekanntenkreis seinen Kindern viele Impulse vermitteln konnte. Der alljährliche, mehrmonatige Aufenthalt auf dem wunderschönen Landsitz Iswara in der Nähe von St. Petersburg ergänzte Roerichs Jugendjahre in wunderbarer Weise und weckte in ihm Interesse für Geschichte, Archäologie und die Natur. Die Aufenthalte in St. Petersburg konzentrierten sich zunehmend auf die Vermittlung einer guten Allgemeinbildung, die bis zum neunten Lebensjahr durch Privatlehrer sichergestellt war. Der junge Roerich erhielt auch eine gründliche Einführung in die Musik und andere Künste.

Aus den vorliegenden Selbstzeugnissen läßt sich ableiten, daß die ersten acht bis neun Lebensjahre des jungen Roerich unter idealen Voraussetzungen verliefen, nicht nur was die Umgebung betraf, sondern auch für ihn selbst, der mit seinem jungen Herzen und seinem offenen Geist alle gebotenen Möglichkeiten und Anregungen aufnahm und daraus ein umfassendes und tiefes Fundament für sein weiteres Leben entwickelte. Mit neun Jahren wurde Nicholas Konstantinowitsch in ein Gymnasium aufgenommen, das als eines der besten und teuersten in St. Petersburg galt. Die Bildungsinstitute wetteiferten damals miteinander darin, die hervorragendsten Fachleute und Wissenschaftler als Lehrer zu engagieren, der Jugend alles zur Verfügung stehende Wissen zu vermitteln und die angeborenen Fähigkeiten so weit wie möglich zu fördern. Dieses System war sowohl für die Lehrerschaft als auch für die Schüler bzw. Studenten äußerst anstrengend und fordernd, stellte aber gleichzeitig bei einem hohen Prozentsatz eine ideale Ausbildung und Charakterschulung sicher, die es den jungen Menschen erlaubte, im späteren Leben mit Erfolg außergewöhnliche Positionen einzunehmen. Der strenge und umfassende Lehrplan, der unter anderem auch Sport und künstlerische Fächer vorsah, schuf für Roerich rund zehn Jahre später die ideale Ausgangsposition für den Besuch der Kunstakademie und der Rechtsfakultät der Königlichen Universität in St. Petersburg.

Seine hervorragenden Leistungen als Student eröffneten ihm dann auch bald die Möglichkeit, wissenschaftlich und künstlerisch tätig zu sein. So entstanden einerseits die ersten Gemälde, andererseits war er aber auch als Archäologe und auf anderen Gebieten ein erfolgreicher und sehr beliebter Mitarbeiter. Seine Bilder wurden von der Fachwelt von Anfang an zur Kenntnis genommen. Mit rund 25 Jahren war N. K. Roerich bereits im Kreis der großen russischen Kulturträger akzeptiert. Tolstoi und andere Künstler bestätigten dem jungen Roerich schon damals ein großes Talent.

Seine akademische Studienzeit beendete er nicht nur mit dem Titel eines Doktor iuris, sondern auch mit Abschlußarbeiten und verschiedenen Diplomen aus den Bereichen der Archäologie und der Kunst sowie mehreren Ämtern und Funktionen – so z. B. als stellvertretender Museumsdirektor und als Redakteur der Zeitschrift »Kunst und Kunstgewerbe«. Gleichzeitig verpflichtete er sich für ausführliche Vorlesungen und Vorträge und versuchte sich erfolgreich als Schriftsteller. N. K. Roerich war schon in seiner Jugend ein Mensch, der durch sein konzentriertes Tagesprogramm Unglaubliches bewältigte, was ihm großen Respekt und breite Anerkennung seitens seiner Umgebung eintrug.

Schon damals gehörten auch die Komponisten Rimskij-Korsakow und Glasunow, der Künstler und Architekt Benois und andere außergewöhnliche Menschen zu seinem Bekanntenkreis, wodurch sich eine breite Zusammenarbeit im künstlerischen Bereich anbahnte. N. K. Roerich war sehr musikbegeistert; seine Lieblingskomponisten waren Beethoven und Wagner, seine großen Vorbilder Leonardo da Vinci und der strenggläubige russische Mönch Skhimnik, der sich intensiv für die Reinheit der Religion einsetzte.

Mit rund 30 Jahren war Roerich bereits ein geschätzter Repräsentant russischer Kultur. In Rußland selbst wurde er als Maler, Künstler und Wissenschaftler in allen Kreisen geschätzt, was sich unter anderem in seiner Mitarbeit in den verschiedensten Gremien und Direktorien zeigte. Außerhalb von Rußland fanden schon 1905 in Prag, Wien, Venedig, München, Düsseldorf, Berlin und Paris Ausstellungen seiner Werke statt, und der Louvre, das Nationalmuseum in Rom und andere bedeutende Museen erwarben seine Gemälde.

Aber Roerichs Ziel und Bestimmung lag nicht in der aktuellen Kunst, nicht in der öffentlichen Anerkennung als Archäologe, als Museumsverantwortlicher oder Schuldirektor – seine Lebensaufgabe ging weit darüber hinaus. Wesentlichen Anteil an der Vertiefung seines *von Geburt an* bestehenden Grundinteresses für den Osten hatte seine Gattin Helena Iwanowna Roerich, die mit ihm gemeinsam schon in jungen Jahren die Bhagavad Gita und andere Quellen der indischen Mythologie studierte. Die östlichen Weisheiten fanden ab dem 30. Lebensjahr in N. K. Roerichs Werken zunehmend ihren Niederschlag.

Im Jahre 1920 gründeten die Roerichs die erste *Agni-Yoga*-Gruppe, da beide den Agni Yoga, der im Westen unter der Terminologie Lebendige Ethik oder Agni-Wissenschaft bekannt ist, als primäre geistige Lebensgrundlage ansahen, aus welcher ihr gesamtes Handeln resultierte.

1928 wurde Roerich für den Friedensnobelpreis vorgeschlagen, und 1929 initiierte er ein Projekt unter dem Titel *Friedensbanner* mit einem dazugehörenden Friedenspakt, in welchem sich alle Teilnehmer verpflichteten, im Falle einer kriegerischen Auseinandersetzung die Kulturgüter gegenseitig zu schützen. Zu den bekanntesten Förderern dieses Projekts gehörten damals R. Tagore, G. B. Shaw, A. Einstein und viele andere. Sie alle förderten N. K. Roerichs Anliegen, weil sie sachlich und logisch zwingender Natur und sogar für viele politische Entscheidungsträger einleuchtend waren. Parallel verfolgte er die Idee einer weltweiten Gemeinschaft unter dem Aspekt *Frieden durch Kultur*.

Auch der amerikanische Präsident Roosevelt, der 1932 sein Amt antrat, und seine engsten Mitarbeiter waren für die Konzepte Roerichs sehr aufgeschlossen. Der damalige Landwirtschaftsminister und spätere Präsidentschaftskandidat der USA Wallace schrieb an Roosevelt 1933 folgenden Brief, der hier auszugsweise wiedergegeben wird:

Hochverehrter Präsident,

der Roerich-Pakt und das Roerich-Friedensbanner wurden von Nicholas Roerich zum Schutz der kulturellen und wissenschaftlichen Schätze der Welt geschaffen, deren Schutz seit seinen archäologischen Ausgrabungen 1904 eines seiner innigsten Anliegen war. Kurz gesagt, der Plan sieht vor, daß erzieherisch-pädagogische, künstlerische und wissenschaftliche Missionen, Kunstwerke, kulturelle Aufzeichnungen sowie alle Landschaften und Monumente von kultureller Bedeutung von den Nationen für neutral erklärt werden und als solche in Kriegs- wie in Friedenszeiten respektiert werden sollen. Um dies sicherzustellen, wurde von Nicholas Roerich ein Banner geschaffen, durch das die betreffenden Museen, Universitäten, Kathedralen, Kirchen, Sammlungen, Büchereien und ähnliche Zentren der Kultur gekennzeichnet werden sollen. In der Praxis stellt das Friedensbanner einen Vorschlag dar, wie nach dem Vorbild des Roten Kreuzes vorgegangen werden könnte.

Im Mai 1930 hat der Vorstand des Internationalen Museums des Völkerbundes einstimmig den Plan für das Friedensbanner gutgeheißen. Ein paralleles Interesse in vielen Ländern zur gleichen Zeit ermutigte zur Gründung der Internationalen Vereinigung für den Roerich-Pakt in Brügge, Belgien, als ständige Körperschaft zur Förderung und Annahme des Friedensbanners. Durch die Initiative dieser Körperschaft wurden 1931 und 1932 in Brügge zwei internationale Konferenzen abgehalten, deren Sitzung 22 Staaten beiwohnten. Beide wurden unter dem Protektorat von Dr. Adatci, dem Präsidenten des Ständi-

gen Internationalen Gerichtshofes in Den Haag, abgehalten.

Seit 1929 fand der Pakt unter einflußreichen Körperschaften und Persönlichkeiten zahlreiche Befürworter, was eine höchst universale Ansprechbarkeit für diese Bewegung anzeigt. Befürwortungen ergingen von so bedeutenden Persönlichkeiten wie beispielsweise Papst Pius; Marshall Lyautey, Großmarschall Frankreichs; Präsident Marschall von Hindenburg, König Albert von Belgien, Präsident Masaryk, König Alexander von Jugoslawien wie auch Persönlichkeiten wie Einstein, Tagore, Maeterlink, Bose etc.; von Weltuniversitäten und kulturellen Zentren, von denen ich hier nur das Internationale Rote Kreuz in Genf zitiere ...

Obwohl sich der Roerich-Pakt in erster Linie dem Schutz kultureller Werke in Kriegszeiten widmet, so scheinen mir doch seine konstruktiven Aspekte als Vorbeugung gegen den Krieg weit wichtiger. Da ich um Ihr Interesse weiß, möchte ich Ihre Aufmerksamkeit nochmals auf die Sache lenken. Es scheint mir dies ein Plan zu sein, der sich ganz besonders gut mit der als ›New Deal‹ bezeichneten Außenpolitik in Einklang bringen läßt.

Wallace

Im gleichen Brief wird ein Ausspruch von Frau Roosevelt, der Frau des amerikanischen Präsidenten, wie folgt zitiert: »Ich bin der Meinung, die Ideale des Roerich-Paktes können gar nicht anders, als jene ansprechen, die die Hoffnung hegen, das Beste aus der Vergangenheit möge bewahrt werden, um kommende Generationen zu führen und ihnen zu helfen«.

Bedingt durch die ausgiebige Vorarbeit, die darauf folgende, breite Anerkennung und den Respekt, die N. K. Roerich von den führenden Kulturträgern aller Nationen entgegengebracht wurden, fanden von 1929 bis 1935 weltweit internationale Konferenzen mit dem Ergebnis statt, daß am 20.4.1935 rund 20 Staaten – inklusive der Vereinigten Staaten von Amerika – den Roerich-Friedenspakt im Weißen Haus unterzeichneten. Auch die UNESCO griff bei ihrer Gründung viele Jahre später die Gedanken Roerichs wieder auf und integrierte sie in ihre Satzung.

Der seit 1924 – sieht man von kurzen Unterbrechungen ab – andauernde Aufenthalt in Asien war für die Roerichs die Erfüllung eines Lebenswunsches. Die geistige Ausstrahlung des Himalaya und sein Magnetismus inspirierten die ganze Familie zu ungeheurem Tatendrang. Viele besondere Gemälde entstanden in dieser Zeit, und jedes ist aufgrund der darin enthaltenen Weisheit als Botschaft für die Menschheit zu werten.

Die erste Expedition der Roerichs in höchste und zum Teil unbekannte Himalaya-Regionen dauerte rund 15 Monate. Gebiete Kaschmirs, Ladakhs und Chinas wurden in dieser Zeit bereist und viele hohe Pässe bis 4 500 m ü. d. M. überwunden. Nicholas Konstantinowitsch bestätigte auf einer anschließenden Reise nach Moskau, daß dieRoerichs auf ihrer Expedition Verbindung zu der Heiligen Stadt Schambhala hatten, dem Sitz der geistigen Weltregierung und der geistigen Bruderschaft, welche die Evolution des Planeten Erde leitet. Die Rückreise von Moskau erfolgte durch die Wüste Gobi und durch Himalaya-Gebiet, so daß auf dieser 3-jährigen Reise insgesamt 24 000 Kilometer unter Expeditionsbedingungen zurückgelegt wurden. In den Jahren danach fanden weitere kürzere Expeditionen statt; die längste dauerte zwei Jahre.

Besonders erwähnenswert ist auch das Urusvati-Institut in Kulu/Indien, das die Roerichs errichteten und das mit vielen Instituten auf der Erde zusammenarbeitete; viele Fachbereiche – angefangen von der Botanik bis zur

Sprach- und Unterlagenforschung über das Himalaya-Gebiet – wurden durch den Sohn Georg betreut.

Der Zweite Weltkrieg und die Jahre danach bewegten N. K. Roerich dazu, alles in seiner Kraft Stehende zu unternehmen, um dem russischen Volk in seiner Not zu helfen und das kulturelle Potential zu sichern. Indem er seine hervorragenden Verbindungen nutzte, konnte er vieles zur Linderung der eingetretenen Mißstände beitragen. Sein Leben konzentrierte sich immer stärker auf geistige Bereiche, und seine Beziehung zum indischen Ministerpräsidenten Nehru und zu vielen anderen Persönlichkeiten des öffentlichen Lebens setzte er dazu ein, die kosmischen Strukturen und Werte verständlich zu machen.

Er schied am 13. Dezember 1947 aus diesem Leben und hinterließ rund 7000 Gemälde, viele Zeichnungen, Bühnenbild- und Kostümentwürfe, rund 30 Bücher und viele Ideen, die in Artikeln und Vorträgen festgehalten sind. Abgesehen von seiner außerordentlichen Begabung als Maler und Wissenschaftler offenbarte er sich als Meister des Denkens, der praktizierten Nächstenliebe und der Weisheit. Der durch ihn errichtete geistige Turm, der in kosmische Höhen ragt, harrt der Entdeckung durch jene, die geistige Führung und Stärkung suchen.

Eine Betrachtung von N.K. Roerich ist nur vollständig, wenn man auch seine Frau Helena miteinbezieht, in der er seine geistige Führerin sah und mit welcher er sein Leben und Wirken verband. Nicholas und Helena waren im wahrsten Sinne des Wortes *ein Herz und eine Seele*, und Helena war ihrem Mann in jeder Beziehung eine ebenbürtige Partnerin.

Geboren im Jahr 1879 in einer adeligen Familie genoß Helena wie ihr Mann eine hervorragende Ausbildung. Schon in frühester Jugend zeigten sich ein ausgeprägter Kunstsinn, ein *angeborenes* großes Wissen und außergewöhnliche Fähigkeiten. Obwohl Helena Iwanowna in ihrem Leben Zehntausende von Seiten in Form von Briefen und Büchern beschrieb, gibt es darin keine Hinweise auf ihre Person. Sie war diejenige, die später den esoterischen Teil der Ehe und das geistige Geschehen in subtiler und inspirativer Art und Weise verkörperte. Ihr Mann hatte diese Rolle und Funktion seiner Gattin immer wieder betont und in tiefer Dankbarkeit in einigen Gemälden zum Ausdruck gebracht. »Sie, die führt« war nicht nur der Titel eines Gemäldes, in dem eine Frau einen Mann in die Regionen der höheren Welt führt, sondern auch Auftrag und Bekenntnis gegenüber dem Weiblichen schlechthin. Nach dem Weltverständnis von Nicholas Roerich war es die Aufgabe der Frau, ihren Partner zur Schönheit zu führen und ihn dazu zu inspirieren, sich der Welt des Geistes zu öffnen und auch ethische und soziale Aspekte in das Leben hineinzutragen. Nicholas Konstantinowitsch brachte diesen grundsätzlichen Respekt vor der Frau in all seinen Handlungen und Werken zum Ausdruck; sein ganzes Leben strahlte diese Reinheit im Denken und Handeln aus.

Obgleich man schon früh in den Stand der Ehe eintrat, war das Ehepaar trotz seiner Jugend sehr ernsthaft und studierte viele Wissensgrundlagen, im besonderen jene, die über die Weltreligionen zur Verfügung standen. Hier war es besonders Helena Iwanowna, die dieses Studium zu Hause durchführte. Auch ihr Mann beteiligte sich jeden Tag daran, so daß sich beide gemeinsam über viele Jahre ein fundiertes Grundlagenwissen aneigneten. Helena bewies auch später in einer Vielzahl von Briefen an Geistesfreunde in aller Welt, daß sie in jeder Beziehung eine hochgebildete und außergewöhnlich starke Frau und würdige Partnerin war. Von Nicholas wurde sie nur »Nana« genannt, was soviel wie Harmonie, Inspiration und Stärke bedeutet.

Abgesehen von bestimmten äußeren Bildungs- und Erziehungswerten besitzen geniale Menschen meist eine sehr stark ausgeprägte Intuition, da allein das Herz als Sitz des Gefühlswissens die Verbindung zu den Welten der Schönheit und des Wissens sicherstellt. Das Ehepaar Roerich besaß diese Fähigkeit in ihrer höchsten Ausprägung. Darüber hinaus zeigte Helena Iwanowna schon in frühester Jugend, daß sie hellsichtig und hellhörig war und damit über außergewöhnliche Fähigkeiten verfügte, die nur ein Mensch entfaltet, der sich über viele Inkarnationen intensiv der geistig-charakterlichen Entwicklung gewidmet hat.

N. K. Roerich und seine Gattin Helena waren Mediatoren. Ihre feinstofflichen Zentren waren geöffnet, und ihr dadurch bestehendes höheres Bewußtsein ermöglichte es ihnen, eine bewußte Verbindung zur Welt des Geistes und den Hütern der Menschheit aufzunehmen. Helena hatte dabei in Verbindung mit der Entwicklung der Menschheit ihre eigene Aufgabe wahrzunehmen. Die mit großen Entbehrungen und Opfern durchgeführten Himalaya-Expeditionen verlangten den vollen Einsatz dieser großartigen Frau.

Helena Roerich gab nicht nur die Impulse für die zahlreichen Aktivitäten und Ämter ihres Mannes, sie gründete und förderte auch viele Frauenbewegungen, im besonderen jene, die sich mit der Aufwertung der Frau befaßten und sich der sozialpolitischen Evolution widmeten.

Das bedeutendste Ereignis lag aber darin, daß Helena I. Roerich in den Jahren 1920-1934 insgesamt 14 Bände einer wissenschaftlichen Buchserie aus Schambhala empfing, die in den Jahren 1924-1938 von ihr in russischer Sprache veröffentlicht wurden.

Helena Iwanownas Gesamtwerk, das bis heute nur zu einem Teil veröffentlicht wurde und leider nur auszugsweise in deutscher Sprache verfügbar ist, hat für die

Menschheit eine besondere Bedeutung, weshalb sie auch von Leobrand als die *feurige Künderin eines Neuen Zeitalters* bezeichnet wurde. Roerich hat in seinen Gemälden wiederholt verschiedene Inkarnationen seiner Frau mit Einzelheiten ihrer geistigen Aufgabe dargestellt. Helena war nicht nur die Überbringerin des Agni Yoga, sondern sie hat in Verbindung mit dem Entstehen einer neuen Menschheit – und dieser evolutionäre Schritt ist für das Wassermann-Zeitalter angekündigt – freiwillig sehr fordernde Aufgaben übernommen.

In den beiden Roerichs werden zwei Menschen offenbar, die durch ihre Genialität und ihren Einsatz Werke hinterlassen haben, welche die Menschheit in allen Teilen der Erde verbinden und auf eine höhere Stufe führen werden. Die Roerichs initiierten damals auch eine Bewegung mit dem Titel *Frieden durch Kultur*, die in fast allen Staaten der Erde organisiert war. Mit dem II. Weltkrieg lösten sich diese Strukturen allerdings wieder auf.

Mit Michael Gorbatschow setzte eine Renaissance russischer Kultur ein, und so wurde auch Roerich mit seinem Lebenswerk wiederentdeckt. Besonders Raissa Gorbatschowa unterstützte die Realisierung seiner Konzepte, und 1989 reaktivierte der sowjetische Schriftstellerverband die *Internationale Gesellschaft Frieden durch Kultur*. Diese Initiative wurde in der ehemaligen Sowjetunion von politischer Seite unter anderem deshalb gefördert, weil man hoffte, daß die von Roerich betonte Verhaltensethik in das Bewußtsein der Bevölkerung, aber auch in die Bereiche der Politik und Wirtschaft Eingang finden möge.

So entstand ein großes Netzwerk verschiedenster Gesellschaften, Vereinigungen und Institutionen, die sich im Geist der von Roerich vermittelten Ethik verbunden fühlten. Auch nach dem Putsch durch Jelzin breitete sich diese Bewegung über den Bereich der ehemaligen Sowjetunion weiter aus. Noch unter Gorbatschow bekundeten der Dalai Lama und mehrere indische Religionsführer ihr starkes Interesse an den Ideen Roerichs. Der Kreis in Indien erweiterte sich sehr schnell in der Form, daß die geistigen Repräsentanten christlicher, islamischer, hinduistischer und buddhistischer Gemeinschaften bis zu den Sikhs die Initiative *Frieden durch Kultur* durch gemeinsame Veranstaltungen und Projekte förderten.

In diesem offenen und Gegensätze verbindenden Geist führte *Frieden durch Kultur* etliche internationale Kongresse unter dem Arbeitstitel »Auf dem Weg zu geistiger Gemeinsamkeit« durch, u. a. 1992 in Alma Ata/Kasachstan, 1993 in Rishikesh/Indien, die alle gelungener Ausdruck interkultureller und interreligiöser Begegnung waren. Mittlerweile hat sich diese Bewegung auch in Europa etabliert. In Deutschland und Österreich bestehen Gesellschaften, die erste Schritte in die Öffentlichkeit wagen, in Baden-Baden und in München werden regelmäßig Round Tables unter dem Aspekt des interkulturellen Dialogs organisiert.

Teil III

Der Agni Yoga

Die Quellen der Lebendigen Ethik

Die Lehre des Agni Yoga wurde Helena I. Roerich von *Maitreya Morya* aus Schambhala übergeben mit der Aufgabe, diese einer breiteren Öffentlichkeit zugänglich zu machen. Der Maitreya Morya entspricht dem *Heiligen Michael*, dem viele Generationen im sogenannten christlichen Kulturkreis gehuldigt haben.

Wenn nachfolgend etliche Kernsätze und Ausschnitte aus den Agni-Yoga-Werken zitiert werden, so ergibt sich die Auswahl aus der Perspektive des Autors dieses Buches und muß nicht die Zustimmung derjenigen finden, die sich seit vielen Jahren mit der Lebendigen Ethik identifizieren.

Die Lehre aus Schambhala adressiert sich an alle Menschen. Da der Großteil der Menschheit im asiatischen Erdteil lebt, ist der inhaltliche Bezug auch in manchen Bildern und Formulierungen auf diesen abgestimmt. Aber die Lehre enthält auch alle Bausteine, die wir im Westen als die reine Lehre des Christus Jesus ansehen sowie die Essentialia, wie sie vom Buddha Gautama übergeben wurden. Auf die in Europa und Asien gegebenen kirchlichen Traditionen und deren Dogmen wird keinerlei Rücksicht genommen.

Den ersten offiziellen Schritt in die Weltöffentlichkeit hat die Bruderschaft schon vor gut 100 Jahren gemacht, als man über zehn Jahre hinweg mit den verschiedensten Personen aus Europa, aus den USA und Indien direkt korrespondierte. Damals erschienen erstmals schriftliche Zeugnisse aus einer geistigen Region, die bis zu diesem Zeitpunkt ein absoluter Tabu-Bereich war, der sich nur indirekt über Mediatoren und Botschafter offenbarte.

In einem zweiten Schritt wurden die 14 Bände der Agni-Yoga-Serie an Helena I. Roerich übergeben. Der innere Aufbau der 14 Bände berücksichtigt die im Menschen vorhandenen, bei den meisten noch schlafenden bzw. inaktiven Zentren des Höheren Bewußtseins. Die intendierte Resonanzwirkung auf die Chakren sowie der Erscheinungszeitpunkt dieser Bücher mögen die sprachliche Struktur manchmal etwas seltsam oder antiquiert erscheinen lassen, was aber der Richtigkeit der Aussagen keinen Abbruch tun sollte.

Die Titel der Bände lauten wie folgt (die Jahreszahl steht für das Jahr der Erstauflage):

Blätter des Gartens MORYA, Band I, Untertitel »Der Ruf«, (1924)
Blätter des Gartens MORYA, Band II, Untertitel »Die Erleuchtung«, (1925)
Gemeinschaft, (1926)
Agni Yoga, (1929)
Unbegrenztheit, Band I, (1930)
Unbegrenztheit, Band II, (1930)
Hierarchie, (1931)
Herz, (1932)
Feurige Welt, Band I, (1933)
Feurige Welt, Band II, (1934)
Feurige Welt, Band III, (1935)
AUM, (1936)
Bruderschaft I, (1937)
Bruderschaft II, Untertitel »Das Überirdische«, (1938 übermittelt, aber erst 1994 zur Veröffentlichung freigegeben)

Auch wenn die einzelnen Hauptwerke bestimmte Titel tragen, sind sie dennoch nicht ausschließlich diesem Thema gewidmet, sondern umfassen sämtliche Fragen der *Lebendigen Ethik*, allerdings meist im Zusammenhang mit dem jeweiligen Hauptthema. Alle Bücher sind in russischer, englischer und deutscher Sprache erhältlich.

Jedes Zeitalter hat seine ihm eigene Weltanschauung, sein Werden, seine Blütezeit und sein Vergehen. Und wenn die Zeit gekommen ist, kann niemand diese geistige Erneuerung aufhalten. Auch dann nicht, wenn die Erweiterung und Ablösung des Alten Jahrhunderte in Anspruch nimmt. Der Mensch sammelt durch das Leben Wissen und Erfahrungen, zunehmend begreift er den Weltenaufbau und die universellen Gesetze. Gleichzeitig lernt er, die Kräfte und Energien zu beherrschen, die er zu seiner Entwicklung bedarf.

Die Schwerpunkte der Lehre

Dem Arbeitstitel der Bücher entsprechend adressiert sich der Inhalt des ersten Bandes des Agni Yoga »Der Ruf« an die Suchenden. Konsequenterweise kann man aber einen *Ruf* nur vernehmen, wenn dieser der eigenen Frequenz und dem persönlichen Potential entspricht. Es ist ein Ruf zu einem neuen Leben, und er kann nur diejenigen erreichen, die schon entsprechende, in der Vergangenheit aufgebaute Potentiale in sich tragen. Wer den Ruf vernommen hat und ihn im Verständnis des ersten Bandes vertiefen will, hat die Möglichkeit, sein Bewußtsein Schritt für Schritt zu erweitern.

Auch der Geist bedarf der bewußten Pflege und Zuwendung. Jeder Athlet muß sich seine körperliche Leistungsfähigkeit mit täglichen, intensiven Übungen erarbeiten, und dies gilt gleichermaßen für die Dimension des Intellektuellen und des Geistigen.

Während der rein physische Bereich durch körperliche Betätigung und ausgewogene Ernährung relativ einfach zufriedenzustellen ist, stellt der Geist – als dem Körper und Intellekt übergeordnet – doch bedeutend höhere Ansprüche. Hier besteht in den reichen Industrieländern ein großes Vakuum, das nicht nur Ungleichgewicht, sondern auch verschiedene psychische Krankheiten hervorruft.

Das Buch *Gemeinschaft* beschreibt die notwendigen charakterlichen Grundlagen für soziale Strukturen. Jeder Mensch trägt die Befähigung und das Bedürfnis nach Gemeinschaft in sich, aber vielfach sind die entsprechenden Charakterqualitäten noch zu entwickeln. Hierin besteht sogar ein evolutionärer Zwang, denn nur in der Gemeinschaft kann sich der Mensch sinnvoll entwickeln. Der Mensch bedarf des Menschen.

Obwohl jede Gemeinschaft eine hierarchische Gliederung besitzt, darf sie keinen Zwang anwenden oder die Freiheit des einzelnen einschränken. Die Mitglieder der Gemeinschaft ordnen sich freiwillig der Autorität unter, die sich kraft besserer Fähigkeiten ergibt. Die neue Gemeinschaft findet sich grundsätzlich auf geistiger Basis, weder familiäre noch andere althergebrachte Formen der Anbindung werden eine Bedeutung haben. Da sich jeder Mensch ausschließlich über andere Menschen erkennen und entwickeln kann, bleibt es niemandem erspart, seinen Weg zur Gemeinschaft bewußt und beharrlich anzutreten und früher oder später einen wichtigen Beitrag hierfür zu leisten.

Die wichtigsten Charaktereigenschaften für eine Gemeinschaft sind innere Festigkeit, innerer Friede, Dankbarkeit, Genauigkeit, Genügsamkeit, Wachsamkeit und Schnelligkeit. Kleinliche Gepflogenheiten, Falschheit und Scheinheiligkeit, Bosheit, Unwissenheit und Halsstarrigkeit haben dort keinen Platz. Jede künstliche Ungleichheit und auch die traditionelle Weitergabe von Besitztümern durch die Erbfolge wirken sich negativ aus, denn jede Existenz sollte auf persönlicher Anstrengung aufbauen und nicht nur auf den Leistungen der Vorfahren beruhen. So sind auch Äußerlichkeiten wie Titel und dergleichen völlig wertlos.

Der 4. Band *Agni Yoga* vertieft das Wissen um den Yoga des Geistes. Er fordert keinerlei körperliche Übungen, sondern die Ausbildung und Vervollkommnung der geistigen Fähigkeiten und die bewußte Beherrschung der psychischen Energie. Der Agni Yoga ist eine Lehre des Lebens. Er erfaßt alle Lebensprobleme und gibt zahllose Weisungen für das Alltagsleben zum Wohle jener, die nach Vervollkommnung streben. Der wahre Yogi fällt im Leben nicht auf, er ordnet sich in die Gemeinschaft ein, sondert sich nicht vom Leben ab und ist geistig ein Weltbürger. Hervorragende Merkmale sind seine Feinfühligkeit und Empfindsamkeit gegenüber seiner Umgebung. Dadurch kann er auch seinen Mitmenschen zu einem tieferen Empfinden verhelfen. Ihm ist bewußt, daß er durch die Qualität seiner Gedanken einen wesentlichen Beitrag zur Evolution leisten kann.

Die beiden Bände *Unbegrenztheit* sind inhaltlich sehr schwierig. Kaum jemand hat sich bis heute mit diesem Thema beschäftigt. Diese Bücher dienen auch als Forschungsgrundlagen, da hier die Energien des Kosmos, die psychische Energie und die Psychodynamik des Geistes beschrieben werden. Weil jeder vom Menschen erzeugte Gedanke bis in die fernsten Welten hineinwirkt, muß man sich der Verantwortlichkeit dem Kosmos gegenüber bewußt werden. Schwierig ist dies vor allem für jene, die in dem Verständnis erzogen wurden, daß Gedanken grundsätzlich frei und wirkungslos sind, es sei denn, man setzt sie in die Tat um. Dem ist nicht so, denn jeder Gedanke bewirkt etwas. Immer entsteht auch eine Rückwirkung auf den Urheber, da jeder Gedanke, der durch die Aura des Denkenden ausgestrahlt wird, energetisch individuell markiert ist und in entsprechender Form zu seinem Aussender zurückkehrt.

Im Buch *Hierarchie* wird die *Helle Hierachie* in ihrer Funktion als interplanetare Institution erläutert. Es ist eine kosmische Einrichtung, daß von entwicklungsälteren Planeten jeweils geistige Lehrer auf jüngere Planeten übersiedeln und dort als *ältere Brüder und Schwestern der Menschheit* die geistige Evolution steuern. Im christlichen Lehrsystem verdeutlicht die *Jakobsleiter* das Prinzip der Hierarchie.

Die Menschheit hat ihr Wissen und ihre Möglichkeiten nicht durch sich selbst, sondern durch die Hierarchie empfangen. Das menschliche Bewußtsein benötigt Vertrauen auf die hierarchische Lenkung der Erde.

Das Buch *Herz* behandelt ein besonders wichtiges Thema. Die geistige Krise ist unter anderem darauf zurückzuführen, daß das Herz nicht mehr als geistiges Zentrum des Menschen, sondern als mechanische und austauschbare Pumpe verstanden wird. Wer sein Herz verliert, verliert damit seine Mitte, sein geistig-seelisches Lebenszentrum. Wessen Herz durch ein fremdes von einem toten Menschen ersetzt wird, muß sich für den Rest seiner physischen Lebenszeit nicht nur mit schweren, Bewußtsein und Empfinden trübenden Medikamenten abfinden, wie die Berichte von Patienten nach Herztransplantationen aufzeigen. Ursächlich hierfür ist die Tatsache, daß das *Ich* seinen Sitz im Herzen hat, es ist das Zentrum des Ich-Seins. Und daraus müssen Konsequenzen gezogen werden, denn nicht nur die Transplantations-Chirurgie sucht laufend auch unfreiwillige Spender und gut zahlende Empfänger.

Die Bände *Feurige Welt* haben in erster Linie das Thema kosmisches Feuer in seinen verschiedenen Variationen zum Inhalt. In diesen Büchern wird bereits konkret von der Atomspaltung mit der Wirkung gesprochen, daß daraus Trümmer entstehen, welche die Menschheit erschlagen werden. Aus der Perspektive des Agni Yoga liegt der richtige Weg nur in der Synthese, in der Verbindung und im Verbindenden. Spaltung – als Prinzip – zerstört immer.

Agni ist das Herzensfeuer, die konkrete Energie, die entsteht, wenn Taten über das Herz geführt werden. Ein möglicher Ausdruck dieser Energie ist Begeisterung, aber auch Mut. Agni ist jene wertvolle Substanz, welche die Angst vertreibt. Die Lebensenergien sind physikalisch dem *Feuer* zuzuordnen, und der Mensch hat die Möglichkeit, konstruktiv und qualitativ in das energetische Innenleben einzugreifen. Gleichzeitig sind die im Menschen vorhandenen feurigen Energien auch der Schlüssel zur Welt des Geistes.

Sie stehen in Beziehung zum Herzen, denn das höchste Feuer ist das Feuer der Liebe. Im Herzen liegen die energetischen Potentiale für ein feines Urteils- und Verständnisvermögen, das auch als Fähigkeit der *Intuition* bezeichnet wird. Liebe – als feurige Energie – und Herz sind daher untrennbar miteinander verbunden. Die Herzensliebe hat nichts mit dem Sexualbezug der Menschen untereinander zu tun, denn dieser bezieht seine Kraft überwiegend aus dem Instinkt- und Triebzentrum, das seinen Sitz im Solarplexus hat. Im Optimalfall spielen beide Bereiche zusammen. Der geistige Bereich ist die eigentliche dem Menschen angemessene Dimension, und das Herz und die Liebe sind die besten Führer.

Wir wissen mittlerweile, daß wir ohne Energien von außen, sei es von der Sonne oder durch das Licht, gar nicht lebensfähig wären. Die Wissenschaft hat die Energien, die die Erde vom Kosmos erhält, nachgerechnet und dabei festgestellt, daß nur rund 50 Prozent von der Sonne, der Rest aber aus bisher nicht definierten kosmischen Quellen stammt. Diese anderen Quellen werden in dem von Helena P. Blavatsky vor rund 100 Jahren übergebenen Werk »Die Geheimlehre« ausführlich dargestellt. Wichtig ist die Erkenntnis, daß der Zustrom an kosmischen Energien wechselt und unterschiedliche Qualitäten und damit Auswirkungen auf alle Lebensformen hat.

Durch den Eintritt unseres Planeten in den Wassermann werden verstärkt kosmische Ströme feurig-energetischer Art auf die Menschheit einströmen. Niemand kann sich diesem kosmischen Einfluß entziehen, und die Botschaft aus Schambhala umfaßt das konkrete Wissen über diese Energien und wie man sie sich dienstbar machen kann. Die Beherrschung des kosmischen Feuers setzt das Verständnis und die Aktivierung der eigenen psychischen Energie voraus. Da diese elementaren Energie-Potentiale alle Menschen erfassen, entsteht der normale Effekt bei feurigen Energien: Wenn sie erkannt und kontrolliert werden, wirken sie aufbauend, schützend und fördernd. Andernfalls zerstören sie deren Träger. Wer sein inneres Feuer nicht mehr kontrollieren kann, greift zu Narkotika. Mit dem Feuer – den inneren Energien im Menschen – zu spielen war schon immer gefährlich, denn die Grenze zwischen angenehmer Wärme und schmerzhafter Verbrennung ist auch im geistigen Bereich sehr schmal.

Im Buch *AUM* werden primär Wirkungen von Schwingungen erläutert und als konkretes Mittel zur Harmonisierung empfohlen. Auch die Silbe *AUM* oder *OM* spielt hier seit Jahrtausenden eine bedeutende Rolle, weil sie bestimmte Schwingungsfelder im Menschen aktiviert. Da jeder Ton physikalisch einen Energieschub und in Abhängigkeit der ihm eigenen Schwingung bestimmte Wirkungen auslöst, kann man sich dieser Schwingungsfelder bedienen. Auch das kirchliche *Amen* ist eine Variante des *AUM*, die ähnliche Wirkungen zeitigt.

Die beiden Bände *Bruderschaft* verstehen diesen Begriff einerseits als geistige Gemeinschaft und relativ organisierte Institution, andererseits als zu entwickelnde Charaktereigenschaft. Für alle Menschen stellt sich die evolutionäre Aufgabe, *bruderschaftsfähig* zu werden, und die diesbezüglichen Anforderungen gehen über soziale Fähigkeiten hinaus. Ein direkter Mitarbeiter der Bruderschaft zu werden, setzt das Erreichen einer sehr hohen Entwicklungs- oder Einweihungsstufe voraus. Diese hat keine mystische Bedeutung, denn Wissen und charakterliche Entsprechung sind ohne Ausnahme die Parameter, an denen man gemessen wird. Die Bruderschaft ist das Tor zur Feurigen Welt.

Es fällt dem westlich geprägten Menschen schwer, den Begriff Bruderschaft in das Bewußtsein aufzunehmen und zu verstehen, daß diese auf unserem Planeten nicht nur eine Stadt des Wissens, nämlich Schambhala, besitzt, sondern auch durch netzwerkähnliche Strukturen, offizielle Abgesandte – wie H. P. Blavatsky oder Helena Roerich – und viele unerkannte Mitarbeiter in das Leben der Menschheit hineinwirkt. Aber vielleicht öffnet sich das Herz, wenn man immer wieder einmal mit diesem Gedanken spielt.

Psychische Energie

Ein wesentlicher Teil des Agni Yoga behandelt die Wissenschaft von den feinsten und allerfeinsten Energien im Universum, den Geist-Energien. Da alles zueinander in Wechselbeziehung steht, mit mehr oder weniger passiven und aktiven, feurigen Energien ausgestattet und der Mensch selbst Träger dieser Energien ist, müssen wir uns ihrer bewußt werden und ihre Gesetzmäßigkeiten studieren.

Aufgrund der Relativität des Physisch-Materiellen ist das Streben nach ewiger Jugend, Schönheit und absoluter körperlicher Gesundheit Selbstbetrug, ja eine Illusion. Dieses Ziel ist allein schon nach dem Gesetz der Evolution und aufgrund von Karma unerreichbar, denn Evolution bedingt als Voraussetzung zunächst Unvollkommenheit. In Verbindung mit dem Karma-Gesetz und der Wiedergeburt bleibt der physisch-materielle Aspekt unterge-ordnet und hat daher der geistigen Evolution zu dienen. Diese Funktion kann sogar ein physisch eingeschränkter, d. h. kranker Körper erfüllen, wie uns viele geistige Meister durch ihr Leben bewiesen haben. Der Begriff *Gesundheit* betrifft letztendlich den Geist des Menschen, und es sollte alles getan werden, um einerseits einen Schaden am Geist zu verhindern und andererseits das geistige Potential auszubauen. Ein geistiger Schaden ist tiefgreifender in der Konsequenz als ein körperliches Gebrechen. Aber die Hilflosigkeit der naturwissenschaftlichen Medizin auf dem Gebiet der Geisteskrankheiten ist nach wie vor evident. Eine medizinische Wissenschaft, die einzig vom körperlichen und damit vom niedersten Anteil des Menschen ausgeht und durch grobstoffliche Behandlung und Einflußnahme das Feinstoffliche unterdrücken will, kann keine grundlegenden Heilungen erzielen. Heil ist ein geistiger Aspekt, und allein der gesunde Geist und sein feinstofflicher Träger, die Seele, können dem grobstofflichen Träger, dem Körper, grundlegende Gesundheit und Kraft vermitteln.

Nur mit Hilfe der psychischen Energie, die aus dem ätherischen Herzen bzw. aus seinem feinstofflichen Herzchakra ausstrahlt und in jedem Menschen bereits mehr oder weniger vorhanden ist, können alle feurigen Energien beherrscht werden. Da bestimmte feinstoffliche, d. h. feurige Energien teils im Menschen selbst entstehen, teils auch aus dem Kosmos laufend auf ihn einströmen, muß er die Beherrschung dieser feinsten geistigen Substanz erlernen, um nicht unliebsame oder gar unverständliche und ihn überfordende Beeinflussungen zu empfangen. Mit Einflüssen durch Sternenfluide (Fluide = energiereiche Strahlungen, Schwingungen) beschäftigt sich die Astrologie, mögliche Erd- und Wasserstrahlungen werden durch die Geomantie erforscht, doch auch die

Analyse der Aura des Menschen ist weit gediehen, und die unterschiedlichen Auswirkungen der Edelsteine auf die Psyche des Menschen werden heute zunehmend wissenschaftlich durchdrungen. Leider wertet man oft die erwähnten Forschungsbereiche im besten Fall als pseudowissenschaftlich und vergißt dabei, daß sich auch alle anderen heute anerkannten Disziplinen einmal aus einer Grauzone über viele Versuche und Irrtümer zu anerkannten Wissenschaften entwickelt haben.

In den naturwissenschaftlichen Disziplinen ist man sich der Gefahren und Risiken bewußt, mit denen zu rechnen ist, wenn man unwissend und ohne fachliche Führung experimentiert. Daher ist es so wichtig, daß sich der Mensch beim Beschreiten des Weges zur Vergeistigung, der neben ungeheuer vielen positiven Möglichkeiten auch Gefahren birgt, in eine geistige Schule mit entsprechender qualitativer Leitung begibt.

Im Agni Yoga heißt es:

»Die Weisheit aller Welt gebietet: Erkenne Dich selbst! Mit diesem Rat wird auf das Geheimste hingewiesen, dem es bestimmt ist, enthüllt zu werden. Die feurige Macht, zur Zeit psychische Energie genannt, wird dem Menschen den Weg zum künftigen Glück weisen. Erhoffen wir aber nicht, daß die Menschen ihren Besitz leicht anerkennen werden. Sie werden allerlei Einwände erheben, um jegliche Entdeckung der Energie lächerlich zu machen. Sie werden die ihnen für ihren Fortschritt gebotene Eigenschaft mit Schweigen übergehen, aber es gibt dennoch nur den einen Weg!«[27]

»Die Energie kann in allen Fällen bestimmend angewendet werden. Sie kann den Grad der magnetischen Aufladung von Gegenständen oder Wasser anzeigen. Sie kann als feinfühligster Apparat Stromschwankungen auf weite Entfernungen hin augenblicklich verzeichnen. Sie

kann in jeder Zeile einer Handschrift die Gedanken verfolgen. Sie zeigt die Art einer Strahlung an. Sie ist in guten Händen ein Werkzeug des Guten.

Es ist sicherlich ein Glück, daß viele den Zugang zu dieser Macht nicht kennen. Erst nach Verbesserung des Bewußtseins kann die psychische Energie zum weitgehenden Gebrauch anvertraut werden. Möge diese Zeit schneller anbrechen!«[28]

Für uns gibt es nur den *einen* Weg zur Vergeistigung – den der Selbsterkenntnis, da alle Potentiale im Inneren, in der feinstofflichen Konstitution des Menschen verborgen sind und solange verborgen, also okkult bleiben, bis der Mensch sie unter fachlicher Führung und Weisung hebt. Die Autoritäten für diesen Weg sind die erwähnten Weltlehrer, deren Gedanken heute in Form von Büchern, Kunstwerken und anderen Elementen für jeden zugänglich sind. Durch diese Möglichkeit ist letztendlich niemand alleingelassen oder ausgestoßen. Der Mensch isoliert sich immer nur selbst, er schließt aus, grenzt aus und beraubt sich selbst dadurch der Möglichkeit der geistigen Entwicklung.

Als hervorragende Prämisse in der Entwicklung der psychischen Energie ist die Beherrschung der Gedanken und Gefühle anzusehen. In diesem Zusammenhang wurde bereits darauf hingewiesen, daß der Mensch im Widerstreit mit sich selbst steht, da einerseits das Instinkt- und Triebzentrum im Solarplexus laufend Bedürfnisse und Wünsche anmeldet, aber auch das Herz seine Stimme erhebt. Geisteswissenschaftlich unterscheidet man hier das Niedere und das Höhere Selbst, was jeweils mit Unter- und Oberbewußtsein identisch ist. Das Tages-Bewußtsein, das wir im Kopf wahrnehmen, wird durch dieses natürliche Spannungsfeld häufig irritiert, weil viele Menschen nicht wissen, welcher Neigung sie in ihrem Handeln entsprechen sollen – der Begierde, dem Wunsch oder der Stimme des Herzens. Die daraus entstehende Unausgeglichenheit und Zerrissenheit zermürbt viele, weshalb sie als Folge den Weg des geringsten Widerstandes gehen und so die Herzensstimme zunehmend aus ihrem inneren Entscheidungszentrum verdrängen. Die dadurch gegebene Resonanz beim Höheren Selbst wirkt schwächend statt aufbauend, so daß sich das geistige Potential reduziert. Dieser psychoenergetische Vorgang des Verlustes, den wir u. a. auch als Reue kennen, kann in zweifacher Hinsicht durchlebt werden: in der Willensanstrengung zur Besserung oder in der Flucht in vorprogrammierte moralische Muster der Allgemeingültigkeit oder Schuldzuweisung an fremde Personen. Zumeist ist der Mensch sich selbst jedoch – auch wenn ihm z. B. von seinem Therapeuten »verziehen« wird – bewußt, daß sein Fehlverhalten nicht gelöscht werden kann. Diese Nichterlösung aus eigener Kraft führt dann unweigerlich in all jene Krankheiten, die wir psychosomatisch nennen. Doch die Erlösung von historischen Negativ-Bindungen kann ausschließlich auf der Grundlage einer Wiedergutmachung erfolgen.

Psychosomatische Krankheiten sind immer die Offenbarung einer kranken Seele, entstanden aus dem Ungleichgewicht von Wollen, Wünschen und Können, die sich jeweils aus unterschiedlichen Energiezentren speisen. Doch ist eine durch den Geist beschwingte Seele für die Bewußtseinsentwicklung von höchster Wichtigkeit.

Jeder Mensch sollte daher beginnen, seine Gedanken nach dem Prinzip »Erkenne Dich selbst« als oberstem Gebot in Ordnung zu bringen. Es ist verständlich, daß dies ohne übergeordnete Energie nicht möglich ist.

Der Gedanken- und Ideenaufbau folgt einer bestimmten Gesetzmäßigkeit. Jeder Gedanke entsteht auf energetischer Grundlage und ist in Abhängigkeit des ihm vom

Aussender verliehenen energetischen Potentials mehr oder weniger stark und von unterschiedlicher Lebensdauer. Darüber hinaus verbinden sich gleichförmige Gedankenbilder aufgrund des Gesetzes der Affinität mit ihresgleichen. Das Zusammentreffen solcher gleichartiger Gedankenbündel ruft ungeheure feinstoffliche Energiepotentiale hervor, die, bedingt durch ihre Frequenz, als positive oder negative Energiebomben existieren. Durch die persönliche Codierung, die jeden ausgesandten Gedanken mit seinem Urheber verbindet, wird jeder Mensch an jene Gedankenwelt bzw. -ebene angeschlossen, die er selbst kausal speist. Gleichzeitig fließt durch die Verbindung zu den bestehenden Gedankenformen und Energiefeldern das ursprünglich Gezeugte vermehrt durch die Gedanken ähnlicher Menschen zurück zum Aussender.

Kein Gedanke ist daher wirklich frei, wie es in einem Volkslied heißt und wie es viele Menschen glauben wollen. Die Macht und Bedeutung der Gedanken zu erkennen und damit zum eigenen Wohle zu arbeiten, ist die Grundlagenschule geistiger Entwicklung überhaupt. Alle Menschheitslehrer und Kulturträger haben hierauf hingewiesen. Sämtliche Handlungen des Menschen haben ihren Ursprung und ihren Vorlauf im Denken, da auf dieser Grundlage positive oder negative Ideen entstehen, die in Abhängigkeit des Charakters und der zur Verfügung stehenden Willenskräfte dann zur Tat werden.

Der Mensch wirkt als Sender aufbauender oder zerstörender Gedanken, woraus nicht nur die eben beschriebenen Auswirkungen entstehen. Wirkungen und Aufladungen bilden sich auch im persönlichen Umfeld, ganz gleich, ob es sich dabei um Menschen, Gegenstände oder Orte handelt. Positiv aufgeladene Plätze und Gegenstände empfindet man als angenehm und sympathisch, negativ aufgeladene als unangenehm und abstoßend. Auch der positiv denkende Mensch wird als sympathisch und anziehend empfunden, dem negativ denkenden geht man lieber aus dem Weg.

Aufgrund des Gesetzes von Ursache und Wirkung muß der Mensch die volle Verantwortung für seine Gedanken und Gefühle sowie für die daraus entstehenden direkten und indirekten Wirkungen übernehmen, denn selbst bei der Erzeugung negativer Gedanken schützt Unwissenheit nicht vor den Folgen, vor Karma. Auch in der weltlichen Gerichtsbarkeit macht Unwissenheit nicht frei von Schuld; sie kann allenfalls als mildernder Umstand gewertet werden.

Darum ist es so wichtig, die geistigen und damit unsterblichen Werte zu suchen und diese von Leben zu Leben zu vermehren, da nur sie wahren Reichtum bedeuten, während weltlicher Wohlstand, Besitztümer, körperliche Gesundheit und Schönheit oder primär körperliche Beziehungen vergängliche Werte sind, die spätestens mit dem Eintritt des physischen Todes wertlos werden.

Die Selbsthilfe liegt nur im richtigen und rechtzeitigen Denken. Diese Notwendigkeit hat unter anderen auch der Christus Jesus immer wieder betont. So fängt die Liebe zum Nächsten mit positiven und wohlwollenden Gedanken an, die sich mit zunehmender Energie auch in sozialem Verhalten und in der weiteren Steigerung in sozialen Aktivitäten ausdrücken. Es gibt keine Liebe ohne die entsprechende qualitative und objektive Offenbarung. Wegen des Gesetzes von Ursache und Wirkung umfaßt Nächstenliebe letzten Endes auch die Liebe zum Feind. Die Beachtung der Nächstenliebe hält den Menschen dazu an, sich durch bewußt positives Verhalten unter den Schutz des Karma-Gesetzes zu stellen, da es auf positive Ursachen absolut positive Reaktionen sicherstellt. Negativ Handelnde bestrafen sich immer nur selbst. Der Mensch, der Gutes auslöst, steht sowohl unter geistesgesetzlichem

Schutz als auch unter dem Schutz der höheren Lehrer selbst, die aber erst dann eingreifen dürfen und werden, wenn der Mensch seinen gesamten guten Willen und die ihm gegebenen Handlungsmöglichkeiten ausschöpft. Alles andere wäre Korruption und funktioniert, trotz Bitten und Betteln, prinzipiell nicht.

Der Weg zur Beherrschung der psychischen Energie führt über eigene Errungenschaften. Dieses »Erringen« ist einzig in der positiven Auseinandersetzung mit anderen Menschen möglich, denn die anderen sind in diesem Zusammenhang ein energetisches Resonanz- und Spiegelbild.

Erst wenn der einzelne mit seinen Mitmenschen in Beziehung tritt, erhält er auch die Möglichkeit, sich zu prüfen, seine negativen Charaktereigenschaften zu erkennen und abzulegen bzw. sie durch positive zu ersetzen. Ohne diese tägliche, ja stündliche Übung kann die Energie nicht aufgebaut und der Wille nicht gestärkt werden. So wie ein Athlet oder Pianist täglich trainieren muß, um eine überdurchschnittliche Leistung zu erbringen, so muß die Entfaltung der psychischen Energie im Umgang mit Menschen unablässig erprobt und zunehmend entwickelt werden. Dieses Training umfaßt natürlich auch die Liebe zum Feind, das Wohlwollen für alle jene Menschen, von denen wir keine Liebe erfahren und die uns durch Abweisung oder negative Charaktereigenschaften den Umgang besonders schwermachen. In einem solchen Spannungsfeld sind die Herzensenergien besonders gefordert, aber die psychische Energie wächst in solchen Situationen auch überdurchschnittlich an. Jeder Weltlehrer hatte seinen Judas in seiner Umgebung. Daher ist der Pfad zur Entfaltung der psychischen Energie gefaßten Herzens, aber bewußt und zielstrebig zu beschreiten.

Die oben erwähnten Erprobungssituationen bringt der Alltag von alleine mit sich. Der Agni Yoga weist darauf hin,

daß sich niemand aus dem Leben und dessen gesell-
schaftlichen und beruflichen Strukturen zurückziehen
sollte, denn der Geist wird in der Konfrontation mit den
Problemen gestärkt, so daß wir in die Lage versetzt werden, alte karmische Bindungen zu lösen und neue gleichzeitig zu umgehen.

Die Erweckung von Energie bedeutet erhöhte Span-
nung. Erst durch die Überwindung immer größerer Wider-
stände und Hindernisse, für die wir die entsprechende
psychische Energie entwickeln müssen, können wir weitere Impulse höheren Wissens aufnehmen.

Der nachfolgende Absatz aus dem Buch »AUM« macht
deutlich, daß die Erkenntniskraft selbst nicht an Universitäten erworben werden kann, sondern nur das entsprechende Basiswissen, denn die Fähigkeit der Erkenntnis
entwickelt sich in vielen Inkarnationen, in denen sich ein
Mensch strebend um Erkenntnisse bemüht hat und dabei
die entsprechenden Fähigkeiten bilden konnte.

*»Wahrnehmungsvermögen ist eine besondere Bewußt-
seinsfähigkeit. Sie hängt weder vom Intellekt noch von
der Umgebung noch von der Schulung ab, sondern bildet
sich im Bereich des Herzens. Der Mensch, der die Fähigkeit zur Wahrnehmung gespeichert hat, kann diese nicht
mehr verlieren, ihm bietet sich mittels psychischer Energie sogar unter den widrigsten Umständen die Befähigung
der absoluten Wahrnehmung. Schon junge Menschen mit
dieser Befähigung unterscheiden sich klar von ihrer Umgebung und kennen gleichsam ihre Bestimmung. Diese
Kenntnis enthüllt sich manchmal aus unerwarteten Worten. Manchmal zeigen selbst die Handlungen eines Kindes, wie begierig sein Geist ein bestimmtes Ziel anstrebt,
aber diese Bestrebungen werden für gewöhnlich mißver-
standen. Diese heilige Eigenart eines zum Aufstieg Beru-
fenen wird sehr belächelt; in der künftigen Epoche jedoch*

werden jene, die sich durch Wahrnehmungsvermögen auszeichnen, sehr geschätzt werden.«[29]

Betrachtet man die geistige Passivität und Trägheit vieler Menschen, wird ein grundlegender Mangel an Erkenntnisvermögen und dadurch an Erkenntnis sichtbar. Und die in diesem Vakuum meist selbst hervorgerufenen Notlagen und Krankheiten sind folgerichtige und für den Leidtragenden notwendige Konsequenzen.

Das Feuer des Geistes ist die schöpferische Energie, die den Menschen *begeistert*, ihn zunehmend *geistreich* macht, ihm die Möglichkeit des Fortschritts und der kulturellen Leistungsfähigkeit eröffnet und die Kraft verleiht, soziale und kulturelle Großtaten zu vollbringen. Denken wir nur an den hl. Franziskus, an Albert Schweitzer, Mahatma Gandhi, Mutter Theresa und viele andere Menschen, die den Durchschnittsrahmen durchbrochen haben.

Wer an seiner psychischen Energie arbeitet, meidet das Häßliche, das Herabziehende und das Schwächende, widersetzt sich und kämpft gegen das Negative. Er umgibt sich mit Schönheit und Harmonie, mit geistreichen Menschen, mit Musik und Literatur, woraus er Inspiration und geistige Hilfe empfangen kann.

Die Agni-Lehre hält für alle Wissenschaften, nämlich die Medizin, die Sozial- und Wirtschaftswissenschaften, Bio-Physik und Chemie, Theologie und Philosophie, Psychologie, ja sogar für die Technik, Astrophysik und die Erziehungswissenschaften höheres Wissen bereit, das dem Stand der geistigen Evolution entspricht und damit ein aktualisiertes Weltbild vermittelt, ja das zukünftige Geschehen bereits vorwegnimmt.

Darüber hinaus sollten wir unsere eigene feinstoffliche Konstitution verstehen lernen, da sie ja die Ausgangsbasis für die Entfaltung und den bewußten Gebrauch der psychischen Energie darstellt. So wie heute der Bereich des Bodybuilding eine Wissenschaft und abgesehen davon auch ein blühendes Geschäft geworden ist, so sollte sich der Schüler des Geistes mit seinen inneren Strukturen auseinandersetzen und sie durch Übung aktivieren. Dazu gehören das Wissen um diese Zusammenhänge und die natürliche Entwicklung der Chakren, wobei dieses Thema noch der Vertiefung bedarf. Daß hierbei das geistige Herz eine besondere Rolle spielt, kann nicht oft genug wiederholt werden.

Von großer Bedeutung bei allen Betrachtungen sind immer wieder die Weltlehrer und die geistig höher entwickelten Menschen, da sie aufgrund der von ihnen selbst erzeugten sowie durch ihre aktiven Chakren aufgenommenen kosmischen Energien wie riesige Generatoren wirken, die viele Menschen geistig speisen, stärken und energetisch führen und somit die wichtigsten Kraftwerke für die Menschheit darstellen.

Um in diesen Segen zu gelangen, bedarf es eines offenen und gereinigten Herzdenkens. Die Geschichte hat gezeigt, daß die spezifische psychische Energie der Weltlehrer – wie immer sie auch heißen mögen – selbst noch nach Jahrtausenden aktiv ist und Hunderte von Millionen Menschen sich dieser Kraft bedienen, um ihr Leben zu meistern. Diese Giganten der psychischen Energie haben nicht nur das geistige Licht in die Menschheit hineingetragen, sondern auch bei vielen Menschen erstmals das Grundpotential entzündet, das nun verstärkt entwickelt werden muß. Die Agni-Lehre erweitert das Wissen um diese Geist-Energie und führt den Menschen sicher und gefahrlos zur höheren geistigen Welt.

Nachfolgend noch einige Kernsätze aus dem Agni Yoga zum Thema psychische Energie:

• Die Menschen altern nicht wegen vorgerückten Alters, sondern weil ihr Feuer verlöscht.

- Gebt einem Menschen ein Tier oder eine Pflanze zur Pflege und ihr werdet in deren Befinden alsbald Veränderungen wahrnehmen und jenen Menschentyp erkennen können, der die Lebensenergie zerstört. Die Ursachen dieser Erscheinungen sind in den Ausstrahlungen des Menschen zu suchen. Macht eure Beobachtungen, und schreibt die Geschichte der Geisteskrankheit.
- Die psychische Energie ist das Allerfeinste, darum bedarf der Umgang mit ihr einer erhöhten Verfeinerung.
- Die Erkenntniskraft ist eine besondere Eigenschaft des Bewußtseins. Sie hängt nicht vom Verstand ab, auch nicht von der Umgebung; sie ist auch nicht das Ergebnis der Schulbildung, sondern bildet sich im Bereich des Herzens. Mittels der psychischen Energie wird man die Möglichkeit finden, auch inmitten der widrigsten Umstände alles klar zu erkennen.
- Gute und schlechte Gegenstände werden vom Menschen geschaffen. Gute Gedanken und segensreiche Berührung schaffen einen Gegenstand des Segens, böswillige Berührungen einen sehr ansteckenden Herd. Wir dürfen daher mit dem Wesen der psychischen Energie nicht leichtfertig umgehen.
- Krebs kann durch psychische Energie geheilt werden; denn der Mangel an psychischer Energie im Blut läßt diese Krankheit entstehen.

Unser Reservoir an psychischer Energie wird hauptsächlich durch unsere eigenen negativen Charaktereigenschaften wie Gereiztheit, Furcht, Angst, Haß, Zweifel, Selbstbemitleidung, Zorn oder Selbstzufriedenheit zerstört, aber auch sämtliche Rauschmittel wirken sich schwächend aus.

Die psychische Energie ist der Träger, der ein Überleben in unserer zunehmend vergifteten und chaotischen

171

Umwelt sicherstellt. Ergänzend hierzu hilft biologische und reine Nahrung, um gesund und energiegeladen das Leben zu meistern.

Die verschiedenen Bewußtseinsstufen

Aus den Ausführungen in diesem Buch geht hervor, daß der Mensch seine geistige Entwicklung bewußt und gezielt in Angriff nehmen sollte, wofür ihm viele geistige Schulen zur Verfügung stehen. Ohne eine solche gibt es keine Entwicklung. Häufiger Schulwechsel bedingt nur Verwirrung und fragmentelles, zum Teil unzusammenhängendes Lernen und Halbwissen. Wer eine Materie beherrschen will, braucht den Kontakt mit Menschen, die in diesem Wissen denken und leben, die darin also schon eingeweiht sind.

Im Bereich des geistigen Wissens meinen viele, durch das Lesen verschiedener esoterischer Schriften und vielleicht noch durch den Besuch eines bestimmten Kurses auf dem esoterischen Jahrmarkt wissend geworden zu sein. Daß viel Betrug stattfindet, kann wegen der Unwissenheit oft nicht erkannt werden, so daß ein bedauerliches Resultat vorprogrammiert ist.

In Anbetracht der beschriebenen geistigen Strukturen, die vom geistig distanzierten Leser zumindest als Arbeitshypothese akzeptiert werden sollten, ergibt sich die Frage nach den dem Menschen übergeordneten, geistigen Kraftfeldern, von denen wir ja ein Teil sind. So wie der Mensch als kleines Teilchen des Kraftfelds Erde zu verstehen ist, in welches er für eine umrissene Evolutionsphase bis zu einer bestimmten geistigen Reife eingebunden ist, ist er gleichzeitig auch ein Teil des dem Planeten Erde übergeordneten Kraftfelds der Sonne. Letzteres umfaßt die bekannten Planeten und auch noch andere für den Menschen bis jetzt unsichtbare Kraftfelder, wobei wir davon ausgehen können, daß nicht die Erde allein bewohnt wird. Solche Existenzen können auch feinstofflicher Natur sein, denn unsere Wissenschaft erläutert, daß physische Ausdrucksformen des Lebens an Voraussetzungen gebunden sind, wie sie der Planet Erde bietet. Unsere Sonne ist wiederum nur eine von unzähligen anderen Sonnen und Teil des größeren Kraftfelds Milchstraße, die wiederum auch nur einen Teil eines Kosmos, deren es ebenfalls viele gibt, darstellt.

Uns Menschen führt dieser Blick nach oben in unfaßbare Dimensionen, weshalb viele ihren Versuch, verstehen zu wollen, schon im Ansatz aufgeben. Das Unbekannte, das Neue vermittelt Unbehagen und damit etwas, was der Mensch oft ablehnt, weil es häufig an der persönlichen geistigen Orientierungsmöglichkeit zu fehlen scheint, um zu einer eigenständigen und fundierten Auffassung zu gelangen.

Aber der größte Schatz des Menschen ist die Tiefe seines Bewußtseins, das Behältnis seiner Ewigkeit; es ist der einzige Besitz, den er nicht verlieren kann und der stetig der Vergrößerung harrt. Bewußtsein umfaßt u. a. die Fähigkeit der Beobachtung und Wahrnehmung sowie die Unterscheidung von zwei oder mehreren Dingen. Das Bewußtsein ist – wie der Instinkt – immer wach und kennt keinen Schlaf. Das Kopf- oder Tagesbewußtsein ist nur ein untergeordneter Teil des umfassenden Bewußtseins, von dem hier die Rede ist.

Bewußtsein ist eine vom Geist verliehene Fähigkeit und ist nicht nur im Menschen, sondern in jedem Lebewesen, ja sogar in jedem Atom vorhanden, denn auch dieses trägt Leben in sich und zeigt das Bemühen, andere Atome in sich zu integrieren, die nächsthöhere Form anzunehmen und ein Molekül zu werden.

Um Erkenntnisse zu erlangen, muß der Mensch sein Bewußtsein entwickeln und schulen. Dabei hat er zwei Möglichkeiten: Die erste besteht darin, die eigene Wahrnehmung in ihrer Besonderheit erst einmal zu beobachten und in der Folge durch kontrollierten Einsatz zu stärken; die zweite ist, sie mit den Erfahrungen anderer Menschen zu vergleichen und auch fremde Beobachtungen zu integrieren. In diesem Zusammenspiel ergibt sich in der Folge Neuartiges, als wirklich neue Schöpfung im geistigen Sinne, die für den Schöpfer in hohem Maße zu seiner eigenen Bewußtseinserweiterung beiträgt.

Während der westlich gebildete Mensch im naturwissenschaftlichen Bereich die Resultate und Erkenntnisse, die durch Generationen von Wissenschaftlern erarbeitet wurden, zur Verbesserung seiner Lebensweise annimmt, beharrt er in geistigen Disziplinen oftmals darauf, sein eigener stümperhafter Lehrer zu sein. Obwohl die Geisteswissenschaften die Weitergabe von Wissen, Hilfe und Information anbieten, verweigert ein Großteil der geistig Bedürftigen die Annahme.

Die Ablehnung geistiger Erkenntnisse hängt mit der dogmatisch betriebenen Lehrtätigkeit der Kircheninstitutionen zusammen, die fast 2000 Jahre unter Androhung von Höllenstrafen andere als dem Dogma entsprechende naturwissenschaftliche Erkenntnisse mit all ihrer Macht verhinderten. Giordano Bruno, Galileo Galilei oder Kopernikus seien hier stellvertretend erwähnt. Selbst in diesem Jahrhundert noch erließ der Vatikan dem Religionsphilosophen und Jesuitenpater Teilhard de Chardin (1881-1955) ein Veröffentlichungsverbot, das er im kirchlichen Gehorsam auch einhielt. Allein seiner Sekretärin und Haushälterin ist zu verdanken, daß seine natur- und geisteswissenschaftlichen Werke nach seinem Tode zur Veröffentlichung kamen. Gott sei Dank gab es dennoch auch aus den Reihen der christlichen Kirche genügend

Vertreter des geistigen Lichtes, wie den Kirchenlehrer Origenes, den hl. Franz von Assisi, den Kardinal von Kues, die hl. Katharina von Siena, Theresa von Avila u.v.a.

Da der Mensch nach heutigem wissenschaftlichen Erkenntnisstand seine Existenz als Kraftfeld vor circa neun Millionen Jahren begonnen hat, trägt er aus seiner langen individuellen Vergangenheit auch Gedächtnisfragmente in sich, die wieder aktiviert werden müssen. Das Gedächtnis stellt als geistige Fähigkeit dazu die Verbindung zwischen dem Gehirn und dem eigentlichen Bewußtsein her. Das »Erfahren« eines Gedächtnisses vermag erst dem Menschen »ins Gedächtnis zu rufen«, daß er lebt und daß er ist. Ein Tier besitzt dieses Vermögen vermutlich nicht. Folglich sind auch die Impulse ernst zu nehmen, die das Gedächtnis als Teil des unsterblichen Ichs dem Gehirn als Apparat, der dem physischen Körper Aufspeicherungen von früher übermittelt, erteilt. Mit ein wenig Übung können diese dann konkret in das Tagesbewußtsein übernommen werden.

Abgesehen von der Tatsache, daß es innerhalb des Kraftfelds Mensch verschiedene Bewußtseinsstufen gibt, bestehen solche auch darüber hinaus. Der menschliche Bewußtseinszustand reflektiert sich im ersten Schritt in einem bewußten Ich, das sich selbst-bewußt und selbstverständlich als »Ich bin ich« empfindet und sieht. Dieser geistige Selbstwerdungsprozeß findet über viele, viele Inkarnationen statt. Erst im zweiten Schritt der Evolution erkennt sich das Ich in einem anderen Menschen, im Du.

Die nächste über den Einzelmenschen hinausgehende Stufe ist das Menschheitsbewußtsein, das die absolute Überwindung von Egozentrik und Egoismus voraussetzt. Dieser Entwicklungs- und Reinigungsprozeß ist langwierig, sichert aber die Erkenntnis, daß sich das menschliche Bewußtsein in allen Menschen offenbart. Ein in dieser Hinsicht entwickelter Mensch erreicht die Stufe der Identität mit dem Geistesleben der ganzen Menschheit, als kollektive Ganzheit gesehen. Jetzt ist er geistig reif für ein Du, in welchem er alle Menschen als geistige Brüder und Schwestern zum Wir vereint, die gesamte Menschheit als dem Einzelmenschen übergeordnete Einheit empfindet und sich nach dem Grundsatz »Gemeinnutz geht vor Eigennutz« verhält.

Die darauf aufbauende, nächsthöhere Bewußtseinsstufe wird allgemein als der Göttliche Bewußtseinszustand bezeichnet, der verständlicherweise weit über das Fassungsvermögen der menschlichen Bewußtseinsebene hinausgeht.

Um die einzelnen Stufen noch deutlicher zu machen, sei hier ein Zitat aus dem Agni Yoga angeführt:

»Schickt sich ein Taucher an, ins tiefste Wasser zu steigen, bekümmert ihn die obere Wasserschicht nicht, für die tieferen Schichten hingegen muß er den vollen Druck in Betracht ziehen. So muß man sich auch im Verkehr mit Völkern eine Vorstellung vom niedersten Bewußtsein machen. Jeder, der über die Feurige Welt nachdenkt, muß das Denken des halbtierischen Bewußtseins verstehen können. Man sollte das Verständnis für das niedere Bewußtsein nicht verwerfen. Im Gegenteil, man muß sich mit all seiner Findigkeit rüsten, um sogar im tierischen Brüllen eine menschliche Note zu erhaschen.«[30]

»Der weise Führer hört seinen Gesprächspartner zuerst an und äußert erst dann seine Meinung. Er hört ihn nicht nur an, um das Wesen seines Gedankens kennenzulernen, sondern auch, um herauszufinden, welcher Sprache sich der Redner bedient. Letzterer Umstand ist von keiner geringen Wichtigkeit. Es ist keine große Errungenschaft, wenn nur der Gesetzgeber seine Gesetze versteht. Es ist notwendig, daß die Daseinsgrundlagen für jeden entspre-

chend seinem eigenen Verstehen erklingen. Auf diese Weise gehört die Kunst, sich die Sprache des Partners anzueignen, zur hohen Bewußtseinsentwicklung.«[31]

Immer wieder wird im Agni Yoga die Wichtigkeit der Bewußtseinsentwicklung und des Unterscheidungsvermögens betont:

»Die Menschen ihrem Bewußtsein gemäß zu behandeln, ist eine erhabene Eigenschaft. Man sollte nicht vergessen, daß das meiste Elend aus Mangel an Entsprechung entsteht. Sogar sehr gute Dinge dürfen, sobald sie das Fassungsvermögen eines Bewußtseins übersteigen, nicht geboten werden. Es ist nicht ratsam, zu einem unvorbereiteten Menschen über Harmonie oder Schwingungsverbindungen zu sprechen. Wer kann voraussehen, was dieser Mensch sich unter den Begriffen Harmonie und Schwingungsverbindungen vorstellt? Aber er wird begreifen, wenn von umsichtigem Verhalten gegenüber seiner Umgebung gesprochen wird. Die einfachste Auffassung von Fürsorge wird zur festen Grundlage für jede Zusammenarbeit der Bruderschaft. Es ist wünschenswert, daß jede Zusammenarbeit ein Nährboden der Fürsorge sei. Das wird sich in Aufmerksamkeit, Besorgnis, Mitleid und Liebe auswirken. Wieviel Kraft kann allein durch Fürsorglichkeit bewahrt werden!«[32]

»Dem Bewußtseinsniveau seiner Zuhörer gemäß zu sprechen bedeutet, schon auf einer höheren Stufe zu sein. Verschiedene Dogmen sind vor allem deshalb schädlich, weil sie, ungeachtet des Bewußtseinszustands, eine starre Formel bringen. Wie viele Verneinungen, wieviel Ärger und Verwirrung entstehen bloß infolge unterschiedlicher Bewußtseinsgrade! Und nicht nur der Grad, sondern auch die Verfassung des Bewußtseins ist oft ein entscheidender Faktor. Über die Schädlichkeit der Reiz-

barkeit, die das Bewußtsein trübt, wurde zur Genüge gesprochen, doch neben diesem Hauptfeind muß man an die kleinen Ablenkungen des Gedankens denken. Man muß sich angewöhnen, vom Hauptgedanken eines ungetrübten Daseins getragen zu werden. So wird die wahre Evolution einsetzen, wenn die Lehrer es lernen, die Schüler in der Schule ihrem Bewußtsein gemäß zu behandeln. Es ist unmöglich, die Menschen bloß nach Alter oder Stand einzuteilen. Wir beobachten ständig, daß bestimmte Kinder sich der Sprache der Erwachsenen bedienen und daß ältere Menschen, manchmal in Regierungsstellen, nur kindliche Ausdrücke verstehen können. Das Himmelreich ist nicht für die letztgenannten Kinder! Das neue Bewußtsein entsteht nicht durch mechanische Formeln. So muß man lernen, dem Bewußtsein des Zuhörers gemäß zu sprechen. Das ist nicht leicht, doch es ist eine gute Schulung des Scharfsinns. Darüber hinaus gehört auch das zu den feurigen Beschäftigungen.«[33]

Und im Zusammenhang mit der Bewußtseinserweiterung finden wir im folgenden Zitat die Erläuterung, wie Herzensbildung und Bewußtsein miteinander verknüpft sind.

»Ihr wißt bereits, wie langsam das Bewußtsein wächst; ebenso langsam wandelt sich die Wohnstätte des Bewußtseins – das Herz. Daher sollte man erkennen, daß, wer nicht an das Herz denkt, auch keine Fortschritte in der Bewußtseinserweiterung erzielen wird. Es ist wahr: seinem Wesen nach ist das Herz von den höchsten Sphären nicht getrennt, doch dieses Potential sollte umgewandelt werden. Wie viele Strahlenbrechungen treten in einem Herzen auf, das nicht durch das höchste Denken geläutert ist! Viele wertvolle Sendungen nehmen häßliche Umrisse an; nur weil das Herz verwahrlost blieb. So viele der besten, der feinstofflichsten Schattierungen und Ge-

fühle werden dem vernachlässigten Herzen fernbleiben. Wird nicht in einem unreinen Herzen die Bosheit ihr Nest bauen? Laßt uns diese Worte nicht als abstrakte Belehrung auffassen, das Herz muß erzogen werden. Man kann das Gehirn nicht ohne Verfeinerung des Herzens entwickeln. Die alte Metaphysik und die moderne Psychologie versuchen beide, das Herz zu erreichen, aber wie kann ein Lehrfach das Herz erreichen, in dem das Wort Herz nicht erwähnt wird?«[34]

»Aufgabe einer wahren Schule ist es, das Bewußtsein in die Zukunft zu lenken. Es scheinen nur wenige zu verstehen, daß das Ausrichten des Bewußtseins in die Zukunft der Bildung eines leitenden Magneten gleichkommt. Dies geschieht, wenn das Bewußtsein ausschließlich in die Zukunft strebt. Man könnte meinen, daß viele zuweilen an die Zukunft denken, doch sie tauchen nachher wieder in die Vergangenheit unter. Man sollte nicht nur einzelne Gedanken auf die Zukunft richten, sondern das gesamte Bewußtsein sollte auf den Schlüssel der Zukunft abgestimmt werden. Solch eine Umwandlung kann man nicht erzwingen; man kann sie nur erreichen, wenn man die Zukunft immer stärker liebgewinnt. Aber nur wenige lieben die Zukunft. Das Land der Arbeitsfreude, der Vervollkommnung der Arbeitsqualität kann in die Zukunft verlegt werden. Pflicht aller Führenden ist es, das Volk in die Zukunft zu lenken.«[35]

In diesen Ausschnitten aus Büchern der Agni-Yoga-Serie lassen sich die Qualitäten der Bewußtseinsstufen und der individuelle Weg zur Erreichung des Ziels erkennen. Das Leben wird erst dann in seinem Potential genutzt, wenn es bewußt und gezielt der Evolution des Geistes dient!

Abschließend sei noch einmal hervorgehoben, daß die praktizierte gesellschaftspolitische Ethik bzw. die aktuellen Moralvorstellungen sehr eng mit dem Weltbild eines

Volks oder einer Kultur zusammenhängen. Daß diese Werte einer evolutionären Entwicklung unterliegen, läßt ein Blick in andere Zeiten und Kulturen deutlich erkennen. Gleichzeitig kann man aber eine höhere Ethik oder moralisches Verhalten nicht von außen her durch weltliche Gesetze erzwingen, wie dies in der sogenannten Demokratie versucht wird.

Eine verbesserte Lebensethik kann nur dort wachsen, wo der Mensch sich selbst der ihm übergeordneten kosmischen Kausalität unterstellt, die ja auch im Dharma eines jeden Menschen enthalten ist. Erst daraus erwächst die Grundlage für eine wirkliche Demokratie, die aus der Perspektive des Agni Yoga zu Recht als Lebendige Ethik bezeichnet wird.

Die geistige Bedeutung des Herzens

Unser Herz als eigentliches geistiges Zentrum ist zugleich unser wertvollstes Meßinstrument in bezug auf uns selbst, unsere Motive in Gedanken, Worten und Taten, aber auch im Hinblick auf unsere Umgebung. Daher zählt gerade die gegenwärtige Unwissenheit über das Herz zu unseren größten Problemen. Weil aber das geistige Herz für die höhere Entwicklung des Menschen von primärer Bedeutung ist, wurde ihm im Agni Yoga ein eigenes Buch gewidmet. Denn es gibt keinen geistigen Aufstieg, keine Humanität und keine Liebe, wenn nicht die höhere Bedeutung des Herzens wiederentdeckt wird. Sämtliche Kulturen, Religionen und Philosophien der Vergangenheit stellten das Herzdenken in den Mittelpunkt des menschlichen Fühlens und Handelns. Die Legenden und Märchen aller Völker betonen die Schlüsselrolle des Herzens in Form des guten und rechtschaffenen Herzens, und in manchen Kulturen wurde dem Besiegten als erstes das Herz aus dem Leib gerissen und in der Erwartung ver-speist, die Kraft, den Mut und die Tapferkeit des besieg-ten Feindes sich selber zuführen zu können.

Dem materialistischen Weltbild in Westeuropa und Nordamerika blieb es vorbehalten, das Herz zur mecha-nischen Pumpe abzuwerten, die man beliebig auswech-seln kann, und den Kopf bzw. das Gehirn als den Mittel-und Kernpunkt des Menschen hervorzuheben.

Daß dabei unsere höheren Bedürfnisse nach nuancier-ten Empfindungen, Glückseligkeit und Freude, einem transzendenten Lebensgefühl, Vertrauen in die Ordnung und auf eine Zukunft über den physischen Tod hinaus un-erfüllt blieben, ist evolutionär betrachtet eine Katastro-phe. Dies gilt für den Einzelmenschen, der sich dieser Weltanschauung öffnet, ebenso wie für die Kulturgemein-schaft, die diese Entartung mit einem Milliardenaufwand und einem Heer von Spezialisten als Maxime ihrer Le-bensanschauung pflegt.

Die Ursachen für diese Fehlentwicklung liegen primär in der Unwissenheit, in der künstlich erzeugten Angst vor dem körperlichen Tod und vor Krankheit, im blinden Ver-trauen auf Medikamente und eine apparative Medizin. Diese Umstände hängen eng mit weltanschaulichen sowie religiös-philosophischen Ursachen zusammen, die im Be-reich des Geistigen zu finden sind. Der Materialismus als auf der nördlichen Halbkugel vorherrschende Weltan-schauung ist nur eine Form der geistigen Auflösung.

Das Herz ist das zentrale Chakra im menschlichen Or-ganismus und zugleich das verbindende Organ zu den höheren Welten. Bei der Betrachtung des physischen Kör-pers ist zu berücksichtigen, daß dieser die Entsprechung einer feinstofflich-ätherischen Matrize, des Astralkörpers, ist. Er stellt den Träger dar, der vom geistigen Ego nach Ablegen des physischen Körpers für den zeitlich begrenz-ten Aufenthalt im Astralbereich weiter benützt wird; er wird auch als *Geist-Seele* bezeichnet. Zum besseren Verständnis sei an Platons Triade von Geist, Seele und Körper erinnert, in welcher die Seele mit dem Astralkörper als Träger des Geistigen und als Präger des physischen Körpers dargestellt wird.

Der feinstoffliche Körper ist im Verhältnis zum physischen als Vorgabe, als Ausgangsmatrize anzusehen, die das Zellgewebe des physischen Körpers formt und steuert. Alle Veränderungen und im physischen Körper später in Erscheinung tretenden Krankheiten bilden sich zuerst im Astralkörper und sind auf dieser Stufe schon nachweisbar. Gefühle, Empfindungen und Gedanken sind die primären Einflußfaktoren auf den Astralkörper, der über seine Organe und das Nerven- und Drüsensystem, über bestimmte hormonelle Mittler und ähnliches den physischen Apparat reguliert.

Natürlich müssen wir auch negative Umwelteinflüsse auf den physischen Körper in Betracht ziehen, aber deren Auswirkung ist von der geistig-seelischen Konstitution bzw. von der entgegenwirkenden, psychischen Energie abhängig, denn wir alle wissen, daß manche Menschen in Summe äußerst starke Belastungen ertragen können und andere schon bei geringfügigen Einwirkungen zusammenbrechen.

Bei den Erkrankungen ist weiterhin zu berücksichtigen, daß eine Beeinflussung des kranken geistig-seelischen Körpers in Form von allopathischen Medikamenten oder chirurgischen Eingriffen grundsätzlich nicht zur Heilung führt. Scheinwirkungen sind als Symptombehandlung allgemein bekannt. Auch das Phänomen des Phantomschmerzes nach Amputationen zeigt, daß der Astralleib noch komplett und im Besitz seines kranken Körperorgans ist.

Alle Teile unseres Körpers haben feinstoffliche Entsprechungen. Dies gilt besonders für die Hormondrüsen, die als Entsprechungsorgane der Chakras funktionieren. So hat der Mensch als Entsprechung des grobstofflichen Herzens auch ein feinstoffliches Herz, das in Verbindung mit dem physischen Herzen den eigentlichen Brennpunkt der menschlichen Energie und des höheren Denkens darstellt. Wenn die Intuition als Gefühlswissen im Menschen erwacht ist, reagiert der Mensch in erster Linie mit dem Herzen, um erst dann die Resultate dem Gehirn aufzuprägen und sie sozusagen »dinglich« zu machen.

Auch wenn es stark kopforientierten Menschen schwer begreiflich zu machen ist, bleibt das Herz der Wohnsitz des Geistes, wohingegen das Gehirn als Intellekt arbeitet und über bestimmte Datenbanken und Steuerzentralen verfügt. Das Herz ist als geistiges Zentrum der höhere Antrieb für unser Dasein. Im Grunde sind sich die meisten Menschen auch dieser Tatsache mehr oder weniger bewußt, obwohl unsere gegenwärtige Gesellschaftsordnung solche Erfahrungen eher ignoriert und nach wie vor dem reinen Kopfdenken huldigt.

Jede Einheit, sei es das Atom, der Mensch oder die Erde, besitzt ein »Herz«. So ist z. B. die Sonne unseres Planetensystems als Herz des größeren Kraftfelds Sonnensystem anzusehen, wobei die Bedeutung der Sonne für das Leben innerhalb ihres Wirkungsbereiches in vielen Zusammenhängen erkennbar ist.

Einige Auszüge aus den Agni-Büchern beschreiben die Rolle des Herzens wie folgt:

»Das Herz, die Sonne des Organismus, ist der Brennpunkt der psychischen Energie. Sprechen wir vom Herzen, müssen wir daher das Gesetz der psychischen Energie ins Auge fassen. Herrlich ist das Gefühl, das Herz als die Sonne der Sonnen des Universums zu empfinden.«[36]

»Das Herz ist der Mittelpunkt, aber am wenigsten egozentrisch. Nicht der Egoismus lebt im Herzen, sondern die

umfassende Liebe zur ganzen Menschheit. Allein der Verstand umgarnt das Herz mit einem Spinngewebe von Selbstsucht. Gutherzigkeit bekundet sich nicht so sehr durch sogenannte gute Werke, deren Beweggründe sehr unterschiedlich sein können, sondern durch innerste Herzensgüte. Diese entzündet das Licht, das in der Finsternis leuchtet. So erweist sich das Herz tatsächlich als ein internationales Organ. Wenn wir Licht als das Symbol der Aura ansehen, dann gilt das Herz als sein Ursprung. Wie wichtig ist es, das Herz nicht als sein eigen, sondern als weltumspannendes Organ zu empfinden. Nur durch diese Empfindung kann man sich vom Egoismus befreien und dabei die Individualität der Aufspeicherungen bewahren.«[37]

»Sogar in den ältesten Zeiten erkannten die Menschen die Bedeutung des Herzens. Sie betrachteten das Herz als die Wohnstätte Gottes. Sie sprachen einen Schwur, indem sie die Hand auf das Herz legten. Die wildesten Stämme tranken sogar das Herzblut des Feindes und verspeisten sein Herz, um sich zu stärken. So drückte man die Bedeutung des Herzens aus. Doch jetzt, im Zeitalter der Aufklärung, wird das Herz zu einem physiologischen Organ erniedrigt. Die Alten tranken aus den Schädeln ihrer Feinde; die Kelche für heilige Rituale wurden aus dem Scheitelknochen angefertigt. Wer vom Brahma-Randhra-Zentrum wußte, dem war bekannt, daß der magnetische Druck die Knochensubstanz verwandelte. Aber jetzt lachen die Menschen bloß über diese machtvollen, heilsamen Substanzen. Die sinnloseste Erfindung zieht viele Abnehmer an; aber die mächtigsten chemischen Laboratorien gerieten in Vergessenheit. Indes bietet eine natürliche Koordinierung der drei Naturreiche die stärksten Zusammensetzungen. Man sollte die Menschen vor allem an die Bedeutung des Herzens als den Einiger der Welten erinnern.«[38]

Zur Stärkung der Herzenergie wird im Agni Yoga folgendes gesagt:

»Wenn das Herz ein Akkumulator und Transformator von Energien ist, dann muß es zur Erweckung und Anziehung dieser Energien auch bessere Voraussetzungen geben. Die grundsätzlichste Voraussetzung ist Arbeit, sowohl in Gedanken als auch physisch. Durch diesen Akt werden die Energien aus dem Raum gesammelt. Doch die Arbeit muß als natürlicher Lebensinhalt betrachtet werden. So ist jede Arbeit ein Segen, der Trugschluß der Untätigkeit hingegen im kosmischen Sinn am schädlichsten. Die Unbegrenztheit der Arbeit zu lieben, bedeutet schon eine beachtliche Einweihung; sie bereitet jeden für den Sieg über die Zeit vor. Der Sieg über die Zeit gewährleistet eine Stufe in der Feinstofflichen Welt, wo Arbeit, genauso wie im irdischen Körper, eine absolute Voraussetzung ist. Klagen über die Arbeit können nur von Sklaven des Körpers kommen.«[39]

Die westliche Menschheit hat ein Stadium erreicht, in welchem das Gehirn zum Nachteil der Geistigkeit überproportional entwickelt ist. Die daraus entstehenden Konflikte zwischen Herz und Verstand tragen nicht unwesentlich zum Leid der Menschheit bei.

Die Ursachen für diese Situation liegen in der natürlichen Begrenzung des Verstandes, dem es aufgrund seiner rein materiellen Funktionsweise unmöglich ist, »erfahrenes Wissen« zu vermehren. Denn allein aus sich heraus kann er weder Prinzipien geistiger Art interpolieren noch diese logisch potenzieren. Zwar ist der intellektuelle Verstand ausnahmslos in der Lage, stoffliche Denkmuster zu produzieren in Form des Lernens, auch zu selektieren, zu merken, zu kombinieren oder zu experimentieren, was sich in den heute vielfältigen experimentellen Wissenschaftsergebnissen hochbegabter Forscher äußert, aber Entscheidungsfindung und Urteilskraft, die aus den intuitiven Kräften des Herzens entstehen, sind immer seltener.

Es liegt auf der Hand, woran die Naturwissenschaften, und nicht nur diese, kranken und warum immer neue sensationelle Erkenntnisse publiziert werden, die bei genauerer Betrachtung gar keine sind; weil der Mensch seine selbst angelegte, künstliche Datenbank nicht mehr überblickt und damit den geistigen Faden zum Übergeordneten verloren hat. Die Verstandesleistung allein bringt uns in der Evolution keinen Schritt weiter. Unsere Devise müßte heißen: Herzdenken und Wissen ist Weisheit. Weisheit ist die Synthese und damit das Ergebnis von Herz- und Verstandeskräften, wobei das Herz die kosmisch-universelle Dimension repräsentiert.

Das Herz bildet auch die Grundlage jeder Kultur, während der intellektuelle Verstand lediglich eine Zivilisation entwickeln kann. Auch das Universum kann letztendlich niemals mit dem Intellekt ergründet werden, da die universelle Dimension der räumlichen Unbegrenztheit und der zeitlichen Unendlichkeit mit rein intellektuellen Möglichkeiten nicht faßbar ist. Unser Verstand ist auf eine dreidimensionale Wirklichkeit programmiert, multidimensionale Realitäten sind für ihn nicht nachzuvollziehen. Das Herz trägt die Synthese aller Fähigkeiten, weil hier das bestehende, über viele Inkarnationen angesammelte Wissen die richtige Beziehung zum intellektuellen Erfassen herstellen kann und in seiner schönsten Form zur Vernunft führt. Der intellektuelle Verstand sollte durch das Herz erleuchtet werden, um auf diese Weise zu voller, dem Menschen dienender Entfaltung zu gelangen.

Die hier formulierte Kritik an der reinen Verstandesleistung richtet sich naturgemäß ausschließlich gegen eine einseitige Entwicklung, gegen die Verselbständigung der

Kopftätigkeit sowie gegen die Unwissenheit und Ignoranz der Betroffenen selbst.

Ein Beispiel soll eine historische Begebenheit erläutern, wie diese Trennung von Intellekt und höherer Erkenntnisfähigkeit die Menschheit für ganze Zeitalter blockieren kann. Schon Platon hat das heliozentrische Weltbild gelehrt; dies bedeutet, daß sich die Erde um die Sonne dreht. Sein Schüler Aristoteles korrigierte diese Lehre Platons und forderte die verunsicherten Schüler auf, sich mit Hilfe ihres Verstandes und ihrer Augen selbst zu überzeugen, daß sich doch eindeutig die Sonne um die Erde drehe. Daher sei die Erde als Mittelpunkt der Schöpfung und die Menschheit als höchste Lebensstufe nach Gott selbst kommend anzusehen. Hätten Aristoteles und seine Schüler wirklich nach den Regeln der Vernunft gehandelt, wäre eine auf *Erkenntnissen* begründete Weltanschauung entstanden, denn Vernunft bedeutet das Erkennen der Zusammenhänge und der Ordnung und nicht die Loslösung davon.

In diesem Fall konnte die auf einem geozentrischen Weltbild des Aristoteles aufbauende Theologie der katholischen Kirche erst nach 2000 Jahren Unterdrückung der Wissenden wenigstens zum Teil korrigiert werden. Es ist jedoch festzustellen, daß das geozentrische Weltbild des Aristoteles heute noch immer viele Menschen weltanschaulich gefangen hält, so daß für diese eine kosmische oder gar universelle Perspektive völlig unvorstellbar ist.

Selbstverständlich ist die Entwicklung der Verstandeskräfte erforderlich. Nur muß man unterscheiden, daß die Erfolge des Verstandesdenkens in eine Richtung gehen, die der Entwicklung der Zivilisation und der Verbesserung der äußeren Lebensumstände dienlich sind. Diese Art der Denkleistung einzig aus dem Intellekt heraus erschöpft sich in materiell-physischer Interessenwahrnehmung. Die wohlbekannte und mehrfach zitierte Folge ist das katastrophale Ungleichgewicht der einzelnen Kraftfelder. Das gestörte Gleichgewicht muß also zum Wohle der Menschheit wiederhergestellt werden, da sich nur dann kausal die gedeihliche Harmonie ergibt, sämtliche Fähigkeiten in Einklang zu bringen. Andernfalls spitzt sich der Konflikt im Menschen selbst derart zu, daß seine feinstofflichen und körperlichen Mittlersysteme durch Überspannung zusammenbrechen. Die offizielle Tatsache, daß rund 50 Prozent der westlichen Menschheit vorzeitig an Herz- und Kreislaufversagen, meist ohne zuvor feststellbare Krankheitssymptome, sterben, sollte jedem Leser Anlaß zum Nachdenken und Handeln sein. Wir sollten diese Zahlen nicht als natürliche oder gottgegebene Realität akzeptieren, auch wenn die offizielle Medizin mit ihrer primär körperlich ausgerichteten Arbeitsweise hier bis auf weiteres keine Lösungen anbieten kann. Interessanterweise akzeptieren fast alle ängstlich, aber stillschweigend die Tatsache, daß jeder Zweite an Herz- und Kreislaufkrankheiten, jeder Dritte an Krebs stirbt.

»*Das Herz denkt, das Herz bestätigt, das Herz vereint. Man kann immer an die Bedeutung des Herzens erinnern, das vom Gehirn so lange überschattet war. Das Herz wird als erstes schaudern, das Herz wird als erstes erbeben, das Herz wird als erstes vieles erkennen, ehe der Verstand zu überlegen wagt. Können wir, ohne den gewundenen Weg des Gehirns zu unterminieren, die unmittelbare Errungenschaft des Herzens stillschweigend mißachten, den pfeilähnlichen Strahl, dem das Wunder HERZ gleichkommt? So möge man sich im Herzen vereint gegen alle Angriffe des Bösen schützen.«*[40]

»Am Abend vertraute er den Gedanken seinem Herzen an, und am Morgen verkündete er seinen Entschluß‹, so heißt es in den persischen Annalen vom Weisen des Berges. Für viele Menschen ist dies bloß ein Ausspruch.

Doch dieser Ausspruch umfaßt eine ganze Lehre: ›Er ver-
traute den Gedanken seinem Herzen an.‹ Nirgendwo
sonst als auf dem Altar des Herzens kann der Gedanke
umgewandelt werden! Viele Leser des Buches HERZ wer-
den sich fragen, ob sie etwas Neues und Anwendbares er-
fahren haben. Solche Menschen benötigen ein Apothe-
kerrezept, um ihr Herz mit Patentpillen zu erheben. Für
sie ist das Gebot, den Gedanken seinem Herzen anzuver-
trauen, Unsinn, und für sie ist es schwierig, den Gedan-
ken in ihrem verwirrten Bewußtsein zu zergliedern. Sie
können in ihren Gehirnwindungen das Herz nicht ent-
decken. Doch wer den Altar des Herzens bereits fühlte,
wird auch die Zucht des Geistes erkennen. Wir senden je-
nen Freunden die Rufe des Herzens, die einander auf den
Kreuzwegen des Ostens begegnen. Wir senden jenen die
Rufe der Eintracht, deren Herz bereits die Musik der
Sphären vernahm. Für den, dem die Sphäre Leere be-
deutet, ist das Herz nur ein Blutbeutel.«[41]

»Möge euer Herz manchmal mit der Höheren Welt
Zwiesprache halten. Dieses Gespräch kann in vielen Spra-
chen geführt werden. Vielleicht wird das Herz in seiner Er-
innerung die Stunden aus vielen Leben sammeln. Viel-
leicht wird es ein stilles Gespräch sein, ohne Belehrungen
und Ratschläge, bloß erhebend und beim Aufstieg stär-
kend; vielleicht entsteht das Schweigen der Dankbarkeit
oder das Schweigen der Macht der Bereitschaft. Die Flam-
me des Herzens wird im Streben zur Vereinigung mit der
Höheren Welt entfacht. Allein das Herz wird den Weg zur
Hierarchie finden.«[42]

»Höchstes Gesetz ist, das Herz aus der Kategorie einer
ethischen Abstraktion in die einer wissenschaftlichen Be-
wegungskraft hinüberzuführen. Die Evolutionsstufe, das
Herz zu begreifen, sollte in den Tagen des Harmagedon
erreicht werden – als einzige Rettung der Menschheit.
Warum wollen die Menschen ihr eigenes Herz nicht

fühlen? Sie sind bereit, in allem Nebelhaften zu suchen, lehnen aber das Nächste ab. Mögen sie das Herz ruhig als Maschine bezeichnen – wenn sie nur alle Eigenschaften dieses Apparates beobachten würden. Wir bestehen nicht auf die moralische Bedeutung des Herzens, diese ist offensichtlich. Doch jetzt wird das Herz als rettende Brücke zur Feinstofflichen Welt gebraucht. Man muß bestätigen, daß der lebenswichtigste Schritt der Welt im Erkennen der Eigenschaften des Herzens liegt. Niemals zuvor wurde das Herz als Rettung angesehen. Wer taub bleibt, möge alle Folgen auf sich nehmen! Man begreife, daß das menschliche Herz jetzt ungewöhnliche Beobachtungsmöglichkeiten bietet. Der katastrophale Zustand der niedrigsten Sphären des Planeten wirkt sich auf die Herztätigkeit aus. Nicht die früheren Epidemien sollte man fürchten, sondern die ganze Reihe von Leiden, die mit der falschen Prophylaxe des Herzens verknüpft sind. Das schlimmste ist, dies als vage Prophezeiungen aufzufassen. Nein! Man muß diese Schlüsse als solche annehmen, die aus dem präzisesten Laboratorium kommen. Umwege sollten gemieden werden. Man muß die Grundlage des Herzens annehmen und die Bedeutung des Brennpunktes begreifen. Ein Umherirren ist nicht angebracht; und Zweifel tauchen nur dort auf, wo der Mensch den Herzschlag nicht begriffen hat.

Möge jeder bedeutungsvolle Tag an das Herz, als etwas Unaufschiebbares, gemahnen.«[43]

»Gegen viele Verbrechen wurden Gesetze erlassen, doch es muß auch ein Gesetzbuch für das Herz geben. Mit jedem Blick und jeder Berührung muß man Gutes säen. Und im Üben des Guten wird das Herz wachsen.

Ihr seht natürlich, daß die Herztätigkeit nicht so sehr von der Hitze herrührt, wie von den Strömen. Und das verfeinerte Herz kann der geringsten Prüfung zugänglich sein. Es gibt viele Formen von Verrat. Das Herz spürt diese Abscheulichkeit besonders.«[44]

»Doch vor allem sollte an die Hygiene des Herzens erinnert werden. Man sollte die Herzenshygiene als notwendige Tätigkeit betrachten. Man sollte alle Gespräche über astrakte Ethik vermeiden. Alles, was in allen Dimensionen gesund ist, ist gut. Wir bestehen darauf, daß jeder, der den Pfad der Lehre betreten hat, vor allem im Geist gesunden soll. Kann man im Bösen zum Lichte wandeln? Licht wird jedes kleine Teilchen Böses enthüllen!«[45]

Über die Reinhaltung des Herzens aus geistiger Sicht wird folgendes gesagt:

»Herzhygiene setzt gute Taten voraus, doch im weitesten Sinn. So zählen zu den guten Taten weder die Anstiftung zu Verrat und Bosheit noch die Unterstützung von falschen Propheten und Betrügern, Feiglingen und sämtlichen Dienern der Finsternis. Gute Taten umfassen keine abscheuliche Nachlässigkeit und ausgeheckte Verfehlung. Gute Taten sind auf das Wohl der Menschheit ausgerichtet. So erwirbt das Herz Feierlichkeit als Harmonie der Sphären. Gute Taten offenbaren sich wirksam als wohltätige Heldentaten – nicht als fanatische, sondern als zweckdienliche. Oft werden gute Taten als die Grimasse von Unverantwortlichkeit verstanden; es ist bequemer, nicht zu überlegen und leicht auszuweichen.«[46]

Auch die »Sprache des Herzens« ist ein in den Hintergrund getretener Begriff, der aber die wichtigste Brücke zu unserer Umgebung darstellt.

»Wieviel ist über die Sprache des Herzens gesagt worden, jedoch für die meisten bleibt sie eine nicht angewandte Abstraktion! Wir wollen nicht auf den höchsten Formen dieser Art von Verkehr bestehen; versuchen wir, die elementaren Grundlagen in uns aufzunehmen, die unver-

züglich und ohne besondere Vorbereitungen geoffenbart werden müssen. Jede Sprache dient vor allem der sachlichen gegenseitigen Verständigung, weshalb ihr euch bemühen sollt, euren Gesprächspartner nicht nur zu verstehen, sondern ihm auch eure Sprache leicht verständlich zu machen. Versteht es daher, euch in der Sprache eures Gesprächspartners auszudrücken. Sprecht mit seinen Worten, in seiner Ausdrucksweise, nur so wird er sich besinnen und eure Gedanken in sein Bewußtsein aufnehmen. So werden wir es lernen, die Worte eines Gesprächspartners zu erfassen und seine Denkweise unmerklich zu überbrücken. Die höchste Form des Verkehrs wird darin bestehen, den Gedanken lautlos wahrzunehmen.«[47]

»Man kann mit dem Gehirn oder mit dem Herzen denken. Vielleicht gab es eine Zeit, in der die Menschen die Arbeit des Herzens vergaßen, aber jetzt ist das Zeitalter des Herzens, und wir müssen unsere Bestrebungen in diese Richtung konzentrieren. Auf diese Weise sind wir bereit, das Herz als bewegende Kraft anzuerkennen, ohne das Gehirn der Arbeit zu entheben. Die Menschen haben für das Herz eine Menge Begrenzungen ersonnen. Die Werke des Herzens werden eng und nicht immer rein verstanden. Wir müssen die ganze Welt in die Sphäre des Herzens einführen, denn das Herz ist der Mikrokosmos des Seins. Wer von dem großen Begriff HERZ nicht begeistert ist, schmälert seine eigene Bedeutung. WIR gebieten, nicht gereizt zu sein, aber nur Herzensgröße wird vor dem Gift der Reizbarkeit bewahren. WIR sprechen vom Erfassen, aber wo ist das Meer des Erfassens außerhalb des Herzens? WIR erinnern an die fernen Welten, aber es ist das Herz, nicht das Gehirn, das an Unbegrenztheit erinnern kann. So laßt uns das, was uns als das Gefäß der Seligkeit verliehen wurde, nicht schmälern.«[48]

Diese Ausführungen über das Herz und seine Bedeutung lassen erkennen, wie wichtig eine eingehende Beschäftigung mit dem Herzen ist. Wir müssen unser Herz pflegen, es erfreuen, zur Harmonie, zur Verschönerung der Umgebung beitragen und durch Herzlichkeit unser geistiges Potential auffrischen. Wer die Tonarten des Herzens und die Liebesfähigkeit entwickelt, besitzt auch den unwiderstehlichen Magnetismus auf seine Umgebung, den sich viele Menschen so sehr wünschen. Auswendig gelernte und mechanisch abgelieferte Floskeln mögen zwar den Selbstbetrug vieler Menschen fördern, machen aber in keinem Fall »liebenswert«.

Medium oder Mediator

Innerhalb der esoterischen Kreise nehmen die Themen Medialität und Spiritismus, im besonderen die Fähigkeit, zur Astralwelt und zu Verstorbenen Verbindung aufzunehmen, einen breiten und auch heute wieder hochaktuellen Raum ein. Viele Gruppen stilisieren diese Idee. Diesbezügliche Bücher mit Anleitungen, wie man Medialität wecken und mit welchen Methoden und Techniken eine Verbindung zur Astralwelt hergestellt werden kann, überschwemmen den Markt. Oft empfiehlt man diese Techniken sogar und beschreibt Medialität als wünschenswert und gar als Merkmal eines geistig fortgeschrittenen Menschen.

Dem steht entgegen, daß die großen Weltlehrer sämtlicher Kulturen diese Praktiken ablehnen, in aller Deutlichkeit vor entsprechenden Versuchen warnen und betonen, daß mediale Menschen als geistig und psychisch krank angesehen werden müssen. Warum gibt es eine solche Diskrepanz, warum sehen viele Menschen, die anfangen, sich mit dem Geistigen zu beschäftigen, in der Medialität und in einem Kontakt zur Astralwelt einen Fortschritt? Eine Erklärung liegt unter anderem sicherlich darin, sich mit der jenseitigen Welt, die vehement und blind von den meisten Wissenschaftlern und Fach-Institutionen geleugnet wird, in Verbindung setzen zu wollen. Dabei spielen Neugierde, Selbstbestätigung, Nervenkitzel, aber teilweise auch lobenswertere Motive eine Rolle, zum Beispiel, den verstorbenen Menschen im niederen Astralbereich, die in das noch immer geliebte physische Leben zurückdrängen, durch Aufklärung und Mitteilungen zu helfen. Aus diesen und ähnlichen Motiven heraus stellen dann gutgläubige Menschen ihren physischen Körper bzw. ihr Ektoplasma als den tragenden Energiekörper niederer Geistwesen aus der Astralwelt zur Verfügung, ziehen freiwillig ihr eigenes geistiges Ego zurück und lassen Verstorbene durch ihren Körper in Erscheinung treten. Um diesen Zustand zu erreichen, müssen – in Abhängigkeit der schon bestehenden psychischen Labilität – bestimmte Techniken angewendet werden, die heute zum Teil unter dem englischen Begriff »Channeling« (= einen Kanal bilden) bekannt sind und früher als Trance-Seancen bezeichnet wurden.

Darüber hinaus gibt es Menschen, die völlig unfreiwillig und unbewußt medial sind und daher phasenweise sogar als von einem anderen Geist »besessen« angesehen werden müssen. Streckenweise kommt es bei ihnen in solchen Phasen zu harmlosen bis zu schwerstkriminellen Handlungen und Taten, im Sinne mangelnder Zurechenbarkeit. Ein solcher Zustand wird bei Gericht strafmildernd im Sinne der verminderten Zurechnungsfähigkeit beurteilt. Solche Menschen tragen Schäden in ihrer Aura und in ihrem geistigen Herzen. Sie stehen im wahrsten Sinne des Wortes neben sich selbst und sind daher unberechenbar. Es liegt nahe, daß jene, die Empfänglichkeit im Sinne von Medialität bei sich wecken, früher oder später Aspiranten der zweiten Gruppe werden, da die geistige Schutzlosigkeit und damit die Unkontrollierbarkeit wächst. Da der besitzergreifende Geist die Energie des Geistkörpers bzw. des »Vermieters« in erheblichem Maße in Anspruch nimmt, sind die geistig-psychisch Labilen nach einer Trancesitzung bzw. nach Einfall des niederen Geistwesens entsprechend geschwächt, wodurch sich Besuche unerwünschter Wesenheiten beim Medium immer leichter wiederholen.

Da mediale Menschen zunehmend zwischen einem nur auf astraler Ebene stattfindenden Erlebnis einerseits und einem physisch-materiellen andererseits nicht mehr real unterscheiden können, entsteht hieraus eine chaotische Lebenssituation. Gleichzeitig leben mediale Menschen zunehmend gefährlich, da sie mit Ereignissen und Bildern astraler Art konfrontiert werden, die sie für gegenständlich halten, wodurch z. B. Unfälle aller Art bedingt sein können. Die Verhaltensweisen solcher labilen Geschädigter sind nicht mehr vorhersehbar, da die in bestimmten Situationen auftretenden Auslösefaktoren astraler Art für die Umwelt nicht nachvollziehbar sind.

Das wesentliche Merkmal eines Mediums in Aktion ist seine absolute Passivität, da sein Ego während der Phase der Besitzergreifung ganz oder teilweise, wie beim automatischen Schreiben, ausziehen muß. Das eigene Ego weiß von der Besitzergreifung und den begleitenden Geschehnissen nichts, wie auch beim automatischen Schreiben derjenige, der dem Geist aus dem Astralbereich seinen Arm zur Verfügung stellt, nicht weiß, was geschrieben wird. Auch viele Künstler stellen sich in dieser Form zur Verfügung, so daß nicht sie *selbst* die wahren Urheber ihrer Werke sind, sondern astrale Wesenheiten.

Die Mehrheit der Menschheit ist jedoch gegen mediale Einflüsse relativ resistent, da die bestehende Herzensenergie und eine gesunde Aura dafür Sorge tragen, daß das Ego autonom, eigenständig und selbstverantwortlich bleibt, was aus geistiger Perspektive der Sinn des Lebens ist. Viele Lehrer wiesen wiederholt auf die Nachteile und Gefahren der Medialität hin, ohne die Tatsache des Spiritismus selbst in Abrede zu stellen. Die Heilung von Medialität kann ausschließlich durch die Entwicklung und Stärkung der psychischen Energie vollzogen werden, da diese die Aura wieder kräftigt und schließt, wodurch die geistige Unversehrtheit des Menschen und damit ein hundertprozentig eigenes Bewußtsein als individuelles Kraftfeld wieder sichergestellt werden. Der wissende Mensch hilft den Wesenheiten aus dem niederen Astralbereich mit guten und lichtvollen Gedanken und Energien, anstatt sie herabzuziehen. Dadurch können die Astralbewohner energetisch wachsen, die niedere astrale Ebene verlassen und höhere Ebenen aufsuchen. Mit zunehmender Entfernung zum niederen Astralbereich reduziert sich auch die Verbindungsmöglichkeit und hört nach einer bestimmten Phase gänzlich auf. Geistesgesetzlich sollte sich der Mensch nicht der niederen Astralwelt zuwenden, sondern in aller Konzentration zur Feurigen Welt streben, wobei in diesem Bemühen genügend Energie und Hilfe für den Astralbereich, auch ohne direkte Lenkung dorthin, frei werden. Die niederen Schichten der Astralwelt werden von helfenden Geistern aus den höheren Astralbereichen und sogar aus der Feurigen Welt besucht, die sich in Verbindung mit ihrer geistigen Aufgabe in diese »Hölle« begeben, um den Belehrbaren zu helfen. Die geistigen Gesetze tragen für diesen Ausgleich Sorge, und wir inkarnierten Menschen sollten uns völlig darauf konzentrieren, unserer Aufgabe und Pflicht auf Erden nachzukommen und dafür zu sorgen, daß unser Planet sowie unsere Mitmenschen, die uns anvertraut sind, in einer wohlgeordneten Harmonie und Kulturgemeinschaft aller Lebewesen bestehen können. Darüber hinaus hält eine freiwillige oder gar erzwungene Beziehung zur Astralwelt den Menschen im Bestreben zur Feurigen Welt nur auf und wirft ihn in seiner Gesamtentwicklung zurück.

Von besonderer Bedeutung ist die Tatsache, daß ein Medium nur aus dem Bereich Botschaften empfangen kann, an welchen es aufgrund seines Bewußtseins gebunden ist. Deshalb sind auch die meisten Kundgebungen banal und ohne geistigen Inhalt, wenngleich viele schwülstige und bombastische Worte verwendet werden. Die Menschen sind erstaunt, daß manche Medien historische Details wie auch karmisch festgelegte Begebenheiten der Zukunft beschreiben können. Dies erklärt sich dadurch, daß die karmische Programmierung, die im feinstofflichen Körper des Menschen existiert, für die Astralbewohner schon wesentlich früher als für den Irdisch-Einverleibten sichtbar wird. Diese Informationen werden dann von Unwissenden als unglaublich und als wahre Wunderwerke bestaunt. Die Schöpfer haben es auf sehr weise Art so eingerichtet, daß der Mensch mit seinem Tagesbewußtsein nur das weiß, was er in der jeweiligen Lebenssituation auch wissen soll, um richtige und zukunftstragende Aktionen kraft seines Bewußtseins durchführen zu können. Viele Menschen sind den astralen Informanten durch Pendeln oder andere Methoden fast hörig geworden und treffen keine Entscheidung, ohne vorher ihr Orakel zu befragen. Gleichzeitig ist aber all diesen Abhängigen bekannt, daß die astralen Quellen weit davon entfernt sind, absolut oder immer richtig zu sein. In der Folge wird jegliche Entfaltung der Intuition, der Entscheidungskraft und der geistigen Freiheit negativ beeinflußt, so daß anstelle von Selbstentwicklung Selbstreduktion einsetzt.

Die Agni-Yoga-Lehre nimmt zum Mediumismus ausführlich Stellung und arbeitet den wesentlichen Unterschied zwischen dem hier beschriebenen Phänomen der

Medialität und solchen Verbindungen heraus, die aus *geistiger* Entwicklung hervorgehen, im Rahmen derer *Mediatoren* nicht die Sensationsgier befriedigen, sondern durch ihre höhere Befähigung der Menschheit dienende Wissenselemente aufnehmen und vermitteln.

»So leicht es ist, der Besessenheit anheimzufallen, so schwierig ist es, mit der Feinstofflichen Welt zusammenzuarbeiten. Zum ersten denken die Menschen in der Regel kaum an wahre Zusammenarbeit; zweitens weigern sie sich, das Vorhandensein der Feinstofflichen Welt überhaupt zuzugeben. Bei Besessenheit findet eine völlig unzulässige Verletzung statt, und jegliche vernünftige Zusammenarbeit wird vom Bewußtsein ausgeschaltet. Viele Bewohner der Feinstofflichen Welt würden gern ihr Wissen anbieten, aber wegen verschiedener Vorurteile und aus Furcht wird diese Gelegenheit nicht wahrgenommen. Wüßtet ihr doch, welcher Aufruhr jetzt, da die neue Teilung der Menschheit den Raum erschüttert, in der Feinstofflichen Welt herrscht. Man sollte nicht meinen, die gegenwärtige Zeit sei eine gewöhnliche; sie ist ohne Beispiel und kann eine Neue Ära einleiten. Schafft dennoch Helden – so lautet das Gebot!«[49]

»Genaugenommen wenden Psychismus und Mediumismus den Menschen von den höheren Sphären ab; denn auf diese Weise wird der feinstoffliche Körper mit niederen Emanationen gesättigt, so daß sich das ganze Wesen verändert. Der schwierigste Prozeß ist wirklich die Bewußtseinsreinigung. Der Mensch unterscheidet nicht genau zwischen dem feurigen Zustand der Geistigkeit und jenem des Psychismus. Daher müssen wir die Schrecken des Psychismus bewältigen. Die Reihen jener Handlanger werden von den Dienern der Finsternis ausgefüllt. Deshalb muß auf dem Pfad zur Feurigen Welt der Psychismus bekämpft werden.«[50]

»Jede kosmische Errungenschaft birgt durch Unvorsichtigkeit mögliche Gefahren. Sobald die Menschen neue Energien beherrschen, wächst für die Schwachen im Geiste die Gefahr der Besessenheit.

Zur Frage der Besessenheit sollte man sich wissenschaftlich verhalten. Bei ihrem Vorhandensein sind zwei Momente festzuhalten. Erstens: Fortdauer des Lebens in verschiedenen Zuständen. Zweitens: der Einfluß des Willens eines Wesens auf ein anderes. So können in feinstofflichen Körpern vorhandene Wesenheiten unterschiedlichen Grades ihre Gedanken den auf der Erde Inkarnierten aufdrängen. Die unbewußte Energie kann zur Vereinigung der Welten beitragen. Doch indem sich das Höchste vereint, öffnet sich auch der Pfad zum Niedersten. Außerdem wißt ihr bereits, wie sehr die niederen Geister versuchen, sich an irdische Ausstrahlungen zu klammern. Deshalb sollte man die Menschen zur Standhaftigkeit ermahnen, denn Besessenheit ist einer der unzulässigsten Zustände. Nur das Eingreifen eines dritten Willens, der stark und rein ist, kann dieser Zügellosigkeit, welche die Menschen ohne Rücksicht auf Alter und Stellung befällt, Einhalt gebieten!

Es ist die Pflicht des Arztes, den Kranken hinsichtlich der Symptome dieses fremden Willens zu beobachten. Wenn der Arzt selbst rein genug ist und nicht befürchtet, den ungebetenen Gast anzuziehen, kann er seinen Willenseinfluß geltend machen. Doch ist selbst die Befreiung von besitzergreifenden Wesen keine dauernde Heilung; denn über einen Zeitraum von circa tausend Tagen ist die Gefahr eines Rückfalls nicht ausgeschlossen. Deshalb muß der Leidende seine Gedanken scharf beobachten. Man sollte die Ärzte darauf aufmerksam machen. Unzählbar sind jene, die versuchen, die Menschen mit den niedrigsten Gedanken zu beeinflussen. Doch um einen Menschen zu retten, genügt es, Macht zu besitzen und den

Rhythmus des Befehls zu finden. Es ist Pflicht des Yogi, schädliche Einflüsse abzuwehren.«[51]

»Die geöffneten Zentren bilden einen evolutionären kosmischen Kanal, aber die Medien gleichen ruderlosen Booten. Die ganze Menschheit muß durch diese evolutionären Kanäle zur Vervollkommnung gelangen. Doch mit geschlossenen Zentren bleibt sie weit zurück. Geöffnete Zentren sind der Hinweis auf eine rechte Richtung, doch Medialität stellt nur eine Gefahr dar. Ein Medium ist nichts anderes als eine Herberge für entkörperte Lügner.«[52]

Das wesentliche Merkmal des Mediums ist, daß es keine geöffneten, im Sinne von natürlich entwickelten Zentren des höheren Bewußtseins besitzt, sondern der Zustand der Besessenheit über ein verletztes Sperrnetz der schutzlosen Aura ausgelöst wird. Das Bewußtsein des Mediums selbst ist geistig passiv.

Ganz anders verhält sich der Mediator, dessen geistig hochentwickeltes Ego ihm bei vollem Bewußtsein Verbindung zu den höheren Welten ermöglicht. Er bleibt geistig aktiv.

»Ein Medium hat keine geöffneten Zentren, und Psycho-Vision zur Verbindung mit den höheren Welten ist ihm ebenfalls unerreichbar. Der Mensch versteht die Macht des Mediums falsch, und es schmerzt Uns, wenn Wir sehen, wie verlockend für die Menschen physische Erscheinungen sind. Eine Materialisation zieht sie an wie ein Magnet. Wir geben dem Kanal des Geistes den Vorzug, und für heilige Missionen benutzen Wir nur den Kanal des Geistes.«[53]

Aus den Zitaten geht hervor, daß die Lehre des Geistes die Beeinflussung des Menschen durch mediale Praktiken, durch Magie oder Wunder aus den erwähnten Gründen ablehnt. Alles ist zu fördern, was den Menschen so schnell wie möglich geistig verselbständigt, und alles abzulehnen, was diesen Aspekt behindert, auch dann, wenn aus menschlicher Perspektive scheinbar außergewöhnliche Resultate zu erzielen sind.

Eine gestörte, offene Aura und geöffnete, geistige Zentren schließen sich gegenseitig aus. Eine Verbindung mit der Feurigen Welt ist aber ausschließlich über gesunde, geöffnete Chakren möglich.

Daher ist bei der Verwendung des Begriffs *Mediator* darauf zu achten, daß dieser seine geistigen Zentren aufgrund seiner hohen Entwicklungs- und Bewußtseinsstufe zur Gänze geöffnet hat und er deshalb bei vollem Selbstbewußtsein und aktiv auf die Feurige Welt, deren Schwingungen und Bewohner Bezug nehmen kann. Das Konversationslexikon beschreibt z. B. einen »Mediator Dei« als »Vermittler Gottes«, wie auch die Kirche daher den Christus Jesus zu Recht als Mediator bezeichnet.

Mediatoren können durch ihre geöffneten Zentren Mitteilungen aus der Feurigen Welt und von deren Hierarchen empfangen, sie können mittels ihres Geistkörpers die Feurige Welt bewußt aufsuchen. Sie werden diese Möglichkeiten in Verbindung mit ihrem Wissen, mit den ihnen zufließenden Informationen und auf der Grundlage ihrer Befähigung gemäß ihrem Dharma dienend einsetzen. So haben viele große Geistmenschen der Menschheit Wissen überbracht, bei dem sich heute noch die Fachwelt und die Spezialisten fragen, woher dieses bezogen werden konnte. Griechenland war im Bereich der Physik, der Höheren Mathematik, der Architektur und der Künste durch Mediatoren mit der Feurigen Welt in einem Maße verbunden, das die heute bestehenden Kulturfragmente nur erahnen lassen. Medialität und Kulturentwicklung schließen aber einander aus.

Mediale Menschen sind mitunter sehr unwissend, wie z. B. die vorliegenden Berichte über philippinische und brasilianische »Heiler« zeigen. Ein *Mediator* jedoch verfügt über umfangreiches Wissen, er tritt durch ein überdurchschnittliches Bewußtsein und hervorragende Charaktereigenschaften in Erscheinung. Wie könnte er sonst vollen Bewußtseins mit der Höheren Welt des Geistfeuers Verbindung haben? Die Feinheiten des Bewußtseins und des Charakters sind bei einem Mediator voll ausgeprägt, wie man im Beispiel der theosophischen Künder H. P. Blavatsky, Helena und Nicholas Roerich und Leobrand, aber auch an anderen Kulturschöpfern erkennen kann.

Bei dieser Gelegenheit sei darauf hingewiesen, daß selbst Menschen, deren Chakren teilweise oder ganz geöffnet sind, geistig fallen können, sofern negative Charakterreste, die sich in diesem Fall besonders verheerend auswirken, aktiv sind. Diese Charakterfragmente stellen eine ungeheure Versuchung dar; noch dazu ist der Drang zur Verselbständigung aufgrund des erworbenen höheren Wissens sehr stark ausgeprägt, so daß die Versuchung, aus dem hierarchischen kosmischen Verbund auszusteigen, groß ist. Da häufig auch die Ausbildung des Intellekts weit fortgeschritten ist, dient dieser dann mitunter dazu, die Reste nachteiliger Charaktereigenschaften zu verstärken und so die bereits entwickelten geistigen Werte, zumindest zeitweise, in den Hintergrund zu drängen.

Des weiteren fallen intellektuell hoch entwickelte mediale Menschen oft leicht auf astrale Verführer herein, die sich ganz nach den Wunschbildern der Menschen offenbaren und das Höchste nur zur geistigen Verführung und in der Nachahmung der Hierarchen vortäuschen, um Menschen in die Irre zu führen und deren Potential an die Astral-Welt zu binden. Ein gutes Beispiel schildert Johann Wolfgang von Goethe in seinem »Faust«. Hier muß berücksichtig werden, daß die astralen Wesenheiten der vom

Menschen erzeugten Astralenergie bedürfen und letztere auch die Grundlage dafür bildet, daß diese auf das Erdgeschehen entsprechend ihres Weltverständnisses einwirken können. Hier spielen die von Medien zur Verfügung gestellte Energie sowie die negativen Wünsche und Gedanken der Menschheit eine entscheidende Rolle. Im besonderen sind es die niederen, aus dem Solarplexus stammenden Gefühlsenergien, die nicht nur den Erzeuger selbst schwer belasten, sondern auch die Astralwelt. Nur ein wirklich starkes Herz kann helfen, diese Klippen zu umsegeln. Als geistig falsch und verwirrend müssen auch bestimmte Berichte von Astralreisenden bezeichnet werden, die auf der Grundlage ihrer eigenen Wunschvorstellungen bestimmte Details über die Institutionen der höheren geistigen Welt wie zum Beispiel Schambhala berichtet haben. Dies ist umso bedeutsamer, weil Fragmente oft durchaus richtig sein können. Hier kann nur ein entwickeltes Unterscheidungsvermögen – gesteuert durch reine Herzensenergien – den richtigen Weg weisen.

Unter der Bezeichnung Psychismus faßt man bestimmte außergewöhnliche Befähigungen zusammen, welche aus der bewußten oder unbewußten Aktivierung psychischer Potentiale resultieren. Deren Demonstration wird von unwissenden Menschen oft als Beweis dafür angesehen, daß es sich um einen sehr hohen Eingeweihten handelt. Als Beispiel sei die in Indien verbreitete und immer sehr publikumswirksame Fähigkeit erwähnt, astrale Energien in Heilige Asche zu verwandeln (Vibuti), die sachlich gesehen nicht einmal im entferntesten etwas Heiliges an sich hat. Gläubige und wunderbedürftige Menschen aus dem Westen finden darin oft ihren Gottesbeweis und begeben sich in eine völlige Abhängigkeit zu einzelnen Pseudo-Gurus.

Zum Psychismus gehört auch die Fähigkeit, andere Dinge zu materialisieren. Bestimmte Gegenstände wie

Schmuckstücke, Uhren o. ä. werden scheinbar aus der Luft herbeigezaubert, wobei auch diese Phänomene grundsätzlich einen realen Hintergrund haben, wenngleich dabei oft geschwindelt wird. Deshalb dem Eigner dieser Fähigkeiten göttliche Eigenschaften zuzuschreiben, geht an der Realität der Hierarchie weit vorbei. Hier reflektiert sich oft der dem Zuschauer innewohnende Wunsch, selbst über außergewöhnliche Kräfte verfügen zu können, meist um andere zu beeindrucken und natürlich auch sich selbst zu bestätigen. Da man aber selbst noch nicht so weit ist, sucht man wenigstens als Leitfigur eine derartige Persönlichkeit, für die man bereitwillig Opfer erbringt und die man auf das Podest eines persönlichen Gottes hebt. So ist der Psychismus einerseits eine sehr große Gefahr für jene, die aus bestimmten Gründen über diese besonderen Fähigkeiten verfügen, da diese zu Mißbrauch und Größenwahn verlocken, andererseits aber auch für die vielen Unwissenden und Leichtgläubigen, die Gott mit einem gigantischen Magier und Zauberer verwechseln und dadurch in ihrer geistigen Entwicklung große Irr- und Umwege beschreiten.

Zu Mediumismus und Psychismus finden wir im Agni Yoga folgende Hinweise:

»Es gibt keinen Grund anzunehmen, die schwarze Magie nehme gegenwärtig besonders in Tibet stark zu. Gewiß, sie hat sich dort stark verbreitet, aber das ist nur eine Phase ihrer weltweiten Entwicklung. Man kann sich nicht vorstellen, wie sehr sich dieses schwarze Netzwerk ausbreitet.

Man kann die große Verschiedenheit seiner Beteiligten nicht erfassen. Man kann nicht alle einander aufrechterhaltenden, ungeahnten Verbindungen aufdecken. Kann man sich mit der Tatsache abfinden, daß Staatsoberhäupter, Prälaten, Freimaurer, Meuterer, Richter, Verbre-

cher, Ärzte, Kranke und Gesunde alle auf dem gleichen schwarzen Feld tätig sind? Die Schwierigkeit, sie zu entlarven, besteht darin, daß man keine bestimmte Organisation benennen kann, alles basiert auf einzelnen Persönlichkeiten, welche die verschiedensten Tätigkeiten ausüben.«[54]

»Man könnte fragen – worin der Hauptschaden der schwarzen Magie besteht? Kann, abgesehen von persönlicher Verletzung, auch kosmischer Schaden angerichtet werden? Gerade so ist es! Die niederen Beschwörungen richten durch das Vermischen der Elemente und die Beschwörung von Chaosteilen den meisten Schaden an. Man muß sich vorstellen, daß auf diese Weise Wesenheiten der niederen Schichten in verbotene Sphären Zutritt erhalten und in großem Maße fortfahren, Schaden anzurichten. Deshalb müssen umfangreiche Maßnahmen getroffen werden, um den ohnehin kranken Planeten zu schützen. Magie muß allgemein gemieden werden.«[55]

»Der von der schwarzen Magie angerichtete Schaden kann durch bewußten Widerstand in beträchtlichem Maße abgeschwächt werden. Wenn das Herz einen Angriff verspürt und sich schwarze Sternchen zeigen, muß man sich gelassen und furchtlos der Hierarchie zuwenden. Viele Angriffe können sofort abgewendet werden; aber es wäre ein Fehler, die dem Herzen eigenen Zeichen nicht zu beachten.«[56]

»Darüber hinaus ist es die größte Niederträchtigkeit, daß die Menschen sogar heute Hexerei betreiben – gerade die schwärzeste Zauberei ist auf Böses ausgerichtet. Solch eine bewußte Zusammenarbeit mit den finsteren Kräften ist nicht weniger schrecklich als Giftgase. Es ist unglaublich, daß Menschen, die sich zur Religion des Guten zählen, die abscheulichste und schrecklichste Zauberei ausüben.«[57]

Medialität kann wie jede Krankheit auschließlich durch die Entfaltung der psychischen Energie, für die ja gerade im Agni Yoga sehr viele Hinweise, Mittel und Wege zu finden sind, geheilt werden. Alle Glaubensheilungen wurden unbewußt durch psychische Energie hervorgerufen, wobei es aber nur in zweiter Linie um die Heilung der physischen Krankheit geht, die sowieso nur nach einem beendeten Karma grundlegend geheilt werden kann. Primär ist die geistige Heilung, das geistige Heil. Über diese wichtigen Zusammenhänge sollten wir uns im Zeitalter des Wissens so früh wie möglich klar werden, um Schaden von uns und unserer Umgebung abzuhalten und nicht unnötige Umwege zu gehen, die eine geistige Entwicklung nicht nur blockieren und verzögern, sondern gänzlich zunichte machen können.

Das weibliche Prinzip

Die Agni-Lehre wäre nur äußerst unvollständig beschrieben, wenn in Verbindung mit den höheren Hierarchien, die durch Individuen repräsentiert werden, nicht auch sehr deutlich auf das weibliche Prinzip hingewiesen würde. Natürlich ist das weibliche Element von Natur aus dem männlichen in allen Bereichen völlig gleichwertig. Zusätzlich trägt das weibliche Element im Vergleich zum männlichen aber mehr Herzenspotential in sich und prägt dies in Verbindung mit dem Leben deutlicher aus. Daher gibt es im Kosmos weibliche sowie männliche Hierarchen.

Die letzten Jahrtausende waren besonders im westlichen, christlich geprägten Teil der Erde durch eine starke geistige Abwertung der Frau gekennzeichnet, die bis heute anhält. Hochkulturen der Vergangenheit gingen großteils von der Gleichwertigkeit der Frau aus, wobei bestimmte höchste Ämter sogar grundsätzlich den Frauen vorbehalten blieben. Die Frau steht aufgrund ihrer geistigen Konstitution der Gottheit, d. h. der höheren Welt und ihren Idealen, näher. Die geistige Welt war immer durch Götter und Göttinnen gegenwärtig, und nur eine irdische Entartung der geistigen Lehren zwang die Frau in eine furchtbare und erniedrigende Position, die erst seit der Aufklärung langsam wieder zurückgedrängt wird, aber in allen Bereichen großen Schaden angerichtet hat.

Wenn also in der jüdisch-christlichen Mythologie von einem persönlichen und männlichen Gottvater gesprochen wird, der als Herr dieses Planeten Erde im Sinne der damals definierten »Welt« existiert, so ist dies auch heute aus geistiger Perspektive zu bestätigen. Gleichzeitig haben aber auch alle anderen Planeten und Sonnensysteme ihre hierarchischen Repräsentanten, die aus der Perspektive der Menschheit ebenfalls als Götter und Göttinnen, griechisch als »logoi«, zu bezeichnen sind.

So eröffnet die Agni-Lehre auch einen kleinen Ausblick über die Ebenen der irdisch verantwortlichen Hierarchen und der männlichen, planetaren Gottheit des Planeten Erde hinaus, so daß neben Gott-Vater die in Vergessenheit geratene Gott-Mutter wieder sichtbar wird. Die im Universum bestehende Bipolarität, die sich als männliches wie auch als weibliches Prinzip im Mikro- und im Makrokosmos offenbart, ist auf allen vertikalen und horizontalen Ebenen feststellbar. Der Agni Yoga wird daher auch als Botschaft der MUTTER der WELT – der Planetare Logos der Venus – bezeichnet.

»Die MUTTER der WELT wird sich als Symbol des weiblichen Prinzips in der neuen Epoche offenbaren, und das männliche Prinzip gibt den Schatz der Welt an den weiblichen Ursprung ab. Wenn die Amazonen als Symbol der Kraft des weiblichen Prinzips in Erscheinung traten, so ist

es jetzt unvermeidlich, auf die geistige Vervollkommnung der Frau hinzuweisen.

Im Namen Christi sind große Verbrechen begangen worden, deshalb kleidet sich Christus heutzutage in andere Gewänder. Alle Ausschmückungen und Übertreibungen müssen beseitigt werden. WIR sagen nichts über die Verbesserung des Stils in manchen Werken. Doch selbst in den Schriften des Origenes haben sich dadurch Abweichungen eingeschlichen. Deshalb ist es an der Zeit, die Zustände in der Welt zu ändern. Die Hebel können nicht vorzeitig in Bewegung gesetzt werden. Beschleunigung hieße, die Drähte durchzuschneiden.«[58]

»Große Verlegenheit liegt allgemein in der Frage, warum denn die Menschen die Feinstoffliche Welt mit dem physischen Auge nicht sehen können. Dies rührt natürlich daher, weil das Auge die Ätherumwandlung noch nicht bewältigen kann. Stellt euch eine gegen das Fenster aufgenommene Photographie vor; es wird niemals gelingen, ein klares Bild der inneren Gegenstände oder Umrisse zu erhalten. Tritt man aus der Dunkelheit in die Sonne, ist man ebenfalls von der Kraft des blauen Lichts geblendet und getroffen. Wenn wir nun diese Lichterscheinungen ins Unendliche verstärken, erhalten wir das Licht der Feinstofflichen Welt, das dem unvorbereiteten Auge wie Finsternis erscheint. So befremdet es die Menschen auch oft, wieso manche scheinbar beschränkte Personen Erscheinungen der Feinstofflichen Welt wahrnehmen. Vor allem deshalb, weil sie, wenngleich sie gegenwärtig gesunken sein mögen, in der Vergangenheit manch reinigende Tat vollbrachten, was mit anderen Worten ausgedrückt heißt, daß ihr Herz in früheren Zeiten bereits erwacht war. Besonders bemerkenswert ist, daß die Eigenschaft des Herzens nicht verlorengeht; sie kann sich sehr einseitig bekunden, wird aber nichtsdestoweniger wirksam sein.

Warum werden Frauen sich oft der Feinstofflichen Welt bewußt? Weil die Arbeit ihres Herzens viel feiner ist, und dadurch erscheint ihnen das Transzendentale leichter. Die Epoche der MUTTER DER WELT gründet auf dem Bewußtsein des Herzens. Allein die Frau kann das Problem der zwei Welten lösen. So möge die Frau aufgerufen sein, mit dem Herzen zu verstehen. Dies wird vor allem auch deshalb nützlich sein, weil die Eigenschaft des Herzens ewig ist. Es gibt bereits viele heldenhafte Taten unter den Frauen, aber jetzt ist der Frau anstelle des Brandopfers die Flamme des Herzens verliehen worden. Vergessen wir nicht, daß für jede wichtige Errungenschaft das weibliche Prinzip als Grundlage und Essenz wichtig ist. Das Herz kann sich der Feinstofflichen Welt nicht öffnen, wenn sie nicht durch eine besondere Heldentat erfaßt wird.«[59]

»Über die Kraft der Liebe zur Menschheit ist viel Wahres gesprochen worden. Kann man einen Garten lieben und seine Blumen verachten? Kann man die Macht der Schönheit verehren, ohne der Liebe Achtung zu erweisen? Wir bezeugen, daß jene Kraft, die Unser Universum verschönt, sich als Unsere MUTTER DER WELT – als das Weibliche Prinzip – bestätigt! In der Tat kann man viele wissenschaftliche Beispiele anführen, die auf die schöpferische Bestimmung der Frau hinweisen. Jene, die die Erscheinung des weiblichen Schaffens verneinen, sollten bedenken, daß die Frau freiwillig abgibt. Es heißt nicht, daß jene, die das Recht besitzen, auch das Recht bestätigen. Darum wird der Weg der Frau ein freiwilliges Geben genannt. Natürlich ist im Kosmos alles verwoben, doch die Menschheit übertritt die Gesetze der Höheren Vernunft. Das Weibliche Prinzip ist so herrlich! Der Gipfel des Seins kann ohne das Weibliche Prinzip nicht existieren. Wie sehr haben die Menschen die großen kosmischen Gesetze verzerrt! Wie weit haben sich die Menschen von der Wahrheit entfernt!«[60]

Die in konfessionellen Kreisen des Christentums teilweise gepflegte Marienverehrung sowie die Tatsache, daß man auch von Seiten der Kirche verschiedene heroische Frauen zu Heiligen erklärte, ja sogar neben Thomas von Aquin zu geistigen Kirchenlehrern erhoben hat – wie die hl. Theresa von Avila (1515-1582) – ist aber nur als vorsichtiger Ansatz zu einer vertieften Gottesvorstellung zu sehen.

Meditation, Gebet, Anrufung

In der geistigen Kommunikation spielen die Qualität der Gedanken, der in ihnen enthaltene Impuls und die ihnen verliehene Schwingung eine wesentliche Rolle. Gedanken ohne Herzensenergie erreichen die Welt des Geistes nicht, so daß es wichtig ist, aus tiefstem und reinem Herzen zu denken. Dabei ist die innere Geisteshaltung ausschlaggebend, und eine feierliche Einstimmung begünstigt den gewünschten Erfolg.

Unter den Begriff Meditation fallen bestimmte Übungen und Praktiken, die in den letzten Jahren im Westen sehr populär geworden sind. Der Duden erklärt »meditieren« mit: »nachdenken, sinnend betrachten, geistig abmessen« und ›so‹ sollte es auch sein! Der Mensch hat nur zwei Möglichkeiten, über etwas nachzudenken: in der ersten Variante setzt man den Kopf, den intellektuellen Verstand als Instrument ein. Mithilfe dessen kann sich der Mensch unter Einsatz seiner geistigen Energie – der Willenskraft – auf einen Begriff oder ein Problem konzentrieren. Der hierbei entstehende Denkprozeß ist in seinem Resultat abhängig von den im Gehirn enthaltenen Informationen und der verfügbaren Energie, die zur Konzentration auf die gestellte Aufgabe notwendig ist. Diese Art von Meditation wird sich im wesentlichen um weltliche Dinge drehen, insbesondere dann, wenn das niedere Selbst, das Instinkt-

und Triebzentrum, d. h. persönliche Interessen, Ziele, Wünsche und Bedürfnisse Quelle des Denkimpulses ist.

Die zweite Möglichkeit besteht darin, Fragen und Problemstellungen mit dem Herzen zu bewerten und dabei so tief wie möglich in das Herz hineinzulauschen, um dessen Antworten zu hören. Die auf diese Art zu behandelnden Fragen werden diejenigen sein, die über die Alltagsprobleme und -wünsche hinausgehen. Die erhaltenen Antworten sind selbstverständlich von der Reinheit des Herzens und der entwickelten psychischen Energie abhängig. Vorausgesetzt wird, daß man sich selbst in seinen Möglichkeiten und Schwächen erkannt hat, weshalb der Selbstfindung eine wesentliche Bedeutung zukommt. Erst darauf aufbauend kann das Herz mit der Welt des Geistes kommunizieren.

Gleichzeitig erhält der Verstand bei einer Herzens-Meditation bestimmte Vorgaben, gegen die er aus der Perspektive des niederen Ichs oftmals viele Einwände erhebt. Die daraus entstehende Zwiespältigkeit ist wichtiger Bestandteil der Grundschule menschlicher Selbsterkenntnis. Viele Menschen hören aber mehr auf ihre aus dem Solarplexus aufsteigenden egoistischen Wünsche und bezeichnen dies als Meditation, was ein schwerwiegender Irrtum ist.

Gebete sind ein Versuch, über das Herz die Verbindung zur Welt des Geistigen und zu Gott aufzunehmen. Gedanken und Wunschformen aus dem Instinkt- oder Kopfbereich erreichen die Feurige Welt nicht, sondern ausschließlich den Astralbereich. Nur starke Herzensenergien können eine Schwingung herstellen, die für die Feurige Welt geeignet ist.

Im Agni Yoga heißt es hierzu:

»Der Primitive fleht in seinem Gebet vor allem um Gnade für sich selbst, während die weisen Einsiedler für das

Wohl der Welt beten; darin liegt der Unterschied zwischen dem Primitiven und den Weisen. Dies sollte man allen Gedanken zugrunde legen. Es ist weder angebracht noch nützlich, für sich selbst zu bitten. Nur ein grobes Herz hält sich für das wichtigste. Doch viel weiser ist es, für die Welt zu bitten, in der auch ihr einen Tropfen Segen finden werdet. Besonders jetzt ist es notwendig, den großen Pfad zu beschreiten, denn nur so kann man das Herz finden.«[61]

»Gewiß, ihr hört die Menschen über die Nutzlosigkeit des Gebetes klagen. Sie sagen: ›Wozu Einsiedler und Klöster, wenn die Welt im Unglück versinkt?‹ Niemand will jedoch daran denken, wohin die Welt ohne Gebet käme! Deshalb sollten alle Lästerungen über die Taten des Geistes eingestellt werden. Woher käme sonst das Gefühl der Verbundenheit mit dem Höchsten, wenn nicht vom Gebet? Mögen sich jene, die verurteilen, doch erinnern, ob ihre Herzen beim Ausdruck des Entzückens nicht erbebten? Der Ausdruck des Geistes führte an die Möglichkeit der Errungenschaft heran. Wahrhaftig, die Brücke zur Höchsten Welt sollte man hüten.«[62]

»Gebet ist Ausdruck des besten Gedankens. Alle Glaubensanschauungen schreiben vor, in den besten Formen zum Höchsten zu beten. Es ist richtig, den Menschen zu raten, sich in erhabensten Gedanken dem Höchsten zuzuwenden. Wir weisen immer auf den großen Nutzen erhabenen Denkens hin. An wen kann man sich in Gedanken wenden, wenn nicht an das Höchste? Ich rate, keine Zeit zu versäumen, und immer, wenn es möglich ist, über das Streben zum Licht zu sprechen. Weder Bittgebete noch Streitgespräche vermehren die hohe Gnade, sondern allein das Streben nach Herzensbeziehung. Die Menschen müssen denken lernen, das heißt, den Gedanken an das Höchste geziemend bestätigen – der eine klar, der andere verschwommen, jedoch alle auf demselben feurigen Pfad.«[63]

»Gebet setzt nicht herab, es erhöht. Fühlt man sich nach einem Gebet niedergeschlagen, so bedeutet das, daß das Gebet nicht von hoher Qualität war. Der Mensch ist nicht der Unbegrenztheit vergleichbar, aber ein Funke höherer Energie bewahrt in sich Bedeutung selbst über erfaßbare Grenzen hinaus. Jedem Menschen wurde ein Funke höherer Energie verliehen, und als sein Träger wurde er mit einer erhabenen Pflicht ausgestattet. Er stellt eine Brücke zu den höheren Welten dar. Indem der Unwissende die Höhere Welt verneint, leugnet er seine Menschlichkeit.

Das Erinnern an die Höhere Welt ist ein Prüfstein bei der Erprobung eines jeden Geistes.«[64]

Die höchste Form des Gebetes und der Selbsthilfe liegt aber in gezielten und konzentrierten Anrufungen, die auch als Invokationen bezeichnet werden. Sie sollten absolut unpersönlich und bedingungslos sein und in der entsprechenden Herzenskonzentration sowie in feierlicher Stimmung gesprochen oder gedacht werden. Ein Beispiel für eine solche Anrufung, die immer auf das Allgemeinwohl gerichtet sein sollte, lautet wie folgt:

Kleine Anrufung

Mögen Licht und Erkenntnis walten
Möge immer mehr Liebe blühen
Möge allen Menschen geholfen werden
Möge der Frieden einziehen auf Erden
Möge es dem Weltenall gut ergehen!

Der tiefere Sinn einer unpersönlichen und bedingungslosen Anrufung liegt darin, den Hierarchen hierdurch das gesamte geistige Potential ungebunden zur Verfügung zu stellen, da diese dann aus höherer Perspektive absolut freie Hand haben, über die entsprechenden Energien zu disponieren. Die vom Betenden eingebrachten persönlichen Wünsche und Vorstellungen von Hilfe haben oft mit echter geistiger Hilfe nur wenig gemein. Gebete bedingen das Verständnis für die Gesetzmäßigkeiten, wie Gedanken wirken und wie Ursache und Wirkung miteinander verbunden sind. Ergänzt wird dieses Wissen durch absolutes Vertrauen, das aber nur aus der Gewißheit der kosmischen Zusammenhänge resultieren kann.

Empfehlenswert ist es, sich täglich, idealerweise morgens nach dem Aufstehen und abends vor dem Schlafengehen, Zeit zu nehmen für die Kleine Anrufung oder die

Große Anrufung

Quell des Lichts im Universum
Strahle Licht ins Menschendenken -
Es werde lichter auf Erden!

Quell der Liebe im Universum
Ströme Liebe aus in alle Menschenherzen -
Möge Liebe blühen auf Erden!

Quell der Weisheit im Universum
Gieße Wissen aus und Weisheit -
Laß Erkenntnis walten auf Erden!

Quell des Friedens im Universum
Stärke Frieden und Gerechtigkeit -
Mögen Glück und Freude sein auf Erden!

Quell der Macht im Universum
Siegle zu die Tür zum Übel -
Daß der Plan des Guten sich erfülle!

Arbeit – Alltagsleben – Freude

Wie aus den vorangegangenen Ausführungen deutlich wird, ist die Agni-Lehre ein System, das die höchsten Welten mit dem Alltag des Menschen verbindet und ihm einen Leitfaden bietet, wie er durch richtiges Verhalten gegenüber seinen Mitmenschen seiner eigenen geistigen Entwicklung am effektivsten dient. Der tägliche Daseinskampf ist die höhere Schule des Lebens, und der Mensch kann nur in der positiven Wahrnehmung und Erfüllung seiner täglichen Pflichten sein Potential optimal entwickeln.

Da der Alltag für alle Menschen mit Arbeit gleichzusetzen ist, enthält der Agni Yoga viele lebenspraktische Weisungen für diesen Bereich.

»Nicht in versteckten Laboratorien, nicht in Klosterzellen, sondern im Leben werdet ihr echte Aufzeichnungen sammeln können. Auch Jesus hat jene, die nach der Freiheit des Geistes suchten, nicht in die Falten Seines Kleides gehüllt, sondern in Schönheit während der Arbeit gesammelt.

Oftmals mußten Heilige auf die Erde zurückkehren, weil sie durch ihre Verzückung auf die Menge zuviel einwirkten, anstatt sie mit dem Aufbau des Lebens vertraut zu machen.

Wir sind entschieden gegen Klöster, da sie eine Antithese zum Leben darstellen. Nur die Pflanzstätten des Lebens, d. h. Gemeinschaften, wo wertvolle Arbeit geleistet wird, finden Unsere Unterstüzung. Nur durch das Sammeln von Lebenserfahrung kann man ans Ziel der Vereinigung mit Gott gelangen. Die allgemein übliche, traditionelle Religiosität ist nicht nötig. Das Erkennen von Tatsachen und ein bewußter Verkehr mit der Wohnstätte des Lichtes sind erforderlich. Daher wollen wir nützlich sein

*und bewußt, ohne Magie, zur praktischen Quelle vor-
wärtsschreiten. In dieser Einfachheit liegt die ganze Wir-
kungsfolge der großen Geheimnisse, die den Menschen
so unerreichbar scheinen, weil sie noch bis zum Hals in
Vorurteile verstrickt sind. Es ist für sie unmöglich, Einfachheit, Schönheit und Furchtlosigkeit zu verstehen.«*[65]

*»Manch falsche Anschauung hat sich über den Begriff
Arbeit gebildet. Noch vor kurzem wurde die Arbeit ver-
achtet und als gesundheitsschädlich betrachtet. Welch
grobe Herabsetzung, die Arbeit als schädlich anzusehen!
Nicht die Arbeit ist schädlich, sondern die unzulänglichen
Arbeitsbedingungen. Nur durch bewußte Zusammenarbeit kann die geheiligte Arbeit wieder genesen. Nicht nur
die Qualität der Arbeit muß gut sein, sondern auch der gegenseitige Wunsch, die Bedingungen der Arbeit klar verständlich zu machen, muß erstarken. Man darf die Arbeit
nicht verfluchen, man soll den besseren Arbeiter auszeichnen.«*[66]

*»Es ist also nötig, Achtung vor dem Handwerk einzu-
flößen, damit es als höhere Auszeichnung aufgefaßt wird.
Die ehemaligen Gilden haben Beweise ihrer Lebenstüch-
tigkeit hinterlassen. Man kann sehen, wie die Menschen
ihre Fähigkeiten vervollkommneten. Sie verstanden einander zu schützen und die Würde ihrer Gemeinschaft zu
wahren. Solange die Menschen es nicht lernen, die Ver-
dienste ihrer Mitarbeiter zu wahren, werden sie das Glück
des Allgemeinwohls nicht erfassen.«*[67]

*»Es ist abwegig zu denken, daß Schweiß nur eine phy-
sische Erscheinung wäre. Bei geistiger Arbeit entsteht eine für die Sättigung des Raumes besonders wertvolle Ausstrahlung. Während der Schweiß des Körpers die Erde
düngen kann, stellt der Schweiß des Geistes das Prana
wieder her, indem er auf chemische Art in Sonnenstrahlen umgewandelt wird. Arbeit ist die Krone des Lichts. Es
ist notwendig, bereits die Schulkinder auf die Bedeutung*

216

der Arbeit als einen Faktor beim Weltenaufbau hinzuweisen. Eine Folge der Arbeit wird Festigung des Bewußtseins sein. Es ist notwendig, die Atmosphäre der Arbeit streng hervorzuheben.«[68]

»Feuer muß lebendig sein. Untätigkeit ist dem Feuer nicht eigen. Energie erzeugt Energien. Besonders schädlich ist es, den Menschen von seiner gewohnten Arbeit loszureißen. Selbst bei der niedrigsten Arbeit entwickelt der Mensch feurige Energie. Nehmt ihm die Arbeit und er wird unvermeidlich dem Kräfteverfall unterliegen, mit anderen Worten: das Feuer des Lebens wird in ihm erlöschen. Man sollte nicht die Meinung verbreiten, die Menschen müßten sich im Alter von der Arbeit zurückziehen. Sie altern nicht wegen Zunahme an Jahren, sondern infolge Erlöschens des Feuers. Glaubt nicht, daß das Erlöschen des Feuers für die Umgebung keinen Schaden verursacht. Der Schaden entsteht nämlich dadurch, daß der vom Feuer eingenommene Raum plötzlich der Verwesung anheimfällt. Diese Verwesung des Lebens widerspricht dem Gesetz des Seins. Im Gegenteil, die menschliche Gesellschaft sollte in allem, was sie umgibt, das Feuer erhalten. Das Feuer der Druiden erinnerte an die Aufrechterhaltung des Lebensfeuers. Das Feuer darf nirgends, nicht einmal im Kleinsten, ausgelöscht werden. Deshalb zerstört den Festtag des Geistes nicht, auch wenn ihr seine Sprache nicht begreifen könnt. Was ihr heute nicht begreifen könnt, das wird euch morgen verständlich sein. Doch erloschenes Feuer kann nicht wieder die gleiche Anwendung finden.«[69]

»Es kann vier Arten von Arbeit geben: Arbeit mit Widerwillen, die zur Zersetzung führt; unbewußte Arbeit, die den Geist nicht stärkt; hingebungsvolle und liebgewordene Arbeit, die gute Ernte einbringt; und schließlich die nicht nur bewußte, sondern im Lichte der Hierarchie geheiligte Arbeit. Der Unwissende könnte vermuten, daß immerwährende Verbindung mit der Hierarchie einen vom Streben zur Arbeit selbst abhalten könnte, doch das Gegenteil ist der Fall. Dauernde Verbindung mit der Hierarchie steigert die Qualität der Arbeit.«[70]

Die folgenden Zitate enthalten grundsätzliche Empfehlungen für den Alltag:

»Das Höchste ist die Liebe.«[71]

»Man soll nur in die Zukunft schauen. Und deshalb ist es nötig, sich vor allem den Kindern zuzuwenden. Bei ihnen liegt mit Recht der Beginn des großen Werkes. Indem ihr den neuen Weg aufzeigt, werdet ihr Vertrauen bei den Kindern finden.«[72]

»Meidet jene Plätze, wo Ärger und Uneinigkeit herrschen. Menschliche Vorstellung ist nebelhaft. Lernt es, über Hände hinwegzuschreiten, die abwärts ziehen. Wer sich in ein Boot setzt, denkt nicht mehr an den Hausschlüssel.«[73]

»Die geistige Hilfe ist am stärksten.«[74]

Daß Leben mit Kampf im positiven Sinne gleichbedeutend ist, ergibt sich aus dem folgenden Zitat:

»In Voraussicht des größten Kampfes müssen wir in Einklang mit dem üblichen Plan Anordnungen treffen. Es würde einem Kampfe nicht geziemen, den Lauf des Lebens zu stören. Kampf ist unsere Bestimmung, und er muß in den Tagesplan aufgenommen werden.«[75]

Ausschlaggebend für das Resultat ist bei allen Aktivitäten die Grundeinstellung:

»Ich bestätige, daß Arbeitsfreude die beste Flamme des Geistes ist. Der Ausdruck der Freude wird von verstärkter

Zentrentätigkeit begleitet. Viele Heldentaten wurden durch Freude vollbracht.«[76]

»Man sollte vor allem zur Überzeugung gelangen, daß das Herz durchaus nicht unser eigenes Organ ist, sondern daß es für die höchste Verbindung verliehen wurde. Könnten die Menschen das Herz als von Oben verliehen betrachten, sie gingen wahrscheinlich behutsamer damit um.

Ein Eremit trat mit einer Botschaft aus seiner Einsamkeit. Zu jedem, den er traf, sagte er: ›Du besitzest ein Herz.‹ Als man ihm die Frage stellte, warum er nicht von Barmherzigkeit, Geduld, Hingabe, Liebe und anderen segensreichen Lebensgrundlagen spreche, antwortete er: ›Das Herz allein darf nicht vergessen werden, das übrige ergibt sich.‹ Wie können wir uns der Liebe zuwenden, wenn es für sie keine Wohnstätte gibt? Und wo wird Geduld einkehren, wenn ihre Wohnstätte versperrt ist? Um sich daher nicht mit Segnungen abzuquälen, die keine Anwendung finden, muß für sie ein Garten errichtet werden, der dem Begreifen des Herzens offensteht. Laßt uns fest auf dem Herzensfundament stehen und begreifen, daß wir ohne das Herz nur vertrocknete Hüllen sind.«[77]

»Jedes Vorurteil, ob negativ oder positiv, ist falsch. Es steht im Widerspruch zu jedem Yoga; es unterbindet den phänomenalen Aspekt des Aufstiegs. Oft wird Vorurteil mit Gefühlswissen verwechselt. Doch diese Eigenschaften widersprechen einander geradezu. Das Vorurteil entspringt dem Verstand, während das Gefühlswissen im Herzen wohnt.«[78]

Ein wesentliches Element der Lehre besteht in der Erweckung der Freude des Herzens, welche die inneren Kräfte am stärksten und schnellsten weckt. Nach dem Willen der kosmischen Gesetze und der Weltlehrer ist der

Mensch zur Freude geboren. Daß der physische Körper und die Materie als solche der geistigen Freude allzuoft im Wege stehen, ergibt sich aus der Gegensätzlichkeit von Geist und Materie. Der physische Körper und die Materie erfreuen dann, wenn sie als Mittel zu einem höheren Zweck eingesetzt werden, wobei uns sowohl der Körper als auch die Materie nur zum positiven Gebrauch anvertraut sind.

Die Fähigkeit zur geistigen Freude ist eine Eigenschaft, die in jedem Menschen potentiell vorhanden ist. Viele Menschen öffnen sich diesen Freuden, lassen sich aber dann vom Alltag und von Gewohnheiten sowie durch negative Charaktereigenschaften an der Entwicklung dieser Kraftquelle hindern.

Sogenannte Vergnügungen haben allerdings mit wirklicher Freude nur wenig gemeinsam, und körperlich erlebte Vergnügungen verblassen sehr schnell, weil sie das Herz nicht nähren. Nur Kinder – so scheint es – können sich noch über Herzensgaben auch *herzlich* freuen, und der physisch Erwachsene wäre gut beraten, diese Fähigkeit wieder zu erlernen.

»Freuet euch! Freuet euch! Freuet euch! Denn der Yogi muß die Weisheit der Freude kennen. Das Vermächtnis des Gesegneten lautet, die Freude des Geistes zu hüten. Wer die Gegenwart des Geistes fühlt, freut sich bereits, da er seine Unbegrenztheit kennt.«[79]

»Schöpferische Tätigkeit ist die Grundlage der Evolution. Wodurch kann man die Wirkungen der schöpferischen Kraft verstärken? Nur durch Fröhlichkeit. Freude ist eine besondere Weisheit, Fröhlichkeit eine besondere Technik. Die Steigerung der Lebhaftigkeit wird dadurch erweckt, daß man sich der schöpferischen Tätigkeit der Elemente bewußt wird. Schöpferische Geduld und Fröhlichkeit sind die beiden Flügel des Arbeiters.«[80]

»Wie kann man Erfolg erlangen? Merkt euch, durch Freude – nicht durch Verzweiflung, sondern durch Freude. Laßt nicht für einen Augenblick den Gedanken aufkommen, daß Wir die Möglichkeit oder Unmöglichkeit des Erfolgs erörtern. Unser Gedanke ist: Reicht eure Freude aus, den Aufstieg zu beschleunigen? Wir raten immer zur Freude. Ihr müßt erkennen und daran denken, daß ihr erfolgreich gewesen seid, wenn ihr euch gefreut habt. Sicherlich, damit ist nicht das ausgelassene Hüpfen des Kälbchens auf der Wiese gemeint, sondern die schöpferische Freude, die alle Schwierigkeiten verwandelt.«[81]

Ethik

Meyers Großes Taschen-Lexikon definiert Ethik als »philosophische Disziplin, die Lehre von den Normen menschlichen Handelns und deren Rechtfertigung«. Für Sokrates, Plato oder Aristoteles gehörten auch Politik und Ökonomie mit zur Ethik, gleichbedeutend mit einer im Leben anzuwendenden praktischen Philosophie. Daher gibt es keinen Lebensbereich, der nicht direkt oder indirekt einer ethischen Norm in Form von Handlungsdirektiven oder Reflexionen aus dem Weltbild unterliegt. Je klarer und lebendiger ein Weltbild in einem Menschen verankert ist, desto stärker ist die sich daraus ergebende ethische Handlungskausalität. Ein oberflächliches bzw. nicht verinnerlichtes Weltbild resultiert in einer schwachen Handlungsethik, was den Menschen weniger erkenn- und berechenbar macht. Er offenbart sich über seinen Charakter, der frei von jeglicher Ethik sein kann, wodurch ein solcher Mensch grundsätzlich nur noch die Polizei und das Gefängnis fürchtet. Und selbst diese Art von Furcht kann Exzesse wie Kindesmorde oder andere Verbrechen nicht verhindern.

Charakter ist das »strukturelle Gefüge von Anlagen, erworbenen Einstellungen und Strebungen, von Verhaltensmustern« und beschreibt die »individuelle Eigenart eines Menschen im Unterschied zu anderen Menschen«. Der Duden definiert Charakter als »dem Menschen eingeprägte innere Form« und erläutert, daß die Bedeutungsübertragung sich auf die »gleichsam in die Seele eingeritzten Eigenschaften« bezieht.

Als Beispiel starker Handlungsethik sei hier die alte Kaufmannsregel »Ein Mann – ein Wort« erwähnt. Auf dieser Grundlage wurden über viele Generationen enorme Umsätze abgewickelt. Es entstanden dadurch netzwerkähnliche Organisationen, die durch diese Ethik verbunden waren. Der Autor darf aus eigener Erfahrung ergänzen, daß diese Regel auch in der Phase des Kalten Krieges zwischen den ehemaligen Ostblockstaaten und den westlichen Lieferanten bei bedeutenden Geschäftsabschlüssen durchaus Gültigkeit hatte, sei es in der damaligen DDR, aber auch der Tschechoslowakei, Bulgarien oder der Sowjetunion.

»Treu und Glauben« haben heute nicht mehr dieses verbindliche Element. Zunehmend wird Vertrauen mißbraucht, und der Rechtsstaat versucht, diese sozialen Schwächen mit einer Armee von Polizisten, Rechtsanwälten und Richtern zu bekämpfen. Aber – wie es scheint – vergebens.

Während Moral im Sinne von Sitte, Brauch oder Gewohnheit als wandelbare Norm und willkürliche Zweckmäßigkeitsstruktur meist von Religionsorganisationen und Konfessionen von außen vorgegeben wird, ergibt sich die ethische Verhaltensform aus dem eigenen Bewußtsein. Moral kann, muß aber nicht eine objektive und bewußtseinsmäßig nachvollziehbare Verhaltens- und Bezugslinie erkennen lassen. Ethik hingegen ist völlig daran gebunden, denn ihre Grundlage sind objektivier- und er-

222

forschbare Ursachen, die erkennbare Wirkungen bedingen. Über Moral kann und sollte man daher nicht streiten, über die bewußtseinsmäßige Verbesserung und Vertiefung der ethischen Normen aber Tag und Nacht. Primär mit sich selbst – denn hier liegen die großen Handlungsreserven. Moralvorstellungen sind relativ statisch und extrem von der jeweiligen Umgebung abhängig. Ethische Verständnisstrukturen sind grundsätzlich lebendig, progressiv und evolutionär.

Im Beispiel erläutert wies der Christus Jesus vor rund 2000 Jahren darauf hin, daß man anderen Menschen ausschließlich das zufügen solle, was man für sich selbst als gut empfindet. Hier ist die direkte Kausalität für jeden erkennbar. Dann steigert der Christus Jesus aber die Anforderung in der Formel, daß man sogar seine Feinde lieben solle und jenen Gutes tun, die uns hassen. Die dahinterstehende ethische Kausalität besagt, daß sich Feinde und Hassende kausal nur dadurch in Freunde wandeln oder besiegen lassen, wenn man ihnen Positives entgegenbringt. Nur konkrete und bewußte positive Ursachensetzung bedingt entsprechende Wirkungen.

Im gewählten Beispiel ist zu berücksichtigen, daß Christus wie die anderen Weltlehrer von der Unsterblichkeit der Beteiligten ausging und den als Freund oder Feind Verbundenen daher eine geistesgesetzliche Lösung vermittelte, die für alle Dimensionen langfristig geeignet ist. Im Gegensatz hierzu steht der alttestamentarische Vergeltungsgedanke mit der natur- und geistesgesetzlich falschen Empfehlung des »Auge um Auge, Zahn um Zahn«, denn diese berücksichtigt nur die physisch-materielle Ebene im Rahmen einer einmaligen körperlichen Existenz. Blutrache ist nur eine Scheinlösung in der wenig geistreichen Vorstellung »aus den Augen, aus dem Sinn". Ethik packt durch die aktive Korrektur der Fehlursachen das Problem an der Wurzel an.

Abgesehen vom Postulat der ewigen Rache haben die Theologen der mosaisch-christlichen Konfessionen den persönlichen Gott mit dem Gesetz von Ursache und Wirkung verwechselt, denn nur dieses vergilt auf der Ebene von »Auge um Auge«. Es garantiert die Ernte dessen, was der Einzelne an Ursachen gesät hat. Der ethische Sünder kann daher nur aktiv seine Ursachensetzung verbessern.

Auch wenn viele Menschen innerlich von der Richtigkeit dieser Prinzipien überzeugt sind, ist es bis zur bewußten Umsetzung dieser Erkenntnisse im Alltag noch ein weiter Weg. Hier stellt sich die konkrete Frage, ob man die Unterordnung unter die ethischen Gesetzmäßigkeiten nicht doch umgehen kann.

Da keiner vom Leben gefragt wurde, ob er physisch inkarnieren möchte, können wir unsere Existenz in der gegebenen Form nur zur Kenntnis nehmen. Mit all den dazugehörenden Empfindungen und Gegebenheiten. Unser Sein läßt sich auf jeden Fall vielfach beeinflussen, Rezepte und Ratschläge hierzu gibt es in Hülle und Fülle. In Summe geht es aber darum, die bestehenden Individualpotentiale zu mehren, Freude zu finden und Leid zu reduzieren. Den gewünschten Erfolg kann nur eine konsequente Verhaltensethik bescheren.

Die im 20. Jahrhundert außergewöhnlich beschleunigte Evolution stellt an alle höhere Anforderungen. Zwar haben sich unser Allgemeinwissen und unsere Handlungsmöglichkeiten um ein Vielfaches erweitert, aber damit auch die Potentiale, Leben zu zerstören.

Die in der Vergangenheit für das ethisch-moralische Bewußtsein der Gläubigen verantwortlichen Konfessionen haben durch ihre Strategie der Gnadenmittel und Sakramente das heutige Tief in der Handlungsethik mitverursacht, das uns als Weltgemeinschaft schwer zu schaffen macht. Aber der geistige Verselbständigungsprozeß von vielen Menschen, die sich vom alten Einfluß lösen und zunehmend zur Selbstverantwortung bekennen, bietet Anlaß zur Hoffnung, als Schritt in Richtung einer verbesserten Ursachensetzung.

Geistig-seelische Gesundheit ist identisch mit dem ethisch-intuitiven Wertegefühl, dessen Umsetzung Gesundheit und Heilwerdung bedeutet. Selbstwahrnehmung, Selbsthilfe und Eigenverantwortung bis hin zur Selbsterlösung aus Unwissenheit, Trägheit und geistigem Schlaf sind der Ruf der Stunde.

Auf einem solchen Weg bilden sich zwischen den Menschen auch starke Unterschiede und in der Konsequenz Trennungen. Ein sich der geistigen Lebensgesetze bewußt werdender Mensch, der sich als integrierter Teil einer kosmischen Ordnung versteht, wird sein Leben in einer anderen Form wahrnehmen als der rein materiell Fixierte. Der letztere wird primär bemüht sein, sich auch spekulativ durch das Leben zu schwindeln, oft ohne Rücksicht auf die Lebensgrundlagen zukünftiger Generationen.

Der Selbstverwirklichungsprozeß läßt aus ethischer Perspektive keine spekulativen Spielräume zu. Dem heutigen Menschen wird unterstellt, daß er innerlich klar, selbstständig, stark, harmonisch und energiegeladen ist. Wohl dem, der in bereits entwickelte Potentiale hineingeboren wird.

Als Leitlinie diene die allem Individuellen übergeordnete, geschlechtslose Form der Liebe als höchste Form der Handlungsethik, die als Platonische Liebe im Sinne von Menschheitsliebe in die Kulturgeschichte eingegangen ist.

Teil IV

Empfehlungen aus dem Agni Yoga für den Alltag

Die nachstehenden Empfehlungen, die zum Großteil aus von Leobrand erarbeiteten Skizzen und Vorträgen übernommen wurden, sind als Impulse zu einem bewußteren Handeln gedacht, als Aufforderung, die eigene Verhaltensethik zu überdenken. Gleichzeitig wendet sich die Agni-Lehre an die gesamte Menschheit. Diskriminierung in jeder Form wäre mit dem Gedankengut des Agni Yoga nicht zu vereinbaren.

Der Sinn des Alltags

Die Menschen verachten besonders das tägliche Einerlei. Der Alltag jagt ihnen ein gewisses Grauen ein und erscheint ihnen zugleich als unendliche Mühsal, Qual oder bestenfalls banale Freude. Die Wissenden hingegen betrachten den Alltag als ein Mittel zur Vervollkommnung und zum geistigen Aufstieg, weil er die Pforten der Unendlichkeit öffnet. Deshalb werden auch in der Lebendigen Ethik sehr viele Anweisungen für die praktische Gestaltung des Alltags gegeben. Die Empfehlung lautet, mitten im Alltag durch Bewährung und Pflichterfüllung nach Vollkommenheit zu streben.

Für eine geistige Erneuerung des Lebens muß jeder bei sich selbst und in seinem Alltag beginnen. Politische Programme, soziale Lösungen oder ähnliches werden diese persönlich einzuleitende Erneuerung nur ergänzen können. Es gibt keinen Aufstieg ohne Verbesserung im Alltag. Dieser stellt somit eine endlose Kette von Möglichkeiten dar und verbindet jeden Menschen mit der Unendlichkeit. Manchen erscheinen diese gigantischen Zeiträume eher als ein Schrecken. In Wahrheit jedoch sind sie der Trost für den Wissenden, denn ein entwickeltes Bewußtsein betrachtet die endlose Zeit und den unbegrenzten Raum als den Quell ungeahnter Schaffenskraft und unerschöpflicher Möglichkeiten.

Dienlich ist vor allem jede Tätigkeit zum Nutzen des Allgemeinwohls. Dabei sollte man nicht mehr an sich selbst denken, seine Gedanken sowie seine Arbeit auf das Wohl der Welt richten und sein Augenmerk auf die stufenweise Verbesserung und Verschönerung des Alltags wenden.

Erwachen und Aufstehen

Es ist besser, den Tag mit Segen zu beginnen als mit Bitternis. Es ist besser, seine Mahlzeiten lächelnd einzunehmen als mit Grauen. Es ist besser, eine Aufgabe freudvoll in Angriff zu nehmen als in Bedrücktheit. So sprachen alle Mütter der Welt, so hörten es alle Kinder der Welt. Abgesehen von Yoga weiß das einfache Herz, was für den Fortschritt nötig ist. Es kann unterschiedlich formuliert werden, aber die Bedeutung der freudvollen und feierlichen Grundlage bleibt zu allen Zeiten gewahrt. Der Yoga des Feuers muß die Grundlage des Aufstiegs stärken. Der Agni Yogi ist vor allem kein Hypochonder; er ruft alle im Geiste Starken und Freudvollen. Wenn sogar unter den schwierigsten Umständen ein Glanz der Freude bewahrt bleibt, ist der Agni Yogi von undurchdringlicher Stärke erfüllt. Hier, über den schwierigsten Aufstieg hinaus, beginnt die Feurige Welt.[82]

Man sollte daher im Morgengrauen aufstehen und in den frühen Morgenstunden mit der Arbeit beginnen. Die Strahlen der aufgehenden Sonne sowie reines Berg-Prana sind besonders heilkräftig und energiereich. Prana ist eine Emanation des Sonnenäthers und die wertvollste Lebensenergie. Sie wird vor allem von Nadelhölzern gespeichert und abgegeben. Entscheidungen werden besser am Morgen getroffen. Nach Sonnenuntergang ist es schädlich, Geist und Körper anzuspannen. Der Morgen ist die Stunde der Erkenntnis, weshalb auch Anrufung, Meditation und Gebet idealerweise in den Morgenstunden zu verrichten sind. Alle schöpferisch tätigen Menschen haben ihre besten Eingebungen am frühen Morgen, und zwar unmittelbar nach dem Erwachen, da sie aus dem feinstofflichen Bereich Anregungen und Erkenntnisse ins Oberbewußtsein aufnehmen.

Die Bedeutung der Arbeit

Zahllose Menschen sind traurig darüber, daß sie soviel Zeit für ihren Lebensunterhalt aufwenden müssen. Aber im Leben muß alles mit irdischen Händen und Füßen erarbeitet werden. Man darf sich dem Alltag nicht entziehen. Jede Errungenschaft kann nur durch anstrengende Arbeit erreicht werden, und alle großen Denker und Forscher haben unter den schwersten Bedingungen geschaffen. Eine Arbeit in Ruhe und Sattheit wäre unser größter Feind.

Nichts bringt unser inneres Feuer so zum Erlöschen wie satte Genügsamkeit und die Gewißheit, daß wir am nächsten Tag versorgt sind. Ein echter Yoga-Schüler kennt keine Sorgen um den morgigen Tag und arbeitet bis zur Grenze der Bedürfnisse und Möglichkeiten, denn im schwierigsten Moment, wenn alle Kräfte angespannt sind und die eigene Findigkeit erschöpft ist, kommt auch – dem Gesetz entsprechend – Hilfe, jedoch erst in letzter Minute.

Erst wenn die Zeit reif ist, ändern sich die Bedingungen, und die Aufgaben nehmen zu. Die Sorgen um das Stückchen Brot werden schwinden, doch an ihre Stelle treten schwerere und kompliziertere Aufgaben. Es ist sehr wichtig, jede Tätigkeit in uneigennützigem Denken, herzlicher Hingabe und Dankbarkeit darüber, daß man überhaupt aktiv sein kann, durchzuführen.

Freizeit

Da die meisten Menschen auf dem geistigen Pfad nicht jenen Beruf ausüben, der ihren Wünschen und Fähigkeiten entspräche, wird ihr eigentliches Lebenswerk oft erst in der Freizeit beginnen. Gerade dieser Wechsel in der Arbeit bringt die notwendige innere Befriedigung und zugleich auch Erholung.

Lebenswichtig ist das Studium der Lehren, die von Seiten der Hellen Hierarchie bzw. der Weltlehrer gegeben wurden. Agni Yoga selbst ist so umfassend, daß ein einziges Leben, selbst wenn es hauptberuflich dem Studium gewidmet wäre, niemals ausreichen würde, um das dargebotene Wissen voll und ganz aufzunehmen und auszuschöpfen. Ein geistig erwachter Mensch wird jede freie Stunde für seine Fortbildung und für schöpferische Tätigkeiten nutzen. Der Geist bedarf des Körpers als notwendiges Instrument zur Betätigung in der Materie, und somit braucht er auch entsprechende Pflege und Erholung. Dazu gehören viel Bewegung in frischer Luft, schöpferische Betätigung sowie eine bewußte Ernährung.

Yoga und Prana

Ein Yogi braucht in erster Linie Prana. Deshalb soll das Fenster in seinem Zimmer nie geschlossen sein, ausgenommen bei besonders starker Feuchtigkeit.

»Jeder ist auf eine Yoga-Art ausgerichtet, sei es auch nur auf einer elementaren Stufe oder in einer verzerrten Form. Die Menschen können den Elementen entsprechend unterschieden und sogar nach Yoga-Arten eingeteilt werden. Nicht selten erkennt man in einem Frömmler die Entstellung des Bhakti-Yoga, in einem unerträglichen Athleten Hatha-Yoga, in einem Glaubenseiferer Radja-Yoga und in einem Heuchler Gnana-Yoga. Doch was übertrifft den Beitrag des wahren Yoga, der das irdische Bewußtsein mit dem kosmischen Pulsschlag verbindet?

Ihr könnt Mich fragen, welche körperlichen Übungen im Agni Yoga von Nutzen sind. Ich rate zu kurzem Pranayama am Morgen, nicht länger als fünf Minuten. Man sollte kein Fleisch zu sich nehmen, in Ausnahmefällen geräuchertes. Gemüse, Obst, Milch und Getreide sind immer nützlich. Ebenfalls werden alle Weine abgelehnt, außer zu Heilzwecken. Opium ist der Feind des Agni Yoga. Die Wolken am Himmel lasten auf einem Agni Yogi. Ich rate, die Schuhe durch Gummi zu isolieren und, den Rauch meidend, am Morgen spazierenzugehen.«[83]

»Nützt die Höhenluft ... Prana ist wie Nahrung des Herzens.«[84]

Ein Yoga-Schüler muß auf alle Fälle seine Atmungsorgane reinhalten; deshalb wird empfohlen, vor dem Einschlafen die Nase mit Menthol-Vaseline einzufetten. Außerdem ist das Trinken von heißer Milch mit Speisesoda, Pfefferminz- und Baldriantee abends sehr nützlich.

Licht und Luft

A*rbeitet bei Licht, entscheidet bei Licht, urteilt bei Licht, trauert bei Licht, freut euch bei Licht.«*[85]

*»Es ist gut, in der Sonne zu sein, doch der Sternen-
himmel trägt ebenfalls zum Gleichgewicht der Nerven bei.
Der Mond hingegen ist nicht gut für uns. Das reine Licht
des Mondes zersetzt das Prana. Des Mondes Magnetismus
ist beträchtlich, doch für Entspannung ist er nicht günstig.
Oft ruft der Mond Bedrückung und Müdigkeit hervor, wie
dies Leute tun, die unsere Lebenskraft absaugen.«*[86]

Sonnenlicht

Auch wenn der Yoga-Schüler ein großer Freund des
Sonnenlichts ist, muß er dennoch seinen Scheitel vor
einer unmittelbaren Einwirkung der Sonnenstrahlen
schützen. Die Sonnenstrahlen haben außerdem zu Zeiten, in denen Sonnenflecken auftreten, einen schädlichen chemischen Einfluß, der das Ansteigen menschlichen Wahnsinns begünstigt, weshalb in solchen Zeiten
auch viele dementsprechende Taten wie Morde, Ein-
brüche, Sexualverbrechen und dergleichen geschehen.
Befinden sich die Chakren im Stadium der Entwicklung,
muß man unmittelbare Sonnenbestrahlung auf alle Fälle
meiden. Gleichfalls sind in diesem Zustand übermäßige
Übungen und physische Anstrengungen sehr schädlich.

Nervenzentren

Ein Yoga-Schüler muß den Nervenzentren größte Aufmerksamkeit zuwenden, da deren Entfaltung meist
unbewußt vor sich geht und mit unerklärlichen Krankheiten, ähnlich wie Asthma, Schwindsucht, Rheumatismus,
stechenden Schmerzen, Schwindelanfällen und anderen
Erscheinungen, die den Ärzten unbekannt und unver-
ständlich sind, verbunden ist.

Daher sollten die mit Zentrenentwicklung verbunde-nen gesundheitlichen Störungen nicht mit den üblichen pharmazeutischen Mitteln behandelt werden, da dadurch der Schaden oft noch größer wird. Man spricht bei der Zentrenentwicklung sogar von heiligen, also zum geisti-gen Heil führenden Schmerzen. Leider ist die Zahl der diesbezüglich informierten Ärzte sehr gering. Deswegen ist größte Vorsicht bei der Behandlung geboten und Na-turheilmitteln der Vorzug zu geben. Sofern die Störungen durch Zentrenentwicklung ausgelöst worden sind, ver-schwinden sie auch innerhalb einer bestimmten Zeit-spanne meist genauso überraschend, wie sie in Erschei-nung getreten sind.

Narkotika und andere Gifte

Jeder beizende Rauch, vor allem Tabakrauch, ist schäd-lich. Das Rauchen entzieht dem Menschen Lebens-kraft.

Arglist, Zweifel, Glaubenslosigkeit, Ungeduld, Faulheit und andere Eingebungen aus zersetzenden Quellen tren-nen die irdische Welt von den Höheren Sphären. Anstatt den Weg des Guten einzuschlagen, versuchen die Men-schen, die Ekstase des Geistes durch verschiedene Nar-kotika zu ersetzen, die das Vorhandensein der jenseitigen Welt vortäuschen sollen.

Solche Gewaltmaßnahmen sind sehr schädlich, sie verfremden und verrohen das Bewußtsein. Gleicher-maßen ist das irdische Leben mit dauernden Vergiftungen durchdrungen, mit denen die Menschen einander so lie-bevoll aufwarten.

»Eine Unmenge von giftigen Ausdünstungen erstickt die Städte. Die Menschen beschäftigen sich mit der Herstel-

lung von Substanzen, die weit gefährlicher sind als Narkotika. Narkotika schaden den Süchtigen selbst, aber tödliche Gase quälen alles, was lebt.[87]

Fäulnis und Unrat

Fäulnis innerhalb der Wohnung bzw. in der näheren Umgebung sollte unbedingt vermieden werden, selbst Gemüse sollte nicht in Zersetzung übergehen. Man sollte in der Wohnung nichts Verdorbenes und Schmutziges herumliegen lassen. Sogar abgestandenes und gebrauchtes Wasser oder sonstige gärende Substanzen ziehen unerwünschte feinstoffliche Wesenheiten sowie Ungeziefer an. Dies gilt besonders für alle bluthaltige Nahrung und stark riechenden Käse – und das gleiche betrifft faulende Früchte und welkende Blumen. Die Entfernung solcher in Zersetzung befindlichen Stoffe ist nicht nur eine Sache der Hygiene und der Ästhetik, sondern entspricht auch der Erkenntnis der Gesetze der Feinstofflichen Welt. Abgetragene Sachen sollte man ebenso aussondern wie überholte Anschauungen im geistigen Bereich.

Schnittblumen

Schnittblumen sind sterbende Wesen, bei denen der Lebenssaft oder das pflanzliche Blut langsam ausfließt und einen unangenehmen Geruch verbreitet, der niedere feinstoffliche Wesen anzieht. Gleichzeitig sei darauf hingewiesen, daß die Rose nicht zu den Schnittblumen zählt, sondern zu den Sträuchern und deshalb geschnitten werden darf. Von den reinen Sträuchern soll immer der Rose der Vorzug gegeben werden.

Schnittblumen sind durch lebende Blumen zu ersetzen. Rosen sollte der Vorzug gegeben werden, da sie die meiste feurige Energie ausstrahlen. Die Wesenheiten, die von der Zersetzung leben, meiden die reinen Gerüche der Feurigen Welt. Lebende, das heißt ungeschnittene Blumen haben durch ihren Duft und ihre Schönheit eine heilsame Ausstrahlung.

»Nichts speichert die Essenz von Prana so sehr wie Pflanzen. Sogar Pranayama kann durch die Verbindung mit den Pflanzen ersetzt werden. Es ist wichtig, die Aufmerksamkeit auf die Zusammensetzung der Pflanzen zu richten.«[88]

Ungeziefer und Tiere in der Wohnung

Die Lebendige Ethik beinhaltet auch ein bewußtes Verhältnis dem Tier gegenüber.
Grundsätzlich sollte der Wohnbereich absolut frei von allem Ungeziefer gehalten werden. Dieses gilt auch für Träger von Ungeziefer, die im Wohnbereich gehalten werden. Meerschweinchen und andere Kleintiere sind Träger der verschiedensten Infektions- und Krankheitskeime. Aber auch Singvögel, Hunde und Katzen können – wie zunehmend von Medizinern aufgezeigt – die primäre Ursache für alle möglichen Allergien, Infektionen und sogar schwere Krankheiten sein.

Gleichzeitig betont der Agni Yoga, daß bestimmte Tiere auch Auswirkungen auf die Psyche und den Geisteszustand haben. Die Katze ist eine Notwendigkeit für ländliche Wohnstrukturen, birgt aber als Küchen- oder gar als Schlafzimmertier alle möglichen Gefahren, auch die der nervlich-psychischen Schwächung. Da die Tiere energetisch selbst aus verschiedenen seelisch-charakterlichen

Potentialen bestehen, bringt dies Rückwirkungen auf den Besitzer. Diese können auch geistig-seelischer Art sein. Jedes Tier ist ein feinstofflicher Magnet und zieht entsprechend seiner eigenen Schwingungen bestimmte astrale Wesenheiten an. So lieben z. B. Katzen schizophrene Menschen, während Hunde und Pferde vor ihnen fliehen. Auch die Märchen beinhalten hier uralte Wahrheiten. Sehr schlecht ist es, Haustiere im Schlaf- oder Kinderzimmer zu halten. So sehr der liebevolle Umgang mit Tieren gefördert werden soll, so wenig haben Maßlosigkeit oder das Halten eines Tieres als Ersatz für einen Menschen damit zu tun.

Grundsätzlich sind alle Tiere liebenswert, sind sie doch die jüngeren Brüder der Menschheit, denen man durch Liebe und Fürsorge helfen soll, sich bessere Eigenschaften anzueignen, was ihrer Evolution dienlich ist. Falsch ist jedoch die Sentimentalität vieler Menschen Tieren gegenüber. Mancher kann einer Wespe oder Fliege nichts zuleide tun, verzehrt aber bedenkenlos jährlich ein Schwein, einen ganzen Ochsen oder mehr. Diese doppelte Moral ist eines denkenden Menschen unwürdig.

Wasser und Feuer

Stehendes Wasser ist schlecht, denn es zersetzt sich und offenbart keine psychische Energie. Der Wasserqualität ist höchstes Augenmerk zu schenken. Wichtig ist die Erhaltung des Lebensmagnetismus im Wasser. Als das wesentliche Getränk ist reines, natürliches Trinkwasser zu berücksichtigen.

In den Wohnräumen sollte immer Feuer bzw. eine offene Flamme brennen, denn Öllampen und Kerzenflammen reinigen den Raum und reduzieren Ansteckungen verschiedenster Art.

Wohnräume, Küche und Schlafzimmer

Man sollte seine Wohnung nicht mit alten bzw. antiken Möbeln ausstatten. Ist dies unvermeidlich, so muß besonders gut gelüftet werden. Alte Sachen haben nur dann einen Wert, wenn ihnen gute Emanationen ihrer früheren Besitzer anhaften. Nicht ohne Grund wird geraten, sich alter Sachen zu entledigen.

Unpassend ist es auch, in Wohnräumen Tierfelle, ausgestopfte Tiere oder gar nekromantische Gegenstände aufzubewahren. Wer die Bedeutung des Magnetismus im tierischen Organismus erkannt hat, wird verstehen, daß eine Vermischung von menschlichen und tierischen Fluida grundsätzlich nachteilig ist und vielerlei geistig-seelische, aber auch physische Erkrankungen auslöst.

In der Küche sollte man keine schädlichen Brennstoffe verwenden. Desgleichen ist der Aufenthalt in der Küche grundsätzlich zeitlich auf ein Minimum zu beschränken, da bekanntlich die Gerüche und Ausdünstungen von Nahrungsmitteln, besonders von Fleisch, gewisse unerwünschte Gäste aus dem feinstofflichen Bereich anziehen. Deswegen sind Wohnküchen nicht zweckmäßig.

Besonderes Augenmerk gilt der reinen und frischen Luft im Schlafzimmer. Pfefferminz- und Eukalyptusöl sind das beste Reinigungsmittel, auch für den Astralkörper. Es ist von Vorteil, für unseren Astralkörper die besten Umstände zu schaffen.

Städte und Siedlungsplätze

Siedelt niemals an blutgetränkten Stätten. Neue Werke müssen auf neuen Stätten geschaffen werden.«[89]

Dies gilt besonders für ehemalige Schlachtfelder. Natürlich ist auch die Nähe von Schlachthöfen, Fleischhauern oder Friedhöfen zu meiden.

»Wahrlich, die Leute müssen sich an untersuchten Plätzen ansiedeln. Selbst ein Bär wählt seine Höhle mit Sorgfalt aus. Pflanzen werden günstige Möglichkeiten aufzeigen. Beachtet, wo Zedern und Kiefern, Heidekraut und Eiche, Gras und Blumen eine lebhafte Färbung aufweisen.« [90]

Prana wird nicht von den Nadelhölzern selbst abgegeben, sondern kommt ursprünglich von der Sonne. In den Höhen, wo kein Pflanzenwuchs mehr auftritt, befindet sich das meiste Prana. Doch die Nadeln der Koniferen können Prana speichern. Die Aufnahme von Prana durch den Menschen muß aber bewußt vor sich gehen.

Die verseuchte Atmosphäre von Städten sollte man meiden und so oft wie möglich in die unberührte Natur hinausgehen, um reines Prana aufzunehmen. Der Mangel an Prana ist ein sehr großes Zivilisationsproblem geworden, als Folge ergaben sich viele Krankheiten geistig-seelischer, aber auch körperlicher Art. Ein echter Yogi bleibt nie lange an einem Platz. Reisen dienen der Bildung und sind der Bewußtseinserweiterung förderlich.

Schlaf und Träume

Schlaf ist höchst wichtig, denn viele Menschen helfen durch ihre positive Grundeinstellung während des Schlafes zweifellos den Kräften des Lichts in der Feinstofflichen Welt. Deshalb ist es sowohl aus gesundheitlichen als auch aus geistigen Gründen unangebracht, die Stunden des Schlafes zu verkürzen. Besonders wichtig ist es, mit guten und helfenden Gedanken einzuschlafen.

Ruhe hat eine heilende Wirkung. Man hüte vor allem seine Seelenruhe. Das seelische Gleichgewicht enthält das große Geheimnis der Errungenschaften. In der Agni-Lehre wird immer wieder darauf hingewiesen, daß es wichtig ist, die Gesundheit zu hüten, da der Geistesschüler ansonsten nicht imstande ist, seine ihm übertragenen Aufgaben zu erfüllen. Detaillierte Anweisungen hierzu würden leider den Rahmen dieses Buches sprengen.

Aufgrund des geistig-seelischen bzw. nervlichen Gleichgewichts ist im allgemeinen eine leichte Korpulenz erwünscht. Die Nerven sollten bis zu einem gewissen Grad in Fett gelagert sein. Hagere Menschen sind bekanntlich viel nervöser als korpulente. Natürlich gilt hier der Goldene Mittelweg, denn nur er schafft das notwendige Gleichgewicht. Ein physischer Kräfteverfall sollte unter allen Umständen vermieden werden.

Manche Menschen träumen während des Schlafes stark, andere hingegen kaum. Das hängt mit der Phantasie und mit mehr oder weniger starken Bindungen an die übersinnlichen Welten zusammen. Könnten die Menschen Träume und Visionen aufnehmen, würde sich ihr Leben verbessern, da ihnen darin zahlreiche Weisungen und Warnungen gegeben werden.

Sogenannte Traumdeutungsbücher sind wertlos. Die Auslegung der Träume läßt sich unmöglich in ein Schema pressen, denn die im Traum gesehenen Symbole haben bei allen Menschen ausnahmslos eine individuelle Bedeutung und lassen nur in einem geringen Maß Analogien zu. Effizienter ist es, seine Träume zu notieren, um durch Beobachtung und Übung den Sinn der gesehenen Symbole selbst zu erkennen.

Tagesrückschau und Selbstvervollkommnung

Wer den Alltag richtig nutzt, befindet sich auf dem Weg zur Selbstvervollkommnung. Zur Kontrolle des geistigen Fortschritts empfiehlt es sich, jeden Abend vor dem Einschlafen eine Tagesrückschau zu halten. Gäben sich die Menschen täglich über die Qualität der Tagesarbeit Rechenschaft, könnten sie viele Schwierigkeiten, besonders für sich selbst, aber auch für andere, vermeiden. Auch das Führen eines Tagebuches kann hilfreich sein.

»Die Welt ist nach schönen Prinzipien gebildet. Die Meinung, der Welt entsagen zu müssen, ist unrichtig. Der himmlischen Schönheit kann man nicht entsagen. Die ganze Welt ist dem Menschen gegeben worden. Es wäre daher richtiger, von der Erforschung der Bedeutung der Dinge zu sprechen. Wenn sich die Frage nach der Entsagung erhebt, trifft man auf äußerst entstellte Begriffe, die schädlichsten Taten; doch es ist unzulässig, einen schönen Begriff – die Welt – zu mißbrauchen. Weltliche Angelegenheiten müssen nicht unwürdig und beschämend sein.«[91]

Schlechte Eigenschaften und Gewohnheiten überwinden

Ich sage, belaste andere nicht durch unnötig gereizte Stimmung.«[92]
»Schreibt über psychische Ansteckung. Nach wie vor fürchten die Menschen bis zum Übermaß physische Ansteckung und vergessen den Hauptkanal aller Ansteckungen. Kann man morden, fluchen und toben, ohne räumliche Aufschichtungen zu verursachen? Alles schafft einen festen schweren Niederschlag und bildet über dem

Ort des Geschehens eine schädlichen Gasen ähnliche Schicht.«[93]

»Ich rate, böswilliges Geschwätz und übles Gerede zu unterlassen. Dadurch können viele einen halben Tag gewinnen.«[94]

Man kann grundsätzlich zwei Arten von Menschen unterscheiden. Die einen lassen nie Schmutz zurück, sie bringen alles in Ordnung und halten benutzte Sachen in reinem Zustand, damit andere nicht mit Unrat belastet werden oder dadurch Schaden erleiden. Fremde Sachen werden sie eher besser als die eigenen behandeln. Die zweite Gruppe kennt diese Form von Hygiene nicht und hinterläßt bedenkenlos den verursachten Schmutz.

»Ihr beginnt vieles richtig zu machen. Ihr lehnt den Händedruck ab und anerkennt damit die Bedeutung der Berührung. Ihr vermeidet das Schreiben mit der Hand und anerkennt damit die Aufschichtung lebendiger Energie. Ihr verkürzt die Sprache und anerkennt damit die Notwendigkeit kosmischer Erhaltung. Ihr gründet Gesellschaften für gegenseitige Hilfe und anerkennt damit die Gemeinschaft. Ihr beginnt mit einer Umwertung vergänglicher Werte und anerkennt damit die Evolution. Ihr lehnt schmutzige Reden ab und anerkennt damit die Bedeutung des Lautes.«[95]

»Es ist unbeschreiblich, wie die Menschen versuchen, ihre Angst vor der Zukunft zu verbergen; sie versuchen zu beweisen, daß man nicht über die Zukunft, sondern über die Vergangenheit nachdenken soll. Schändlich meiden sie alles, was an Fortschritt in die Zukunft erinnert. Sie vergessen, daß diese Haltung zu einer gefährlichen Vergiftung des Raumes führt. Selbst an den reinsten Plätzen können solche vergiftenden Wellen beobachtet werden. Die Menschen vergiften auch einander, aber der *heilsamste und schönste Gedanke ist der an die Zukunft.«*[96]

»Angst unterbindet die schöpferische Energie. Angst ist Erstarrung und unterliegt der Finsternis, wogegen die Hinwendung zur Höheren Welt Begeisterung hervorruft und die Kräfte zum Ausdruck des Schönen vermehrt. Solche Eigenschaften werden nicht durch Angst, sondern durch Liebe geboren.

Die Ketten der Angst sind der Sklaverei eigen, jedoch Gestaltung von Schönem ist keine Sklaverei, sondern Verehrung durch Liebe.«[97]

»Ein Yogi hat keine Gewohnheiten, denn sie sind nichts anderes als eine Zersetzung des Lebens. Dem Yogi ist es eigen, in seiner Tätigkeit nach einem bestimmten Plan vorzugehen. Ihm fällt es nicht schwer, sich von den Fesseln der Gewohnheit zu befreien, denn gespannte Wachsamkeit ermöglicht ihm ständig erneute Anpassung an die Umstände. Aber Trägheit ist das Skelett der Unwissenheit. Wieviele Königreiche sind durch Trägheit zugrundegegangen!«[98]

»Wer zum Yoga Zuflucht nimmt, um robuste Gesundheit zu erlangen, täte besser, ein Glas Wein zu genießen und über erhabene Ideen zu diskutieren, ohne sie im Leben anzuwenden.«[99]

»Freuet euch! Freuet euch! Denn der Yogi muß die Weisheit der Freude kennen. Das Vermächtnis des Gesegneten lautet, die Freude des Geistes zu hüten. Wer die Gegenwart des Geistes fühlt, freut sich bereits, da er seine Unbegrenztheit kennt.«[100]

Vegetarismus

Für einen gemäßigten Vegetarismus sprechen viele ethische, ästhetische und medizinische Gründe.

»Die Lebensgrundlage muß sauber sein. Wahrlich, manche Zweibeiner verbringen ihr ganzes Leben im Sumpf. Irgendwie vegetieren sie, aber jeder, der Reinlichkeit gewohnt ist, erstickt im Schmutz.

Genauso ist es mit der Nahrung. Wer reine Nahrung gewohnt ist, für den ist es ungesund, sich mit unreinem, zersetzendem Stoff anzufüllen. Wer von Kindheit an unreine Nahrung gewohnt ist, ist nicht unmittelbar in Gefahr, aber er muß bedenken, daß die Keime der schrecklichsten Krankheiten in unreiner Nahrung enthalten sind.«[101]

Der strebende Geist braucht zunehmend ein reines Instrument. Dieses wird durch blutige Nahrung sowie Alkohol- und Nikotingenuß ständig verseucht.

»Jede Blut enthaltende Nahrung ist für die Entwicklung der feinen Energie schädlich. Würde sich die Menschheit des Verschlingens von Kadavern enthalten, könnte die Evolution beschleunigt werden. Die Fleischliebhaber versuchten, das Blut aus dem Fleisch zu entfernen, doch sie konnten die erwünschten Resultate nicht erzielen. Selbst wenn das Blut aus dem Fleisch entfernt wird, kann man das Fleisch von den Emanationen dieser starken Substanz nicht völlig befreien. Daher sollte es auf dem Weg zur Bruderschaft keine Schlachthöfe geben.«[102]

»Doch es gibt Menschen, die viel gegen das Blutvergießen sprechen, jedoch nicht abgeneigt sind, Fleisch zu essen. So gibt es im Menschen zahlreiche Widersprüche.«[103]

»Seid daher einfacher und verfeinert eure Nahrung.«[104]

»Verfeinerung des Herzens verlangt Verzicht auf Fleischnahrung, wobei Verstehen der Feinstofflichen Welt nicht allein auf den Schaden durch Verzehren verwesender Produkte hinweist, sondern auch aufzeigt, welche Nachbarn Verwesung anzieht. Es ist schwierig zu sagen,

worin der größere Schaden besteht – im Verzehren von
Fleisch oder in der Anziehung der ungebetenen Gäste
durch Fleisch.«[105]

»*Oft werden die besten Heilmittel wenig geschätzt.*
Milch und Honig gelten als nahrhafte Produkte, sie sind
aber als Regulatoren des Nervensystems völlig in Verges-
senheit geraten. In reinem Zustand enthalten sie die wert-
volle Urenergie. Gerade diese Eigenschaft muß in ihnen
erhalten bleiben. Die Sterilisation der Milch und die Spe-
zialbehandlung des Honigs entziehen diesen die wertvoll-
ste Eigenschaft. Ihr Nährwert bleibt, aber ihr grundlegen-
der Wert schwindet.

Schließlich ist es wichtig, daß die Produkte im natur-
reinen Zustand genossen werden. Haustiere und Bienen
müssen daher unter gesunden Bedingungen gehalten
werden. Jede künstliche Reinigung macht die wahre Nutz-
anwendung zunichte.«[106]

Ergänzend zur vegetarischen Ernährung wird empfohlen,
auch regelmäßig kleinste Mengen von Speisesoda (Natri-
umbikarbonat) zuzuführen. Erwähnt wurde auch schon
die Bedeutung von Baldrian- und Pfefferminztee. Baldrian
gehört zur Kategorie der Lebensspender. Pfefferminze
kann in allen Formen innerlich und äußerlich angewendet
werden und hilft speziell bei Darmerkrankungen. Auch
bei Entzündungen der Zentren hilft Pfefferminze. Im Som-
mer, bei starker Hitze, sind Einreibungen mit Menthol- oder
Pfefferminzöl im Gesicht und Nacken wohltuend. Den Duft
von Pfefferminze lieben die Bewohner der Niederen Feinstofflichen Welt nicht. Darum ist es angebracht, entweder
lebende Pfefferminz-Pflanzen in der Wohnung zu halten
oder Pfefferminz-Öl zu verwenden, indem man einige
Tropfen in eine Schale mit heißem Wasser gibt. Wermutöl
empfiehlt sich als Einreibemittel bei geschwollenen Drü-
sen. Auch schwacher Wermuttee hilft in solchen Fällen.

Allgemeine Weisungen

Zur Frage der Ernährung sollte vermerkt werden, daß es notwendig ist, täglich Rohkost und Obst zu essen. Ebenso ist rohe Milch von gesunden Kühen der gekochten vorzuziehen sowie Vollkornbrot. So nimmt man ausreichend Vitamine zu sich, ohne das Essen durch nutzlose Nahrung zu vermehren.«[107]

»Es wurde richtig beobachtet, daß der Organismus drei Jahre braucht, um sich von fleischlicher Nahrung auf vegetarische Kost umzustellen.«[108]

Das Bewußtsein für eine vollwertige und gesunde Lebensweise ist in den letzten Jahrzehnten deutlich gestiegen. Dies ist in erster Linie mutigen Vorkämpfern, hauptsächlich Medizinern und anderen Forschern, zu verdanken, die unermüdlich Aufklärungsarbeit geleistet haben.

Die Bedeutung der Kunst

Echte Kunst ist Ausdruck reinen Geistes. Durch Kunst könnt ihr erleuchtet werden.«[109]

Wahre Kunstwerke üben auf den Menschen eine beruhigende Wirkung aus. Schöne Musik besitzt heilende Wirkung. Die Vibration harmonischer Verbindungen von Farbtönen erzeugt eine besondere Atmosphäre. Die Reaktion von Museumsbesuchern auf außergewöhnliche Kunstgegenstände bestätigt die Kraft der Schönheit. Die herrlichen Gedanken, die in einem Kunstwerk in die Tat umgesetzt worden sind, bilden einen anziehenden Magneten und sammeln aufbauende Energien. So hat ein solches Kunstwerk sein eigenes Leben und vermittelt einen Austausch und eine Anhäufung von Energien.

Kunst ist die Suche nach dem Schönen und der Ausdruck der Vervollkommnung in allem, was der menschliche Geist formen und gestalten kann. Darum nähert sich jedes menschliche Streben nach Vollendung dem Gebiet der Kunst und kommt mit ihr auf irgendeine Art und Weise in Berührung. Die Natur ist Ausdruck höchster Kunst. Sie bringt ständig neue und noch vollkommenere Kombinationen ihrer Erscheinungswelt und ihrer Formen hervor. Kunst ist Vervollkommnung um der Vervollkommnung willen.

Die wahre Aufgabe der Kunst liegt darin, dem Menschen das Verständnis für die Schönheit näherzubringen. Wirkliches und aufrichtiges Streben nach Schönheit wird uns auch zum Verständnis kosmischer Gesetze führen, die das Weltall lenken und die in der vollkommenen Vernunft und im vollkommenen Herzen zum Ausdruck kommen.

»Durch Töne und durch Schönheit beten Wir.«[110]
»Wer die Schönheit kündet, wird gerettet werden.«[111]
»Um die Kenntnisse über die Schönheit zu vermehren, sollte in den Schulen das Studium über die Schönheit des Lebens eingeführt werden.«[112]

Schönheit ist das führende Prinzip der Kunst, ohne Schönheit gibt es keine Kunst! Das Weltenall entwickelt sich in Schönheit, und auch die Vervollkommnung des Lebens hat die Schönheit zum Ziel. Es gibt keine Vollkommenheit ohne Schönheit. Was der Schönheit nicht dient, führt zum Häßlichen und zur Disharmonie. Folglich können Formen und Inhalte, die auf echte künstlerische Bewertung Anspruch erheben, nicht disharmonisch und häßlich sein. Die Kunst muß daher Abstoßendes und Abscheuliches, das jeder Schönheit entbehrt, unbedingt vermeiden.

Um nach dem Tod, in der Vierten Dimension, nicht in der Finsternis zu verweilen, ist es notwendig, bereits auf der Erde die Schönheit der Höheren, d. h. der Feurigen Welt kennenzulernen. Wenn bereits die irdische Welt so reich an Schönheiten ist, wie vielfältig und herrlich wird dann erst die höhere Feinstoffliche Welt und wie majestätisch die Feurige Welt des reinen Geistes sein! Um dies zu begreifen, muß man schon in der inkarnierten Phase Schönheit erfahren; denn nur eine scharfe Beobachtungsgabe kann im Menschen den Begriff der Schönheit festigen.

Luxus ist der Antipode der Schönheit, und nichts ist vom Leben hoher Geister weiter entfernt als die Vorstellung von Wohlstand und Luxus. Die Schönheit und die Gesetze der Natur können sich dem Geist nicht offenbaren, wenn das menschliche Bewußtsein allgemein gesunken und in den oberen Schichten dem Luxus verfallen ist. Nur verfeinertes Fühlen und Denken führen zur Erkenntnis von Schönheit.

»Es wurde gesagt, daß die Menschheit den Luxus meiden muß. Nicht ohne Grund isolierten sich die Menschen von diesem Begriff. Luxus ist weder Schönheit noch Geistigkeit, weder Vervollkommnung noch Aufbau, weder Wohlwollen noch Mitgefühl. Luxus bedeutet Zerstörung der Hilfsquellen und Möglichkeiten. Luxus ist Auflösung; denn jede Formgebung ohne Rhythmus bedeutet Auflösung. Man kann deutlich sehen, wie der weltliche Luxus bereits erschüttert wurde, doch es muß eine harmonische Zusammenarbeit gefunden werden, um die Plage des Luxus auszumerzen. Der Egoismus wird einwenden, daß Luxus ein verdienter Überfluß sei. Es wird auch gesagt werden, daß Luxus majestätisch sei. Das ist eine Verleumdung, Luxus war immer ein Zeichen des Verfalls und der Verdunkelung des Geistes. Die Ketten des Luxus sind be-

sonders schrecklich für die Feinstoffliche Welt. Dort sind Fortschritt und stete Vervollkommnung der Gedanken erforderlich. Überladung führt nicht zu den nächsten Toren.«[113]

Unter den Künsten nimmt die Musik eine besondere Stellung ein. Sie ist nicht nur ein bedeutender Erziehungsfaktor für die seelische und geistige Ebene des Menschen, der – je nach Qualität der Darbietung – sowohl aufbauend als auch zerstörend wirken kann, sondern sie ist heute bereits ein anerkannter Heilungsfaktor in Medizin und Psychotherapie. Auch inspirierten die großen Werke der Meisterkomponisten immer wieder Künstler aus anderen Bereichen.

»Der Mensch muß schöne Musik und Gesang hören. Oft wird durch eine einzige Harmonie das Gefühl für das Schöne für immer geweckt. Doch groß ist die Unwissenheit, wenn man die besten Allheilmittel in der Familie vergißt. Besonders, wenn die Welt von Haß erbebt, ist es unerläßlich, das Ohr der jungen Generation eiligst zu öffnen. Wer die Bedeutung der Musik nicht erkennt, wird das Klingen der Natur nicht verstehen; ebenso ist es unmöglich, sich die Sphärenmusik vorzustellen.«[114]

Zivilisation dient in erster Linie der Erhaltung und Förderung des Lebens und betrifft vorwiegend die Erzeugnisse des Handwerks und der Technik. Kultur aber ist Synthese. Wahre Kulturwerte können mit Geld nicht bewertet werden. Ihr besonderes Kriterium liegt darin, daß sie zum Zeitpunkt ihres Entstehens oft unterschätzt, ja sogar mißachtet, verlacht und bekämpft werden. Kultur ist die Veredelung des schöpferischen Feuers in jedem Menschen in seinem Lebensverhalten, durch seine geschaffenen Werke.

»Ihr sprecht so oft das Wort ›Kultur‹ aus. Das bedeutet Kult des Lichts.«[115]

Die hypermoderne Kunst, die den geistigen Zerfall der Gegenwart und der nächsten Zukunft offenkundig werden läßt, ist die Prophetin des Chaos von morgen. Die meisten Kunsterzeugnisse der Gegenwart sind daher ein Zeichen geistiger und moralischer Degeneration und wirken nicht erbauend und erhebend, was von jeder wahren Kunst gefordert werden muß, sondern tragen den Keim eines kommenden Unheils in sich. Gleichzeitig gibt es aber auch bereits Keime einer erhebenden modernen Kunst, die ebenfalls mit wenigen Strichen, sachlichen Linien und neuen Farbeffekten arbeitet, aber nicht den Untergang, sondern die Rettung aus dem Chaos verkündet. Es seien hier als Beispiel vor allem die Werke von Nicholas K. Roerich erwähnt, der als universelle Persönlichkeit des 19. und 20. Jahrhunderts allein rund 7.000 Gemälde schuf. Ein wesentlicher Teil seiner Werke entspricht dem sogenannten esoterischen Realismus.

»Die Verwirklichung der Schönheit wird die Welt retten.«[116]

Schönheit kann man überall und in allem suchen und verwirklichen. Das Streben nach Schönheit und Vollkommenheit kann uns aus dem Chaos retten. Die Schönheit überwindet den Verfall der Moral, den Zusammenbruch des Geistes und die allgemeine Verrohung der Menschheit. Man muß daher in sich selbst die niedere Natur bekämpfen. Dies ist die einzige Art des Kampfes, die auch dem friedliebendsten Menschen nicht erspart bleibt, selbst wenn er ein absoluter Pazifist sein sollte und sich weigert, jemals wieder eine Waffe zu ergreifen. Niemand kann die Selbstvervollkommnung und die Unterwerfung der niederen Natur in sich umgehen. Man möge daher immer der Stimme seines Herzens lauschen, welche die widerspenstige Persönlichkeit auf alle Fälle auf den Weg der Schönheit und der Vollkommenheit lenkt. Die Schönheit lebt jedoch nicht ohne Liebe, und ohne schattenlose Liebe ist es dem Menschen überhaupt verwehrt, in die Höhere Welt aufzusteigen. Schattenlose Liebe verlangt Befreiung von jeder Dissonanz und jeder Disharmonie. Nur durch die Liebe wird man das Licht der Schönheit entzünden, und durch die Tat wird man die Rettung des Geistes vollbringen.

Die Liebe ist die Tochter der Schönheit und zugleich auch ihre Mutter. Aus der Schönheit geboren, gebiert die Liebe selbst von neuem die Schönheit. Wenn die Schönheit die Ursache ist, so ist die Liebe deren Folge. Wenn die Liebe die Ursache ist, so wird unweigerlich die Schönheit nachfolgen, denn die Geliebte und der Liebende werden sich immer bewußt von allem enthalten, was einen dunklen Schatten auf ihre Liebe werfen könnte. Darum ist es sinnvoll, die schattenlose Liebe zu suchen und die Schönheit im Leben zu verwirklichen. Dann wird auch wieder jene Kunst in der Menschheit erblühen, die wie eine zarte und duftende Blume durch ihre Schönheit und Reinheit die Menschen anzieht und erhebt.

Bildung und Erziehung

Spricht man von Erziehung, ist man gerne geneigt, nur an die Unterweisung von Kindern zu denken. Völlig unterbewertet wird meist das weite Gebiet der kontinuierlichen Selbsterziehung und Charakterformung der Erwachsenen. Wohl bildet die Erziehung der Kinder den größten Teil des gesamten Bereichs, doch bedarf auch der erwachsene Mensch noch einer Weiterentwicklung, sowohl in bezug auf seinen Charakter als auch im Bereich der beruflichen Fortbildung. Vordringlichste Aufgabe des gesamten Bildungs- und Erziehungssystems ist daher die fortlaufende Aufklärung der Menschen. Ein Volk, das sich seiner Bestimmung auf der Erde bewußt ist und seine Verantwortung erkannt hat, wird kaum zu Revolutionen oder träger Gleichgültigkeit neigen.

Erziehung und Bildung sind zweierlei, ergänzen und bedingen einander jedoch. Während wir unter Erziehung eine ethische bzw. eine sittliche und charakterliche Unterweisung verstehen, besteht Bildung in der Vermittlung von theoretischem und praktischen Wissen und beruflichen Fähigkeiten. Innerhalb des Erziehungs- und Bildungsprozesses ist die Entwicklung des Charakters besonders wichtig. Der Erziehung selbst muß unbedingt größere Bedeutung beigemessen werden als der Bildung, denn die Gestaltung der Kultur und der menschlichen Evolution war zu allen Zeiten abhängig von der ethischen Einstellung der Menschheit. Charakterlicher Verfall und Verantwortungslosigkeit haben das Schicksal ganzer Völker besiegelt und gefährden heute das Geschick der gesamten Menschheit.

Wer sich weder selbst erzogen hat noch durch andere erzogen wurde und sich keine ethischen Fundamente geschaffen hat, kann auch für andere Menschen kein guter Erzieher oder taugliches Vorbild sein.

Die Kunst der Selbsterziehung liegt darin, positives Karma zu schaffen, indem wir nur noch gute Gedanken aussenden und entsprechende Taten folgen lassen. Dann werden wir im Laufe der nächsten Inkarnationen ein Stadium erreichen, wo wir uns über Armut und Reichtum, Glück und Unglück, Leid und Freud im irdischen Sinn erheben und einen Zustand der Allverbundenheit erreichen, der uns zu Bürgern des Weltenalls macht. Die eigentliche Grundlage unseres Daseins sind die geistigen

Werte, die durch Erziehung bewußt gemacht werden müssen. Der Mensch lebt nicht nur vom Brot allein, sondern bedarf vor allem der geistigen Werte und der Freiheit der Selbstentfaltung. Die Erziehung des Geistes ist primär, die Ertüchtigung des Körpers sekundär. Der physische Körper ist lediglich das Werkzeug oder die sichtbare Hülle, mit der sich das unsterbliche Ego bzw. der menschliche Geist auf der Erde manifestiert, um sich entfalten zu können.

Weder durch verwirrende magische Formeln noch durch wundersame Phänomene, Gebete oder Kasteiungen, noch durch mechanische Praktiken, wie sie z. B. im niederen Hatha-Yoga gelehrt werden, kann der Geist geschult werden, sondern nur durch Kampf im Leben, durch Orientierung an den großen Vorbildern der Menschheit sowie durch unentwegtes Streben nach Vollendung.

Kinder

Jedes Kind kommt mit einem bestimmten Schicksal zur Erde, und die Faktoren, die das kommende Leben des neuen Erdenbürgers bestimmen, sind nicht nachvollziehbar. Kinder sind den Eltern als selbst herbeigerufene Geschenke zur Pflege und Erziehung anvertraut. Ihrem Wesen nach sind sie jedoch geistig eigenständige Individualitäten, genau wie die Eltern und Erwachsenen selbst. Sie haben ein Recht auf Entwicklung des eigenen Ichs und ihrer Persönlichkeit. Eltern und Erzieher haben deshalb dem Kind gegenüber die ethische Pflicht, als erfahrene Menschen dem unerfahrenen und hilflosen Kind bei seiner Entwicklung zu helfen. Das Elternhaus ist für das Kind ein Schutz und eine formende Kraft. Je länger dieses Stadium der Kindheit andauert, umso ruhiger und harmonischer verläuft die gesamte spätere Entwicklung. Eltern

und Erzieher sollten mit dem Kind als ältere und liebevolle Kameraden in Beziehung treten, denen man sich in
allen Herzensangelegenheiten offen und ohne Furcht an-
vertrauen kann. Weder Affenliebe noch übermäßige Strenge und Autorität sind geeignete Erziehungsmethoden. Wer
Kinder als Objekte seiner eigenen Lebenspläne betrachtet,
vergeht sich an ihnen, denn sie besitzen einen Anspruch
auf Respekt und Gestaltung ihres eigenen Lebens.

*»Die Erziehung eines Volkes muß bereits mit der Grund-
ausbildung der Kinder im frühesten Alter beginnen. Je
früher, desto besser. Ihr könnt sicher sein, daß Übermü-
dung des Gehirns nur von Schwerfälligkeit herrührt. Wenn
sich die Mutter der Wiege ihres Kindes nähert, spricht sie
die erste Formel der Erziehung: ›Du kannst alles.‹ Verbote sind nicht erforderlich. Auch das Schädliche soll nicht
verboten werden. Es ist besser, die Aufmerksamkeit auf
das Nützlichere und Anziehendere zu lenken. Jene Erziehung wird die beste sein, welche die Anziehungskraft des
Guten zu steigern vermag.*

*Es ist notwendig, daß das Wort den Gedanken genau
wiedergibt. Falschheit, Grobheit und Spott müssen ver-
trieben werden. Verrat ist selbst im Keime unzulässig.«*[117]
*»Die Schulen müssen in ganzer Fülle ein Bollwerk der
Gelehrsamkeit sein. Jede Schule, von der Grundschule
bis zu den höchsten Instituten, muß ein lebendiges Glied
in dieser Kette bilden. Die Kenntnisse müssen das ganze
Leben hindurch vervollständigt werden.«*[118]

Liebe, Partnerschaft und Sexualität

Liebe ist eine schöpferische Macht. Wer in der Liebe nur
einen Ausdruck von Emotionen sieht und ein Mittel
zur Befriedigung der Leidenschaft, hat ihre wahre Bedeu-

254

tung nicht erfaßt. Gleichzeitig ist sie vor allem Grundlage schöpferischer Ideen und der Kultur. Man darf Liebe auch nicht von Weisheit trennen, denn Liebe und Weisheit sind synonyme Begriffe und bedingen einander.

Wahre Liebe kann sich niemals auf den physischen Bereich beschränken oder nur als Anlaß zur Fortpflanzung dienen. Zur Zeugung von Nachkommen sind auch Tiere fähig; sie geben sogar glänzende Beispiele von Mutterliebe und treuer Anhänglichkeit, welche ebenfalls zur Liebe gehören. Liebe ist eine geistig-schöpferische Macht, die zu lichten Taten und herrlichen Werken der Kultur anspornt.

Liebe, als ein individualisiertes Gefühl, ist auf ein bestimmtes Objekt gerichtet, auf eine bestimmte Frau oder einen bestimmten Mann. Der Geschlechtstrieb ist kein individualisiertes Gefühl. Er kann sich mit fast jedem vollziehen lassen, mit einem mehr oder minder passenden Mann sowie einer mehr oder minder geeigneten Frau.

Liebe ist ein Mittel zur Erkenntnis. Sie bringt die Menschen einander näher und öffnet die Seele des einen vor dem anderen. Sie ermöglicht es, in das Wesen des anderen einzudringen und die Einwirkungen kosmischer Kräfte zu verspüren. Liebe ist ein Maßstab für die Entwicklungsstufe der Menschen, sie bildet ein Mittel zur Vervollkommnung. Wenn die Menschen von Generation zu Generation Liebe und Schönheit suchen wie das Gefühl der Gegenseitigkeit, so werden Menschen entstehen, welche nach Liebe streben und fähig sind zu lieben, d. h. eine evolutionierende und emporsteigende Menschheit gestalten können.

Durch wahre Liebe miteinander verbunden, bilden Mann und Frau erst ein Ganzes. Sie sind, wenn auch getrennt, nicht etwa zwei verschiedene Größen, sondern stehen völlig gleichwertig einander gegenüber und ergänzen sich. Von Natur aus hat aber jeder Teil eine andere Rolle und ist nur in dieser stark und echt.

Viele eheliche Verbindungen sind zu einer Brutstätte von Feindseligkeit und charakterlichen Schwächen geworden. Die meisten dieser Verbindungen sind vom kosmischen Standpunkt aus als unpassend zu bezeichnen, weshalb es nicht richtig wäre, sie mit gesetzlichen oder kirchlichen Mitteln aufrechterhalten zu wollen. Hier können nur Aufklärung und geänderte Umstände Abhilfe schaffen. Die Hauptursache für sämtliche Eheprobleme liegt in der falschen Partnerwahl. Deshalb ist hierbei größte Sorgfalt geboten. Um diese schwerwiegende Entscheidung zu erleichtern, gibt es im Agni Yoga nähere Ausführungen und klare Weisungen.

Die Ehe ist die wichtigste Schule des Lebens, in welcher sich vor allem der Charakter durch gegenseitige Reibung schleift und soziale Eigenschaften wie die des Teilens oder der Opferbereitschaft, Toleranz und Geduld gefördert werden. Niemand kann auf Dauer der Bewährungsprobe durch Partnerschaft entgehen, auch nicht der Mönch oder die Nonne durch Zölibat. Wer sich vor anderen Menschen zurückzieht, verschiebt diese Aufgabe lediglich auf die nächste Inkarnation und macht ihre Bewältigung damit immer schwieriger. Wer die Ehe wagt und versucht, sie trotz größter Reibungen positiv zu gestalten, wird in jeder Hinsicht wachsen. Die Ehe im Sinne einer dauerhaften Partnerschaft ist daher eine kosmische Einrichtung für die Entwicklung der Liebe. Die wahre Ehe ist eine harmonische Übereinstimmung auf allen drei Ebenen. Eine Ehe ist auch nur dann glücklich, wenn diese Übereinstimmung vorhanden ist. Primär ist der geistige Gleichklang, die Harmonie im Denken, Wollen und Fühlen. Dies führt auch zu einer Übereinstimmung im Handeln und begründet eine Ehe, die den Stürmen des Lebens gewachsen ist. Eine solche Partnerschaft beginnt daher nicht beim Standesamt oder am Traualtar, sondern beim feurigen Entflammen der Liebe durch das Gefühl der Zusammengehörigkeit.

Der einzige Beweggrund für eine geistige Eheschließung ist reine und echte Liebe. Nur Liebe berechtigt zur geistigen Ehe. Liebe ist dauerndes Dienen, sinnvolles Geben und Hilfsbereitschaft. Sie beinhaltet den Willen zur Selbstlosigkeit, zur Überwindung des Egoismus, die Kraft zum Verzicht zugunsten anderer und hilft, im Partner alle guten Eigenschaften und Anlagen zu entwickeln. In diesem Sinn ist wahre Liebe das schönste und beste Mittel zur Selbstvervollkommnung im Zusammenleben der Menschen.

Die Sexualenergie, die in den asiatischen Lehren auch als *Kundalini-Energie* bezeichnet wird, ist in jeglicher Beziehung lebenstragend, sie ist ein äußerst wertvolles Kapital und muß sorgfältig verwaltet werden. Es gibt keinen geistig-seelischen Entwicklungsprozeß, wenn nicht entsprechende Potentiale der Sexualenergie hierfür eingesetzt werden. Viele Krankheiten und Schwächen, besonders geistig-seelische, sind auf einen zu großzügigen Umgang mit diesen Energien zurückzuführen. Grundsätzlich empfiehlt es sich, bei seelischer und nervlicher Krankheit freiwillig sexuell enthaltsam zu sein, damit die auf diese Weise freigestellten Energien für Aufbau- und Heilungskräfte verfügbar sind. Ein geistig erwachter Mensch kann eine Selbstschwächung vermeiden, indem er seine Sexual- bzw. Kundalini-Energie im Aspekt des Goldenen Mittelwegs verwaltet. Körperlich dienen – der kosmischen Sinngebung entspechend – die Sexualenergien der Fortpflanzung, seelisch der gefühlsmäßigen Stabilisierung und geistig dem inneren Wachstum und der Bildung von Willenskräften. Jeder Mensch hat immer die Wahl und sollte die ihm gegebenen energetischen Quellen sinnvoll steuern und in die Ausprägung seiner geistigen Potentiale investieren.

Kinder sollen in geistig-seelischer Bereitschaft gezeugt werden. Man sehne sie wie liebe Gäste mit frohem Herzen herbei und betrachte sie nicht etwa als lästige Produkte des Zufalls oder der Leidenschaft. Kinder werden nach dem Gesetz der Anziehung immer dem vorhandenen Magneten – den Eltern – entsprechen. Daher können – als wahrzunehmende Lebensaufgabe – auch Feinde aus den Vorinkarnationen als zur Familie gehörende Kinder geboren werden. Diese sind – ohne Wenn und Aber – anzunehmen und die verständlicherweise entstehenden Spannungen und Belastungen in Kindes- und Elternliebe eingebettet zu lösen.

Die gezielte Vernichtung von keimendem Leben bzw. der Schwangerschaftsabbruch hat heute schreckliche Ausmaße angenommen und begleitet den familiären Auflösungsprozeß. Jeder gewollte Schwangerschaftsabbruch, der nicht aufgrund von Lebensgefahr für die Mutter entschuldbar ist, verstößt gegen die kosmischen Gesetze, denn er bedeutet die Vernichtung von bereits vorhandenem, werdenden Leben. Der Geist des inkarnierenden Menschen tritt bereits im Moment der Zeugung mit der Leibesfrucht in Verbindung.

Eindämmen kann man das Ausmaß der Abtreibungen niemals mit dem erhobenen Zeigefinger, sondern nur durch Aufklärung. Die Menschen sind sich im allgemeinen der karmischen Folgen überhaupt nicht bewußt. Das einzige tiefgreifende Gegenmittel besteht in dem Wissen über die kosmischen Zusammenhänge.

Vom geistig-ethischen Standpunkt ist eine Ehescheidung dann gestattet, wenn durch die Aufrechterhaltung einer unglücklichen Ehe der Schaden größer ist als der Nutzen, weil die Ehepartner in diesem Leben noch zu schwach sind, um eine friedliche und harmonische Gemeinschaft zu realisieren. Im Falle einer unglücklichen Ehe bzw. Partnerschaft muß man jedoch bis zur äußersten Grenze des Erträglichen gehen, sonst wird eine Scheidung in den meisten Fällen einer nichtbestandenen kosmischen Prüfung gleichkommen. Eine Trennung in Frieden und ohne Haß ist anzustreben. Wer in Haß- und Rachegefühlen von seinem Partner scheidet, wird ihm in einer späteren Inkarnation wieder begegnen, bis die Fäden des Hasses gelöst worden sind. Haß bindet ebenso wie Liebe. Menschen, die einander hassen, sind geistig genauso zusammengekettet wie Menschen, die sich lieben. Hört die Liebe auf, geht die Bindung zu Ende. Wer jedoch stärker liebt, wird auch die Bindung verstärken. Das gleiche gilt für Haß. Der Unterschied liegt darin, daß Liebe aufbaut, Haß hingegen zerstört. Nur wer die Kraft zur Liebe aufbringt, wird seine Feinde und Peiniger überwinden und vergessen.

So heißt es im Agni Yoga: »Seid gesegnet Hindernisse, denn durch euch wachsen wir!«

Wie entsteht Leid?

Jedes Leid oder Leiden ist ein Zeichen dafür, daß die Lebensgesetze übertreten wurden. Nach dem Karmagesetz ist Leid die Auswirkung unvernünftiger und negativer Handlungen aus unserer Vergangenheit. Leid entsteht vor allem aus Mißachtung der Naturgesetze. Diese werden aus Unwissenheit, Charakterschwäche und mangelnder Konsequenz oft übertreten. Sogar die Befriedigung unserer physischen Bedürfnisse kann zur Maßlosigkeit führen und Ursache für unheilbare Krankheiten werden. Darüber hinaus ist Leid das beste Reinigungsmittel und beschleunigt unseren Entwicklungsprozeß. Meide weder das Leid noch die Freude! Lerne leiden, ohne zu klagen!

»Wissen, Wissen, Wissen! Dächten die Menschen darüber nach, daß Wissen die einzige Rettung ist, verbliebe keine Spur des gegenwärtigen Leids.« [119]

Die Feinstoffliche Welt als Bestandteil unseres Alltags

Während die Feurige Welt als Welt des Geistes erst bei wenigen Menschen im Bewußtsein gegenwärtig ist, begleiten die Bewohner der feinstofflichen Sphären den Alltag eines jeden Menschen in vielfacher Form. Ob positiv oder negativ hängt davon ab, inwieweit bestimmte Verhaltensregeln eingehalten werden. Die Einwirkungen der Feurigen Welt auf das Erdgeschehen sind grundsätzlich positiver Natur, was aber für die Feinstoffliche Welt relativiert werden muß.

Der inkarnierte Mensch kann sich den vielfachen Einflüssen der Feinstofflichen Sphären nicht entziehen. Er hat nur die Möglichkeit, bewußt die positiven zu fördern. Gute Gedanken, wahre Liebe oder der Duft einer Rose ziehen Positives, Helfendes und Stärkendes aus dem Astralbereich an; die gegenteilige Wirkung entsteht bei negativen Gedanken, Haß und Wut oder durch bluthaltige Nahrung.

Darüber hinaus ist die Feinstoffliche Welt die Sphäre von Freund und Feind. Da das Leben auch nach dem Ablegen der physischen Hülle weitergeht, wirken die Verstorbenen auch dann direkt wie indirekt in unseren Alltag hinein. Helfend, schützend, führend – schwächend, angreifend, verführend! Viele gute »Geister«, die meist noch eine bestimmte Zeitspanne im irdischen Anziehungsbereich verbleiben wollen, versuchen den Lebenden besonders in deren Traumphase Zeichen zu setzen, da man im Astralkörper grundsätzlich mehr, wenn auch nicht alles sehen kann. Aber auch als Schutzengel sind sie aktiv, um den Menschen als Freund und Helfer unter Einhaltung der geistigen Gesetze zur Hand zu gehen.

Ergänzend ist zu berücksichtigen, daß die primäre geistige Auseinandersetzung zwischen den verschiedenen Mächten in der Feinstofflichen Welt stattfindet. Jeder

Mensch ist daher, bewußt oder unbewußt, besonders während seiner Schlaf- und Traumphase in Abhängigkeit seines Charakters und seiner Einschlaf-Programmierung in dieses Geschehen integriert; auch dann, wenn die moderne Psychologie diese in allen Kulturen beschriebenen Zusammenhänge leugnet. Wir sind daher bestens beraten, unser geistiges Auge und Ohr, besonders aber unser Herz auf die vielfachen Einflüsse, Eingebungen und Impulse zu richten, die uns Freunde und Helfer zukommen lassen.

Leider bewerten viele inkarnierte Menschen in ihrer Unwissenheit nicht nur alles, was sich aus der Feinstofflichen Welt als Aktion oder Reaktion ergibt, fälschlicherweise als positiv und verstärken bestimmte Einflüsse sogar noch mittels magisch-medialer Techniken und Übungen. Da die untersten Schichten primär von verstorbenen Menschen bewohnt werden, die mit allen Mitteln in das irdisch-körperliche Leben zurückdrängen und sich wie zu Lebzeiten daran erfreuen, andere zu täuschen, zu betrügen oder zu verführen, ergeben sich daraus große Gefahren und negative Einwirkungen. Alle Weltlehrer, alle Religionen und viele Denker und Dichter haben diesen totalen Krieg, der »um jede Menschenseele« stattfindet, in dramatischen Bildern beschrieben.

Nur das geistig entwickelte Herz kann hier zwischen Freund und Feind, zwischen Gut und Böse unterscheiden. Und wir sollten alles dafür tun, daß uns die guten Geister nicht verlassen. Von diesen verlassen zu sein, war schon immer ein schweres Los!

Freude

Der Agni Yoga kann auch als die Wissenschaft der Freude bezeichnet werden. Hier wird aufgezeigt, daß der Kosmos allen Lebensformen grundsätzlich ein bestimmtes Potential an Freude mitgegeben hat und auch der Kosmos selbst in Freude schwingt. Die gesamte Natur, Tiere und Pflanzen, zeigen dies in vielfacher Form. Nur der Mensch hat heute, besonders in den zivilisierten Ländern, die Fähigkeit zur Freude verloren. Da dies die Konsequenz aus einer falschen bzw. negativen Weltanschauung ist, bleibt es dem Menschen selbst überlassen, den Zugang zur Freude wiederzufinden.

Im Agni Yoga wird aufgezeigt, daß der Mensch in der höheren Schwingung der Freude physikalisch konkret ausgeprägte, positive Kristalle bildet, die Ringse genannt werden. Diese besonderen Kristalle sind zugleich auch die Abspeicherungen von Energien. Sie sind die Ressourcen, die der Mensch in Krankheit und Überbelastung anzapfen kann; andererseits sind sie ausschlaggebend für seine geistige Gesundheit und Immunität.

»Freuet euch, freuet euch, freuet euch, denn ein Yogi muß die Weisheit der Freude kennen!«[120]

»Wenn ihr die Freude lehrt, könnt ihr nicht irren. In Freude blüht ein jeder Baum, und wirft er seine Blätter ab, grämt er sich nicht, er denkt schon an den nächsten Frühling.«[121]

Umgekehrt entsteht in der negativen Emotion, bedingt durch Charakterschwächen, ebenfalls ein konkretes Gift, welches im Agni Yoga als Imperil bezeichnet wird. Dieses Gift zerstört in erster Linie die Nerven bzw. Nervenbahnen. In der weiteren Folge werden dadurch verschiedenste Krankheiten des Geistes, der Seele und auch des Körpers ausgelöst. Menschen, die in sich Imperil tragen (und das sind leider nicht wenige), vergiften die Umgebung und den Raum, da sie mit der Atemluft und über ihre Haut dieses Gift ausscheiden. Die Agni-Yoga-Lehre sagt dazu folgendes:

»Würde man die Ablagerungen des Raumes in den Städten untersuchen, fände man unter den giftigen Substanzen etwas, das dem Imperil verwandt ist. Bei genauer Betrachtung dieses Giftes kann man sich davon überzeugen, daß es vom Atem des Bösen ausgestoßenes Imperil ist. Unzweifelhaft ist der vom Bösen durchdrungene Atem ein Träger schädlicher Wirkungen. So wie sich im menschlichen Körper infolge Gereiztheit Gifte ablagern und der Speichel giftig sein kann, so kann auch der Atem zum Giftträger werden. Man sollte sich ein Urteil darüber bilden, wieviel Böses ausgeatmet wird und wie vielfältig die Aspekte des Bösen durch neue Giftzusammensetzungen bei ungeheuren Menschenmassen sind. Dies wird noch durch verschiedene Gerüche verderbender Nahrungsmittel und vielerlei Abfälle, die sogar in den Straßen der Großstädte herumliegen, verstärkt. Es ist Zeit, sich um die Reinlichkeit in den Hinterhöfen zu kümmern. Es bedarf sowohl der Reinlichkeit im äußeren Leben als auch der des menschlichen Atems. Das von gereizten Menschen ausgeatmete Imperil gleicht dem Unrat oder schändlichem Abfall. Es ist unumgänglich, dem menschlichen Bewußtsein einzuprägen, daß der geringste Unrat die ganze Umgebung verseucht! Der Unrat moralischer Zersetzung ist schlimmer als menschliche Ausscheidungen.«[122]

»Nichts kann die Selbsterzeugung von Gift rechtfertigen, sie gleicht dem Mord und dem Selbstmord. Sogar ganz unentwickelte Menschen spüren die Annäherung eines derartigen Giftträgers. Mit ihm treten Bedrängnis, Unruhe und Angst auf.«[123]

Agni Yoga ist der Schlüssel zur Freude, und diese beginnt, sobald man seinen Wünschen und Gedanken nicht ausschließlich ichbezogene Inhalte verleiht. Besser denken und wünschen will gelernt sein!

Ausblick

Wenngleich manche Ausführungen in diesem Buch ein wenig streng klingen mögen und den Leser klar zu Konsequenz und bewußter Lebensführung auffordern, bietet dieser Weg für den Strebenden selbst viele Vorteile. Die hierarchischen Strukturen des Kosmos bieten Schutz und Geborgenheit, und die Naturgesetze stellen sicher, daß wahrhaftiges Bemühen zum Erfolg führt. Die Wahl stellt sich nur zwischen einer aus absoluter Handlungsfreiheit resultierenden Selbstzerstörung oder einer konstruktiven und sinnhaften Selbstwahrnehmung.

Das Reservoir der Weltreligionen und -philosophien harrt unserer Entdeckung. Es geht nicht nur darum, sich dieser Kraftfelder bewußt zu werden, sondern sie in einer geistigen Synthese energetisch zusammenzuführen. Hier liegen die Kräfte zur Lösung der gegenwärtigen und noch mehr der zukünftigen Anforderungen, die uns alle miteinander verbinden.

Glossar

Agni
Lat. ignis – Geist, Licht, Feuer.

Agni Yoga
Lehrsystem, welches das Geist-Prinzip im Menschen über das Bewußtsein und ethisch-charakterliche Übungen aktiviert. Von besonderer Wichtigkeit sind die energetisch-hierarchischen Wechselwirkungen zwischen Mikro- und Makrokosmos, bezogen auf das Leben und den Alltag. Der AGNI YOGA wurde erst in diesem Jahrhundert übermittelt und berücksichtigt als Synthese alle wesentlichen Lehrsysteme der Vergangenheit, primär das Christentum und den Buddhismus.

Ältere Brüder und Schwestern der Menschheit
Jene Weltlehrer, die von entwicklungsälteren Planeten zur Erde kamen, um uns geistig zu führen. Auch als die 7 Erzengel, Elohim, Kumaras, Dhyan Chohane o.ä., in allen Religionen bekannt.

Anthroposophie
Wörtlich *menschliche Weisheit* – einerseits Teil der Erkenntnismöglichkeiten, die verständnismäßig im Menschen ohne äußere Hilfe zur Weisheit entwickelt werden können; andererseits eine von Rudolf Steiner nach seiner geistigen Trennung von der Theosophischen Gesellschaft begründete Lehre, wonach die Entwicklung der menschlichen Erkenntnisfähigkeit zu einer fortschreitenden We-

sensschau des Geistigen in Welt und Mensch führe, die auf den Lehren Steiners fußt. Die Anthroposophie ist eine Abspaltung der Theosophie, die auf reduzierten theosophischen Inhalten aufbaut. Während in der Theosophie Mensch und Kosmos in den Zusammenhängen hierarchisch von oben nach unten erläutert werden, drehte R. Steiner diese Perspektive um und begriff Erde und Menschheit als universelles Zentrum, über dem nur noch Christus und Gott stehen. Er verselbständigte sich 1913 mit der Gründung einer Anthroposophischen Gesellschaft, in die er rund 90 % der Mitglieder der Theosophischen Gesellschaft mitnahm. Da Steiner die wesentlichen Impulse aber stillschweigend aus der Theosophie bzw. aus dem Lebenswerk von H. P. Blavatsky übernahm, ist die Anthroposophie de facto ein geistiger Ableger der Theosophie, wenngleich Steiner etliche Veränderungen eingebracht hat.

Astralwelt
Siehe Feinstoffliche Welt

Bhakti Yoga
Ein auf innigster Liebe zu Gott aufgebautes System, welches auch die Grundlage diverser Religionen ist. Der höchste Meister der Liebe in der Geschichte ist der CHRISTUS JESUS.

Blavatsky, Helena Petrovna
1831-1891, geb. in Rußland, vielseitige Ausbildung und über viele Jahre Weltreisende in allen Erdteilen. In ihrer ersten Aktivphase wurde sie die bekannteste Spiritistin der Welt. Im zweiten Schritt zeigte sie der Welt und den Wissenschaftlern, welche Gesetze, Faktoren und Tricks bei Spiritismus und Mediumismus wirken, wodurch sie zwar eine weltweit anerkannte, aber auch gehaßte Autorität

wurde. Initiierte in der Folge die Gründung der »Theosophische Gesellschaft« (1875) und erarbeitete viel Grundlagenwissen (»Die Geheimlehre«, »Isis entschleiert«, u. a.), das bis heute im deutschen Sprachgebiet zum Großteil unentdeckt blieb. Spätere Verleumdungen, besonders von kirchlicher Seite, sind in diesem Fall als besondere geistige Auszeichnung zu sehen. Ihr Werk spricht für sich. Die Kette der geistigen Autorität und des Wissens setzte sich über Helena I. Roerich bis zu Leobrand fort.

Chakra, Chakren

Feinstoffliche Energiezentren, Zentren des Höheren Bewußtseins. Diese in jedem Menschen vorhandenen kosmischen Bewußtseinsorgane harren ihrer Entdeckung und der bewußten Nutzung. Aufgrund der ungeheuren kosmischen Energien, die durch deren Öffnung aktiviert werden können, sollte dieser Prozeß nur unter Anleitung eines dafür qualifizierten, geistigen Lehrers durchgeführt werden. Es gibt sieben Hauptchakren, insgesamt 49. Im AGNI YOGA wird der Menschheit erstmalig das Wissen über 21 Chakras übergeben. Wichtig: das Herz zählt nicht zu den sieben Hauptchakren, sondern ist deren übergeordnetes Zentrum.

Dharma

Der Teil von Karma, der dem Menschen als zu erfüllende Aufgabe, als zu erreichendes Lebensziel mitgegeben wird. Dieses Ziel ist sowohl bewußtseinsmäßig als auch charakterlich zu verstehen. In diesem Teil von Karma ist der Mensch auch absolut handlungsfrei, er gewinnt gutes Karma, sofern er sein dharmisch vorgegebenes Ziel erreicht.

Ethik

Wissenschaft, die versucht, im Sinne von Ursache und Wirkung das menschliche Denken und Handeln mit den daraus resultierenden Wirkungen, besonders im Bereich des Sozialverhaltens, zu objektivieren und allen Menschen angemessene Handlungsmaximen zu erforschen. Ethische Kommissionen sollten in alle wichtigen Entscheidungsprozesse von Gemeinschaftseinrichtungen wie politische Gremien etc. integriert werden.

Evolution

Einerseits das aus kosmischer Quelle vorgegebene, von allen Lebensformen zu erfüllende Programm; andererseits die auf einen höheren Ordnungspunkt zulaufende, kontinuierlich aufsteigende Entwicklung, Verfeinerung, Vervollkommnung. Innerhalb eines Kosmos werden die evolutionären Programme vom *Kosmischen Magneten* (astronomisch als *Großer Attraktor* bezeichnet im Sinne des physikalischen Zentrums unseres Kosmos) durch entsprechende energetische Impulse und Gesetze vorgegeben. Die Bewegung nach oben, zu dem vorgegebenen Ziel, erfolgt nach den Gesetzen der logarithmischen Spirale, deren Prinzip sich im Mikro- wie im Makrokosmos ständig wiederholt. Die primäre Umsetzung der evolutionären Energien erfolgt über die Hierarchen bzw. Weltlehrer. Das Gegenteil der Evolution ist die Involution.

Feinstoffliche Welt

Astralsphäre, die der Mensch nach seinem physischen Tod betritt. Man kann die Feinstoffliche Welt in drei Ebenen unterteilen: die unterste, die mit der physisch-materiellen verbunden ist und in diese übergeht (entspricht der Hölle); eine mittlere und vom physisch-materiellen Geschehen entfernte (Fegefeuer); und eine hohe, paradiesisch schöne, die dem in vielen Schriften erwähnten Paradies entspricht. Diese Sphären unterliegen nicht mehr der dreidimensionalen Begrenzung, wodurch sich bei einem Wechsel der Ebenen nach Eintritt des Todes mit dem Verlassen des physischen Körpers große Schwierigkeiten für jene Menschen ergeben, die nicht darauf vorbereitet sind.

Feinstoffliche Welten

Die Welten jenseits der grobstofflich-irdischen Sphäre. Diese sind die Astrale Welt, die auch als *die* Feinstoffliche Welt bezeichnet wird, und die Feurige Welt. Beide Sphären sind feinstofflich, wenngleich energetisch unterschiedlich und voneinander getrennt. So ist die astral-feinstoffliche Ebene gegenüber der feurig-geistigen exakt abgegrenzt, wie auch die irdisch-physische gegenüber der astralen. Dadurch können auch Bewohner der Astralsphäre nicht einfach in den Bereich der Feurigen Welt wechseln, sondern bedürfen dafür des geeigneten Trägers. Genauso müssen sich die Bewohner der Feurigen Welt, sofern sie in der astralen oder grobstofflichen Welt körperlich wirken wollen, zuerst die dafür geeigneten Körper schaffen.

Feurige Welt

Sphäre des Geistes, des Geistfeuers, des Lichtes, die Welt Gottes und der Lichtträger; sie wird auch als Höhere Welt bezeichnet. Sie ist die zweite Sphäre der feinstofflichen Welten. Auch die Feurige Welt besteht aus verschiedenen Ebenen – die unterste ist die Mental-Ebene. Durch Gedanken, die aus dem Herzen schwingen, kann man die Feurige Welt – die Sphäre Gottes – erreichen.

Fluide

Feinstoffliche, in Bewegung befindliche Energie- und Schwingungsfelder; rufen auch, sofern über das Herz und die geöffneten Chakren konkrete Energien aktiviert werden, die geistige Ausstrahlung hervor.

Geist

»Gott ist Geist«. Der Mensch selbst ist ein verlebendigter Geistfunke, der durch sein Ich-Bewußtsein sein ihm gegebenes Geistpotential mehren kann und muß. Nur dadurch kann er sich die geistige Energie aufbauen, die notwendig ist, um bewußt und aktiv wieder in die Welt des Geistes, die Feurige Welt, zurückkehren zu können. Der Geistfunken oder das geistige Korn, das sich durch seine Evolution zum geistigen Ich entwickelt und das eigentliche Zentrum des Bewußtseins ist, hat seinen Sitz im Herzen.

Gnana Yoga

Von Gnosis = Erkenntnis; ein System, welches den Pfad der Erlösung durch Erkenntnis eröffnet. Alle Weltphilosophen und auch Krishna waren Lehrer des Gnana Yoga – der erhabendste Lehrer dieses Weges ist der Buddha Gautama.

Gott/Gottheit

Aus geistiger Perspektive Synonyme für »Universum, Kosmos, Natur«. Aber auch für die individualisierten, hierarchischen Repräsentanten der kosmischen Ebenen in den Religionen gebräuchlicher Begriff. Die vielschichtigen Interpretationen theologischer Art wie Monotheismus, Pan- und Polytheismus haben in Abhängigkeit der Perspektive des Betrachters ihre absolute Berechtigung. Heute sollte jedoch wissenschaftlich zwischen individuellen Hierarchen, Göttern oder Logoi einerseits und einer nicht individualisierten, alles umfassenden, universellen Gottheit andererseits unterschieden werden. Sie ist die Summe aller Gesetze und Energien selbst, nie geschaffen, ewig und unendlich im Sinne des Universums. Die östlichen Religionen und Weisheitssysteme sehen die höchsten, hierarchischen Stufen, da individualisiert, als *Gottheiten* an. Die geistigen Vertreter der Bruderschaft, die Weltlehrer, haben sich selbst niemals als Gottheiten oder Götter ausgegeben. Dies war eine Folge der Verherrlichung durch die Konfessionen.

Hatha Yoga
Ältestes, primär auf den Körper ausgerichtetes Yoga-System. Birgt viele Gefahren und vernachlässigt das Wesentliche – die gezielte Entwicklung des Geistigen.

Helle Hierarchie
Die geistige Führungsinstitution und Interplanetare Regierung des Planeten Erde.

Herz
Der Sitz des Geistzentrums im menschlichen Körper, des geistigen Ich, der Intuition. Das Herz ist die Sonne, um welche die sieben Haupt-Chakren wie Planeten kreisen und die alles zentralisiert. Der geistig-seelische Mensch ist mit seinem geistigen Herzen identisch. Menschwerdung im geistig-kulturellen Sinn ist die Erweckung des Herzens. Daher sind Herztransplantationen und ähnliche Eingriffe nicht zu empfehlen. Allein das Herz darf bei der Beurteilung des Todeszeitpunktes der Maßstab sein. Eine Hirntod-Beurteilung ist aus vielen Gründen abzulehnen.

Hierarchie
Im physikalisch-energetischen Sinne versteht man darunter die über das physikalische Kraftfeld Mensch hinausgehenden, auch ihn integrierenden Kraftfelder wie das planetare, solare, galaktische oder kosmische, die als eine Einheit ineinander geschachtelt sind. Unter dem individuellen Aspekt die durch die psychische Energie einzelner Individuen geprägten Kraftfeldstufen, die über die geistige Energie eines Einzelmenschen hinausgehen. Darunter fallen die übermenschlichen Individual-Stufen der Weltlehrer, darüber die *planetaren* Götter (z. B. des »Gottva-

ters« für den Planeten Erde), der *solaren*, *galaktischen* und letzten Endes *kosmischen* Logoi oder Götter. Es ergibt sich eine nach oben führende, symbolische *Jakobsleiter*, die bedingt durch das Gesetz der Evolution von jedem Menschen früher oder später zu besteigen ist.

Instinkt

Den Säugetieren eigener »Verstand«; energetisches Zentrum, das u. a. die Grundbedürfnisse und Triebe regelt. Der Instinkt regelt auch noch beim Menschen die Bedürfnisse seines Säugetierkörpers und wird als das *niedere Selbst*, da Sitz der Egozentrik und des Egoismus, bezeichnet. Er ist besonders beim Säugling bzw. beim Kleinkind noch stark ausgeprägt, doch sollte er beim erwachsenen Menschen durch Bewußtwerdung und Intuition, durch Wissen und Weisheit geführt werden.

Intellekt

Im Kopf bzw. Gehirn beheimatete Denk-, Daten- und Steuerzentrale, die aber im Gegensatz zu Instinkt und Intuition über kein eigenes energetisches Zentrum verfügt. Dadurch arbeitet der Intellekt entweder im Sinne der Wünsche, Gedanken und Gefühle, die aus dem Solarplexus in materieller, egoistischer Richtung kommen oder für die Verwirklichung der Herzenswünsche, der geistig-kulturellen und ethischen Bedürfnisse. Die Problematik der Gegenwart besteht darin, daß sich besonders im Westen der intellektuelle Verstand auf Kosten der Herzenskräfte überentwickelt hat, wodurch Egozentrik und Egoismus das Leben bestimmen. Der Kopf bedarf eines starken Herrn – eines starken Herzens.

Intuition

Im Herzen beheimateter höherer Verstand bzw. Verstandesprinzip; energetisches Zentrum der Charakterqualitäten (z. B. der Liebe, des Mutes oder der Ethik), das auch als Gefühlswissen bezeichnet wird, da es das Konzentrat aller Erlebnisse und Erfahrungen aus den Vorinkarnationen enthält. Die Intuition ist die Stimme des Höheren Bewußtseins im Menschen, seine innere Stimme, sein Gewissen. Sitz der Intuition ist das Herz.

Involution
Rückläufige, aufgrund fehlender kosmischer Energien auflösende und zum Niedergang führende Entwicklung. Diese beschleunigt sich, wenn die über die Helle Hierarchie eingestrahlten evolutiven Energien – im religiösen Sinne der Segen – fehlen. Konsequenzen daraus sind das Aussterben bestimmter Arten und Rassen sowie der involutive Niedergang des Alten, damit Neues entstehen kann.

Karma Yoga
System, das sich auf die absolute Vermeidung negativer Ursachensetzung konzentriert, wodurch sich schlechtes Karma in positives wandelt.

Konfession
Ein mehr auf äußere Verhaltensrituale reduziertes Religionssystem. Meist spaltet sich ein Religionssystem wie etwa das christliche in mehrere christliche Konfessionen oder Sekten (lat.: Ausschnitt von einem Ganzen) auf. So ist die römisch-katholische Kirche der größte Sektor der vielen christlichen Konfessionen.

Kosmos
Griech. Ordnung; ein in sich hierarchisch gestufter, physikalisch begrenzter Weltkörper, der mythologisch auch als *Adam Kadmon* (Kosmischer Mensch) bezeichnet wurde. Das physikalische Kraftfeld Kosmos ist eine absolute Einheit, in der alles vom *Kosmischen Magneten*, seinem

Herzen, gesteuert wird. Der irdische Mensch ist eine Reflexion des *Adam Kadmon*: »Wie oben, so unten«, »nach Gottes Ebenbild«. Die moderne Astronomie hat 1995 die Existenz des Kosmischen Attraktors nachgewiesen und unterstellt heute ein »Multi-Blasen-Universum«, in welchem die unendlich vielen Kosmen (Blasen/Bubbles) ein Eigenleben im Aspekt von Evolution und Involution führen.

Kundalini

Lebenskraft bzw. -energie, die bewußt in geistige Energie transmutiert werden muß, da diese, wenn nicht kontrolliert, den Menschen in triebhafte Maßlosigkeit und damit in die Selbstzerstörung führt. Erst wenn man den Chakren bewußt Kundalini-Energien zuführt, um seine schöpferischen Potentiale zu aktivieren, kann sich der Mensch umfassend weiterentwickeln.

Lebendige Ethik

Westliche Bezeichnung des Agni Yoga. Da der Mensch eine kosmische Wesenheit ist, sollte die von ihm gelebte Ethik auch kosmisch ausgerichtet sein und alle drei Sphären (irdisch-astral-feurig) im Zusammenspiel von Ursache und Wirkung berücksichtigen. Priorität hat die geistig-feurige Ebene, da diese alle anderen Sphären durchdringt und den Menschen aus seiner materiell-feinstofflichen Anbindung erlösen kann.

Leobrand

Leopold Brandstätter, 1915-1968, in Österreich geb., Naturphilosoph, Schriftsteller und Geisteswissenschaftler. Beschäftigte sich schon 1945 mit der Initiierung einer Friedensliga und kämpfte ab 1948 gegen die Atomkernspaltung und sowie mit Viktor Schauberger als Vertreter der Implosion für die Förderung von Bio-Techniken. Um 1950 erhielt er Zugang zum Agni Yoga und in der Folge

274

über Helena Roerich den Auftrag, die im Agni Yoga enthaltenen Hinweise über die psychische Energie thematisch zu ordnen und zu kommentieren. Das Ergebnis liegt heute in Buchform vor. Er führte auf vielfältige Weise das Lebenswerk von H. P. Blavatsky, Helena I. Roerich, aber auch Giordano Bruno und anderen Wissenden fort. Besonders intensiv beschäftige er sich mit einem neuen und wissenschaftlichen Gottesbegriff (UNIVERALO), der weltpolitischen Evolution (Initiierung eines Weltfriedensreiches), einer gesellschaftspolitischen Synthese (Natursozialismus) und der Interpretation, Ergänzung und Verbreitung des Agni Yoga. Gründer der Ethischen Gesellschaft »Welt-Spirale« in Österreich.

Luzifer
Von »lucem ferre« = das Licht tragen. Ursprünglicher Ehrentitel des geistig gefallenen Erzengels Samael. Es ist der evolutionäre Lebensauftrag für alle Menschen, zu einem Lichtträger und -bringer zu werden.

Mediator
Ein geistig hochentwickelter Mensch, dessen Chakren absolut geöffnet sind und der durch seine höheren Fähigkeiten bewußt mit der Feurigen Welt verbunden ist. In der Theologie wird unter »Mediator Dei« ein Mittler Gottes verstanden.

Medium/Mediumismus
Ein Medium ist ein in seinem geistigen Ich ausgeschalteter Mittler für die Kommunikation mit der unteren Sphäre der astralen Geister. Diese Erscheinung geht oft einher mit geistiger Labilität bzw. psychischer Krankheit, da viele Menschen selbst nicht wissen, daß sie medial sind. Bei einem Medium sind die Chakren grundsätzlich geschlossen, und bei einer Vermittlung bzw. Besitzergreifung aus der Astral-

ebene steigt das Ich-Bewußtsein des Mediums ganz oder teilweise aus seinem Körper aus. Meistens fällt das Medium (Channel) in einen Trance-Zustand, der geistig sehr gefährlich ist und das Medium viel psychische Energie kostet. Ein Medium kann immer nur ein Fenster zur Astralwelt sein.

Mental-Ebene
Unterste Ebene der Feurig-Geistigen Welt. Gedanken, die über Kopf und Herz entstehen, erreichen diese Sphäre und werden dort wirksam.

Nekromantie
Leichenkult, in welchem Teile (Knochen, Totenschädel etc.) von Leichen als Verstärker und Magnet für astral-spiritistische bzw. schwarzmagische Rituale eingesetzt werden. Als Reliquien-Verehrung weltweit verbreitet.

Paraklet
Ein hoher Geistträger; Träger, Lehrer, Künder der Heilig-Geist-Energie. Der Christus Jesus, Mohammed, der Buddha Gautama, Krishna, Plato, Konfuzius und viele andere waren Parakleten.

Philosophie
Liebe zur Weisheit, Streben nach Weisheit und Wissen im Sinne der Weltlehrer Gautama, Plato oder Konfuzius.

Platonisches Jahr
Astronomisch konkrete Umdrehung des abstrakten Frühlingspunktes des Planeten Erde um seine eigene Achse, die rund 25 800 Jahre dauert. Dabei ändert sich rund alle 2160 Jahre das makrokosmische feinstoffliche Einstrahlungsfeld auf unseren Planeten, das durch die 12 Tierkreise symbolisiert wird. Dieses Durchlaufen eines Sternbildes wird auch als Platonischer Monat oder als ein

Sternen-Zeitalter bezeichnet. Vor rund 35 Jahren bewegte sich der Frühlingspunkt aus dem Sternbild Fische in das Sternbild Wassermann.

Prana
Emanationen der Sonne, die ab einer Höhe von 2000 Metern ü. d. M. verstärkt vorzufinden sind und von Nadelbäumen gespeichert werden. Prana ist universelle Lebensenergie, derer der Mensch unbedingt bedarf.

Psychische Energie
Sammelbegriff für die feinsten Energien im Universum; bezeichnet auch die latent in allen Menschen verborgenen Geist-Potentiale, deren physikalische Gesetzmäßigkeiten und Zusammensetzung wissenschaftlich erforscht und verstanden werden sollten, um sie auf richtige Art und Weise zu aktivieren. Die Agni-Lehre versteht sich in erster Linie als Wissenschaft dieser universellen Energie. Die menschliche Evolution baut primär auf der Entwicklung dieser Energie auf.

Raja Yoga
Königlicher Yoga, der sich hauptsächlich auf die Schulung eines edlen Charakters konzentriert. Durch Vivekananda auch im Westen bekannt geworden.

Religion
Die von den Religionsgründern überbrachten reinen Systeme, die als geistige »Rückführungssysteme« den Menschen wieder mit dem Universum, mit der Gottheit, mit seinem Ursprung verbinden.

Roerich, Helena Iwanowna
1878-1955, in Rußland geboren. Sie unternahm später mit ihrem Gatten über viele Jahre hinweg ausgedehnte

Reisen und lebte nach 1925 im Himalaya. Als geistig außergewöhnliche Frau überbrachte sie als Mediatorin den Agni Yoga. Ihre in Buchform erhältlichen Briefe enthalten wertvolle Wissensbausteine.

Roerich, Prof. Nicholas Konstantinowitsch

1874-1947, in Rußland geboren, weltweit anerkannter Künstler, Wissenschaftler, Schriftsteller und Philosoph. Schuf als Maler rund 7 000 Werke. Aufgrund seiner weltweiten Friedensarbeit wurde er bereits 1929 offizieller Kandidat für den Friedens-Nobelpreis. 1935 wurde der von ihm konzipierte Kulturpakt zum Schutz der Kulturgüter von fast 40 Staaten, darunter an führender Stelle auch die USA, unterschrieben. Die von Roerich entwickelten Konzepte wurden die wesentlichste Grundlage für die UNESCO und das Haager Landfriedensrecht.

Schambhala

Das geistige Zentrum und der Sitz der Interplanetaren Regierung auf unserem Planeten, Brennpunkt kosmischer Energien.

Seele

Der feinstoffliche Träger des Geistes, aufgebaut aus der Materie der Astralebene. Die Seele wird, wie auch der physische Körper, auf dem weiteren Wege abgelegt und ist sterblich.

Spiritismus

Von engl. »spirit«; Kommunikation mit astralen Geistwesen. Seit Menschheitsbeginn wurden verschiedene Techniken und Methoden entwickelt, um mit der Feinstofflichen Welt und deren Wesenheiten, u. a. auch mit verstorbenen Menschen, Kontakt aufzunehmen und dadurch Phänomene zu bewirken, die von Unwissenden oft als Wunder eingestuft werden. Spiritistische Praktiken sind grundsätzlich abzulehnen, da sie erstens für die medialen Mittler schädlich sind und in den Resultaten am Wesentlichen vorbeigehen. Eine moderne Bezeichnung für diese Techniken ist Channeling.

Theosophie
Wörtlich *göttliche Weisheit*. Darunter versteht man die von den Weltlehrern und Religionsgründern übermittelten Weisheits- und Wissensbausteine. Alle Weisen der verschiedenen Kulturen verstanden sich in diesem Sinne als Theosophen. Im Jahr 1875 initiierte H. P. Blavatsky eine moderne Theosophische Gesellschaft, die innerhalb von 25 Jahren die gesellschaftliche Elite der Kontinente Asien, Amerika und Europa vereinte. Um 1900 gab es über 100 000 internationale Mitglieder, was die Theosophische Gesellschaft damals zur weltweit größten und bedeutendsten geistig-kulturellen Gesellschaft machte. Rudolf Steiner war über zwölf Jahre der Generalsekretär der deutschen Zweigstelle, bevor er sich mit einem Großteil der Mitglieder verselbständigte. Die aktuelle Kette theosophischer Wissensvermittler besteht aus H. P. Blavatsky, Helena I. Roerich und Leobrand.

UNIVERALO
Eine begriffliche Neuschöpfung aus den Begriffen »Unitas-Veritas-Logos« (Einheit-Wahrheit-Geist/Gottheit) von Leobrand, um ein wissenschaftlich begründetes und hierarchisches Gottesverständnis zu erleichtern. UNIVERALO ist der neue Gottesbegriff für das Wassermann-Zeitalter, der die verschiedenen religiösen und wissenschaftlichen Perspektiven in einer Synthese vereint.

Universum
Der unendliche, nie geschaffene und ewige Raum; die *alles* umfassende, unbegrenzte Einheit im Sinne einer unper-

sönlichen Gottheit bzw. der universellen Gesetze selbst. Am höchsten Punkt ihrer individuellen Evolution geben die kosmischen Logoi ihre transformierten Energien in Form von unpersönlichen Schwingungen an das absolute Zentrum, an UNIVERALO ab. Das Universum – als ewiges Perpetuum Mobile erster Ordnung – gibt diese Energien in Form der Heilig-Geist-Energien als evolutionäre Impulse wieder an die Kosmen zurück. Leobrand war der erste Geisteswissenschaftler, der die höchst notwendige Unterscheidung ziwschen *Kosmos* und *Universum* begründete.

Vibuti

Wird oft fälschlicherweise als Heilige Asche ausgegeben. Die Fähigkeit einzelner, feinstoffliche Materie in grobstoffliche zu wandeln, ist in Indien nicht selten anzutreffen. Wissenschaftlich gesehen basiert diese auf der – krankhaften – Öffnung eines bestimmten Chakra, wird jedoch von westlichen Gläubigen paradoxerweise als eine Art von Gottesbeweis gewertet. Diese Befähigung einzelner Pseudo-Gurus, die auch andere Gegenstände materialisieren können, beeindruckt ein unwissendes Publikum, wenngleich die großen Weltlehrer vor Phänomenal-Magie bzw. vor dem Psychismus oft gewarnt haben.

Wassermann-Zeitalter

Rund 2160 Jahre dauernde Zeitspanne, in welcher sich der Frühlingspunkt der Erde im Sternbild Wassermann aufhält und die Erde durch die Einstrahlung dieser neuen makrokosmischen Energien stark beeinflußt wird. Vorher befand sich der Frühlingspunkt der Erde im Sternbild der Fische usw.

Yoga

Lat. iugum = Joch, in welches der Mensch als Wesen zwischen Mikro- und Makrokosmos eingespannt ist und das ihn – gewollt oder ungewollt – aufgrund des Gesetzes der Evolution zum Licht führt.

Yoga-Systeme
Die ältesten Wissens- und Lebensschulen der Menschheit, auf denen auch alle Religions- und philosophischen Systeme basieren. Alle Weltlehrer waren Hohe Meister der verschiedenen Yoga-Systeme.

Anmerkungen

Mit Ausnahme der Anmerkungen 1, 2, 4, 5 und 23 stammen alle Zitate aus der Buchserie »Agni Yoga« (14 verschiedene Titel, Spirale-Verlag, Pf. 810104, 81901 München)

1 Theosophie und Anthroposophie
2 Die Geheimlehre, Band I,
   Seite 565-66
3 Feurige Welt I, § 580,
   1933
4 Jens, W. u. Küng, H., Menschenwürdig sterben
5 Abell, A. B., Gespräche mit
   berühmten Komponisten
6 Blätter des Garten Morya,
   341
7 Feurige Welt III, § 97
8 Feurige Welt I, § 497
9 Feurige Welt I, § 660
10 Feurige Welt I, § 661
11 Herz, § 332
12 Feurige Welt II, § 44
13 AUM, § 146
14 Feurige Welt I, § 615
15 Feurige Welt II, § 20
16 Bruderschaft, § 364
17 Herz, § 148
18 Feurige Welt I, § 307
19 Feurige Welt I, § 308
20 Feurige Welt I, § 600
21 Feurige Welt I, § 443
22 Feurige Welt II, § 420
23 Carmin, E. R., Das Schwarze Reich – Okkultismus
   und Politik im 20. Jh.

24 Agni Yoga, § 32
25 Feurige Welt, § 97
26 Hierarchie, § 5
27 AUM, § 371
28 AUM, § 375
29 AUM, § 271
30 Feurige Welt II, § 323
31 Feurige Welt II, § 341
32 Bruderschaft, § 136
33 Feurige Welt I, § 254
34 Herz, § 358
35 Feurige Welt II, § 60
36 Herz, § 2
37 Herz, § 7
38 Herz, § 73
39 Herz, § 79
40 Herz, § 353
41 Herz, § 394
42 Herz, § 41
43 Herz, § 561
44 Herz, § 410
45 Herz, § 89
46 Herz, § 467
47 Herz, § 467
48 Herz, § 277
49 Feurige Welt I, § 555
50 Feurige Welt II, § 365
51 Agni Yoga, § 227
52 Agni Yoga, § 228
53 Unbegrenztheit I,
   § 106

Quellenverzeichnis

Abell, Arthur M., *Gespräche mit berühmten Komponisten*, Kleinjörl 1962

Augustat, Wilhelm, *Das Geheimnis des Nicholas Roerich*, München 1993

Augustat, Wilhelm, *UFOS und Außerirdische – eine vielschichtige Analyse*, München 1997

Bailey, Alice A., *Die unvollendete Autobiographie*, Genf 1975

Bailey, Alice A., *Die Wiederkunft Christi*, Genf 1950

Bailey, Alice A., *Initiation – menschliche und solare Einweihungen*, Genf 1970

Birnbaum, Edwin, *Der Weg nach Shambhala*, Freiburg 1982

Blavatsky, Helena P., *Der Schlüssel zur Theosophie*, Satteldorf 1995

Blavatsky, Helena P., *Die Geheimlehre*, Den Haag 1900

Blavatsky, Helena P., *Isis entschleiert*, Den Haag

Blavatsky, Helena P., *Theosophical Glossary*, Los Angeles 1973

Blavatsky, Helena P., *Theosophie und Geheimwissenschaft*, München 1995

Carmin, E. R., *Das Schwarze Reich – Okkultismus und Politik im 20. Jahrhundert*, Bad Münstereifel 1994

Cranston, Sylvia, *H. P. B., Leben und Werk der Helena Blavatsky*, Satteldorf 1995

Decter, Jaqueline, *Leben und Wirken eines russischen Meisters – Nicholas Roerich*, Basel 1989

EBÖ, *Die Unsichtbare Regierung*, Bühnenstück in 7 Bildern, München 1993

EBÖ, *Schambhala-Zyklus*, Bühnenstück in 7 Bildern, München 1992

Guru R. H. H., *Talk does not Cook the Rice, a Commentary on the Teaching of AGNI YOGA*, York Beach 1985

Hartmann, Franz, *Die Bhagavad Gita*, Calw

Holzhaus, St., *Theosophie – Speerspitze des Okkultismus*, Asslar 1989

Jens, Walter u. Küng, Hans, *Menschenwürdig sterben*, München 1995

Klatt, Norbert, *Theosophie und Anthroposophie*, Göttingen 1993

Leobrand, *Das neue universelle Weltbild*, Linz 1969

Leobrand, *Der Auferstandene Gott*, Linz 1976

Leobrand, *Einführende Lektionen in den Agni Yoga*, 36 Titel, Linz 1955

Leobrand, *Freude*, Linz 1965

Leobrand, *Psychische Energie* und *Heilung durch Psychische Energie*, Linz 1956 und 1959

Legenden über Schambhala, München 1992

Mahatmas, *Die Mahatma-Briefe*, gesammelte Briefe tibetischer Weiser aus der Gründungs- und Aufbauphase der Theosophischen Gesellschaft, 3 Bände, Graz 1962

Prokofieff, Sergej O., *Der Osten im Lichte des Westens*, Dornach 1992

Roerich, Helena I., *Briefe von Helena Roerich an den Präsidenten der USA Th. Roosevelt, 1934-1936*, mit Kommentaren von W. Augustat, München 1994

Roerich, Helena I., *Gesammelte Briefe von Helena Roerich*, 5 Teilbände, Linz 1972

Roerich, Nicholas K., *Das Herz Asiens*, Teil-Übersetzung des englischen Buches aus der Zeitschrift Welt-Spirale, Linz 1962

Roerich, Nicholas K., *Shambhala, In Search of the New Era*, Rochester 1990

Rohls, Jan, *Geschichte der Ethik*, Tübingen 1991

Saint-Hilaire, Josephine, *Auf Östlichen Kreuzwegen*, München 1982

Schule der Lebensweisheit, verschiedene Titel, München 1992

Spirenburg, H. J., *Dr. Rudolf Steiner on Helena P. Blavatsky*, Teil 1, und *Dr. Rudolf Steiner on the Mahatmas*, Teil 1 und 2, 1986

Trungpa, Chögyam, *Shambhala, The Sacred Path of the Warrior*, Boston 1984

Welt-Spirale, *Welt-Spirale*, Monatszeitschrift der Ethischen Gesellschaft, 35. Jahrgang. Beiträge von Leobrand, Valentin Siderov, W. Augustat und anderer Autoren, Linz.

Agni-Yoga-Serie, 14 verschiedene Titel, Linz – München 1965-1995

Duden, Herkunftswörterbuch, Mannheim 1963

Handbuch der christlichen Ethik, 3 Bände, Freiburg 1993

Lexikon der östlichen Weisheitslehren, München 1994

Lexikon der Religionen, Freiburg 1987

Meyers Großes Taschenlexikon, Mannheim 1981

Adressen und Kontaktstellen

Nachfolgend einige Adressen von Gruppierungen und Vereinen, die sich mit dem Gedankengut des AGNI YOGA und der Theosophie identifizieren und auch Literatur vermitteln:

SPIRALE-VERLAG
Postfach 810104
D-81901 München
Telefon: 08824-94116, Fax: 94117

Welt-Spirale
Ethische Gesellschaft
Postfach 493
A-4010 LINZ

AGNI-Gesellschaft Deutschland
Postfach 810104
D-81901 München

Internationale Gesellschaft »Frieden durch Kultur«
Postfach 8
D-82438 ESCHENLOHE

Nicholas Roerich Museum
319 West 107 Street
New York, NY 1025, USA

In Riga, Vilnius, Moskau, Kiew, Yalta, Alma Ata – ja so gut wie in allen Städten der ehemaligen Sowjetunion gibt es heute zum Teil pro Stadt sogar mehrere Agni Yoga-, Roerich-, Theosophische und Blavatsky-Gesellschaften. Daneben existiert ein großes Netzwerk von »Frieden durch Kultur«, welches Eurasien und Ost-Europa, aber auch Indien, West-Europa und einzelne Staaten in Amerika (USA, Peru) umfaßt.

Adressen von Kontaktstellen in den verschiedenen Staaten werden vom Spirale-Verlag gerne weitergegeben.

Band 70102

Volker Christmann

Die Siegel des Lotus

Dieses Buch beschäftigt sich mit einer uralten und nahezu verschollenen Wissenschaft – den Siegeln des Yoga. Der Autor schildert in diesem außergewöhnlichen Werk, wie er in den Bergen des Himalaya, in Indien, Nepal und Ladakh auf seine Lehrer traf und deren Wissen kennenlernen durfte. Diese »Siegel des Lotus« verbinden Körperhaltungen, Atemübungen und bewußte Beeinflussung innerer Organe, um Körper, Geist und Seele zu harmonisieren und so zu wahrer Gesundheit zu führen. Volker Christmann beschreibt sowohl Theorie als auch Praxis dieser Yoga-Übungen. Zahlreiche Abbildungen erleichtern das Erlernen.

Band 70106

Christa Zettel

Die Seele der Erde

Fand die prophezeite Apokalypse bereits statt? Gab es den »Krieg der Sterne« schon? Beschreiben die ältesten Mythen die Vergangenheit der Menschheit oder ihre Zukunft? Afrika schwieg lange, aber nun erhebt auch der dunkle Kontinent seine Stimme. »Geschichten, die niemals einem Fremden erzählt werden dürfen« berichten von den ersten Kindern der Großen Mutter Ma, deren grenzenlose Erfindungsliebe zum »Untergang der Erde« führte. Die Apokalypse, der Fall Luzifers und andere Rätsel der westlichen Mythologie erhalten einen neuen Sinn, der den Schlüssel zur Bewältigung der Zukunft in sich birgt. Die Autorin, die 1989 von einem der letzten Hohepriester der Großen Göttin im südlichen Afrika initiiert wurde, eröffnet in ihrem Werk einen direkten Zugang zum geheimen Wissen der »Wiege der Menschheit«.